Biblioteca de
DERECHO PRIVADO

Enrico del Prato
(Director)

Carlos Antonio Agurto Gonzáles
Sonia Lidia Quequejana Mamani
Luis Alejandro Luján Sandoval
Edmundo Trujillo Blas
Benigno Choque Cuenca
(Coordinadores Generales)

MARCELLO BRIGUGLIO
Profesor de la Alma Mater Studiorum Universidad de Bolonia
(Italia)

El Estado de Necesidad en el Derecho Civil

Edición al cuidado de
Carlos Antonio Agurto Gonzáles
Sonia Lidia Quequejana Mamani
Benigno Choque Cuenca

Ediciones Olejnik

Título: El estado de necesidad en el Derecho Civil

Supervisión de la traducción
Luis M. Marcano Salazar y equipo

Edición: 2018

Ediciones Olejnik
Huérfanos 611, Santiago-Chile
E-mail: contacto@edicionesolejnik.com
Web site: http://www.edicionesolejnik.com

ISBN: 978-956-392-268-4

Diseño de carátula: Ena Zuñiga

Diagramación: Hayden Méndez, yiset_mendez@hotmail.com

Impreso en Argentina 2018 Printed in Argentina

ÍNDICE

Parte segunda

NATURALEZA Y EFECTOS

Capítulo III

LA NATURALEZA JURÍDICA DEL ESTADO DE NECESIDAD

Capítulo IV
EFECTOS JURÍDICOS DEL ESTADO DE NECESIDAD

INTRODUCCIÓN

La amplia y difícil problemática relativa al estado de necesidad interesa no solamente a la ciencia jurídica, sino que hunde también sus raíces en campo metajurídico, buscando la solución para algunos de sus problemas en la ética. Aun limitado al aspecto puramente jurídico, el tema se presenta todavía con una amplitud ilimitada, interesando todo el ámbito del derecho, tanto público como privado.

Nuestro trabajo se limita al estudio del estado de necesidad en el Derecho privado[1]. Y en este aspecto, el tema ha llamado desde hace tiempo la atención de la doctrina jurídica italiana, y, antes que a ella y con mayor rigor científico, a la extranjera[2] [3]. Ahora bien, hay que reconocer que mientras la materia había encontrado una regulación expresa en otras legislaciones, en Italia, por el contrario, la ley guardaba silencio al respecto hasta la codificación de 1942; por consiguiente, si bien es verdad que la doctrina se había ocupado de tema tan difícil no lo es menos que, privada de una base legal positiva,

---

1 Para un resumen de la disciplina del estado de necesidad en los derechos internacional, canónico y administrativo, cons. CONTIERI: "Lo stato di necessità", Milán, 1939, p. 2 y ss.

Para el derecho penal, además de las citas que haré en el curso del trabajo, vide CONTIERI: op. cit.

2 Vide *infra*, nota 12 y ss.

3 La doctrina civilista española ignora en general el problema del estado de necesidad y su influencia en la responsabilidad civil.

Solamente los traductores de algunas obras extranjeras dedican en sus comentarios y notas al texto traducido sucintas consideraciones sobre el estado de necesidad en la responsabilidad aquiliana. Así, por ejemplo, PÉREZ GONZÁLEZ y ALGUER, en sus «Notas a la traducción del Ennecerus: Tratado de Derecho civil». Barcelona, 1950, I, 2.°, 222, pp. 558-560 (en ellas se limitan a comentar las disposiciones contenidas en el art. 8.7° y 20.2.° del Código penal). En sucinto comentario, aluden brevemente también al problema FUENTES LOJO y PERE RALUY, en su traducción y notas al BONASSI BENUCCI: «La responsabilidad civil». Barcelona, 1958, nota correspondiente al número 26.

Asimismo abordan el problema los comentaristas PASCUAL MARÍN y ALVAREZ DE MIRANDA, en el Comentario de M. SCAEVOLA. Madrid, 1961, vol. XXXI, pp. 281-283. También hace una pequeña referencia SANTOS BRIZ: «Derecho de daños». Madrid, 1963, p. 378 a).

Monográficamente ha sido estudiado el tema por LA ORDEN: «El Estado de necesidad en el Derecho privado». Murcia, 1933.

El problema se estudia asimismo por los penalistas, pues nuestro Código penal regula la responsabilidad civil de quien comete un hecho que, de no mediar la eximente del estado de necesidad, constituiría delito. Puede verse fundamentalmente, JIMÉNEZ DE ASÚA: «Tratado de Derecho penal». Buenos Aires, 1952, IV, p. 278 ss. ANTÓN ONECA: «Derecho penal». Madrid, 1949, I, p. 262 ss. CUELLO CALÓN: «Derecho penal». Madrid, 1964, I, p. 737.

hubo de intentar su construcción sobre el fundamento de los principios más dispares[4]. Y tan dispares como los principios de que partía eran lógicamente las conclusiones a que llegaba, incluso respecto del deseo común de una intervención legislativa que diese una reglamentación segura a la materia. Un primer paso en este sentido se dio con la norma del artículo 77.2.° del proyecto italo-francés de las obligaciones[5], el cual reflejaba la viva exigencia de claridad sentida también al otro lado de los Alpes, donde una sensible y evolucionada jurisprudencia mitigaba los efectos de la deficiencia de normas legales[6]. Finalmente, el legislador de 1942 daba una regulación «ad hoc» al viejo problema con la norma del artículo 2.045. Esta constituye indudablemente un progreso respecto de la situación precedente, ya que sanciona positivamente

4 El Código civil español, al igual que el viejo Código civil italiano inspirados ambos directamente en el Code Napoleón— no regula específicamente la figura del estado de necesidad, como forma especial de resarcimiento que se aparta del sistema general de la responsabilidad civil basada en la culpa. Por el contrario, nuestro Código penal da relevancia a la figura del estado de necesidad; y no solo en el aspecto penal, sino también en su perspectiva civil, es decir, en cuanto a la regulación de la responsabilidad civil nacida del acto realizado en estado de necesidad, el cual, de no concurrir esta eximente, constituiría un delito.

En efecto, para la perspectiva penalista el artículo 8.° dispone: «Están exentos de responsabilidad criminal: 7.° El que impulsado por un estado de necesidad, para evitar un mal propio o ajeno, lesiona un bien jurídico de otra persona o infringe un deber, siempre que concurran los requisitos siguientes: Primero. Que el mal causado no sea mayor que el que se trata de evitar. Segundo. Que la situación de necesidad no haya sido provocada intencionadamente por el sujeto. Tercero. Que el necesitado no tenga, por su oficio o cargo, obligación de sacrificarse».

En su versión civilista —es decir, en cuanto afecta a la responsabilidad civil— determina el artículo 20 del mismo cuerpo legal: «La exención de responsabilidad criminal declarada en los números 1.°, 2.°, 3.°, 7.° y 10° del articulo 8.°, no comprende la de la responsabilidad civil, la cual se hará efectiva con sujeción a las siguientes reglas: «...Segunda. En el caso del número 7°, son responsables civilmente las personas en cuyo favor se haya precavido el mal, en proporción del beneficio que hubieren reportado. Los Tribunales señalarán según su prudente arbitrio, la cuota proporcional de que cada interesado deba responder. Cuando no sean equitativamente asignables, ni aun por aproximación, las cuotas respectivas, o cuando la responsabilidad se extienda al Estado o a la mayor parte de una población, y en todo caso siempre que el daño se hubiere causado con el asentimiento de la Autoridad o de sus Agentes, se hará la indemnización en la forma que establezcan las Leyes o Reglamentos especiales».

También puede considerarse como una aplicación del estado de necesidad el caso de las averías gruesas, reguladas en el Código de comercio, que les dedica los artículos 811 y siguientes.

5 Para el estudio de esta norma, cons. Guido TEDESCHI: "Legittima difesa, stato di necessità e compensazione delle colpe", en *Riv. Dir. Comm.*, 1931, I, p. 738 ss.

6 En la vida jurídica reviste una función extraordinaria la función de la jurisprudencia, cuya sensibilidad frente a los nuevos problemas —particularmente con referencia al campo de la responsabilidad— y cuya adherencia a los progresos del pensamiento jurídico son incontestables: sobre los méritos de la jurisprudencia francesa, comparados con la inglesa, cons. WALTON: "La responsabilité delictuelle dans le droit civil (plus particulièrement dans le droit français) comparé avec la theorie anglais du delit civil (torts)", en *Etûdes in Honneur du Lambert*, III, París, 1938, p. 48 ss.

la relevancia del estado de necesidad en nuestro ordenamiento civil; pero deja todavía diversas cuestiones insuficientemente aclaradas, las cuales habían sido ya objeto de ásperas discusiones bajo el código abrogado[7].

La solución de muchos y relevantes problemas, conexos con el estado de necesidad, lleva consigo, entre otras cosas, un examen de los conceptos de equidad, de injusticia del daño, de reparación, de antijuridicidad, por no citar más que algunos, los cuales entran en el campo de la teoría general y, por tanto, serán estudiados aquí solamente en función del objeto específico del presente trabajo. Por otra parte, son tan íntimos en este campo los vínculos entre el Derecho civil y el Derecho penal que ningún estudio puede prescindir de un profundo examen de la teoría penalista; por ello, yo me serviré también de los resultados conseguidos por esta ciencia en la medida en que sean utilizables a los fines de una investigación civilista[8]. El interés teórico de la institución y su notable relevancia práctica legitiman, según creo, esta nueva contribución a su conocimiento.

La primera parte del trabajo está dedicada al examen de los elementos que constituyen el «supuesto de hecho» («*fattispecie*») del comportamiento necesario; la segunda se dedica a la naturaleza jurídica y a los efectos de la figura en examen.

Marcello Briguglio

---

7 Mas insuficiente es aún la normativa de que dispone el ordenamiento jurídico español: en efecto, aparte las posibles lagunas que contiene la regulación del estado de necesidad penal y civil contenida en el Código penal, está el problema de la ausencia total de regulación del estado de necesidad civil puro. Entendemos referimos a los supuestos de estado de necesidad en que el hecho cometido por quien se encuentra en estado de necesidad no constituya, en abstracto, delito, sino simplemente ilícito civil. Quizás la laguna pudiera llenarse aplicando por analogía a dichos supuestos la regulación contenida para los otros en el Código penal; pero, en todo caso, la cuestión de la insuficiencia de regulación del estado de necesidad en el Derecho español queda abierta; y no solo por lo que se refiere al estado de necesidad en la responsabilidad aquiliana, sino también para el problema de la relevancia que deba darse a la declaración de voluntad emitida en estado de necesidad, supuesto, regulado por los artículos 138, II, del Código civil alemán y 1.448 del Código civil italiano.

8 Como ha observado agudamente Carnelutti: "Il danno e il reato", Padua, 1930, p. 5, "entre las diversas ramas de la ciencia del derecho sucede como entre los pueblos: tanto más progresan cuanto más se conocen".

PRIMERA PARTE
LA FIGURA

(LA FATISPECIE)

PREMISA

SUMARIO: 1. Encuadramiento sistemático de la figura en el campo de la responsabilidad civil.—2. Relación entre las figuras de las dos normas, penal y civil, relativas al estado de necesidad.—3. Los dos hechos jurídicos en que se descompone la figura del artículo 2.045.

1. Cualquier hecho doloso o culposo que ocasione un daño injusto a otro, obliga a quien lo ha cometido a resarcir el daño. Esta es la norma fundamental que regula la responsabilidad por hecho ilícito en el código vigente[1]. No obstante, puede ocurrir que el mismo hecho material productor

1 Dicha norma o principio básico de la responsabilidad civil constituye también el fundamento de aquélla en el Derecho español. Efectivamente, el artículo 1.902 de nuestro Código civil dispone: «El que por acción u omisión causa daño a otro, interviniendo culpa o negligencia, está obligado a reparar el daño causado».

Ahora bien, este precepto tradicional viene interpretado modernamente por nuestro Tribunal Supremo con escaso rigor; entendemos referimos al hecho de que no solamente no se lleva a sus últimas consecuencias el principio, sino que, además, se declaran atenuaciones considerables. La sentencia del Tribunal Supremo de 30 de junio de 1959 presenta el siguiente resumen de la jurisprudencia en orden al principio subjetivista: «Si bien es cierto que en nuestra legislación no está admitido el *sistema objetivista* para determinar la responsabilidad de los daños sufridos por un tercero de los actos más o menos lícitos del autor, no lo es menos que el sistema subjetivista viene evolucionando en la doctrina y en la jurisprudencia, mediante, unas veces, la inversión de la carga de la prueba para obligar al autor de los daños a acreditar que obró en el ejercicio de sus actos lícitos con toda la prudencia y la diligencia precisas para evitarlo, por entender que no solo lo contrario a la Ley es ilícito, sino que debe ir acompañado de la diligencia, elemento esencial para la exoneración de responsabilidades, como declaran las sentencias de 23 de diciembre de 1952 y 24 de marzo de 1953; otras veces exigiendo esa misma diligencia en el ejercicio de las acciones legítimas (sent. de 14 de febrero de 1944), aclarando la de 5 de julio de 1922 la obligación en tales casos de asegurarse de su alcance y consecuencias para evitar perjuicios a terceros, y determinando la de 23 de febrero de 1950 que un acto lícito en sí puede dar lugar a culpa si no se realiza con la prudencia que las circunstancias del caso exigían, para llegar a concretar en la de 25 de marzo de 1954 que cuando las garantías adoptadas conforme a las disposiciones legales para precaver y evitar los

del daño no produzca el efecto típico previsto en el artículo 2.043 —es decir el nacimiento de la obligación de resarcir— cuando se realiza en circunstancias diversas. Esto sucede en diversos supuestos, caracterizados todos ellos por la nota común negativa de no surgir la obligación del resarcimiento integral, pero que, no obstante, se distinguen entre sí, incluso bajo el aspecto de la reparación, por los distintos efectos subsiguientes al daño producido, y que van desde la irresponsabilidad absoluta (por ejemplo, el art. 2.044)[2] a formas de responsabilidad limitada (por ejemplo, art. 2.045), de cuya naturaleza no es aún el momento de ocuparse. Y puesto que el presente trabajo se concreta al estudio de una de tales hipótesis —es decir, del estado de necesidad— se hace necesario un examen de los elementos constitutivos del supuesto previsto en el artículo 2.045, con el fin de delimitar y precisar el campo de aplicación de la disciplina especial prevista por el artículo citado.

2. Dicho precepto dice literalmente: "Cuando el que ha cometido un acto dañoso lo ha hecho obligado por la necesidad de salvarse o de salvar a otro del peligro actual de un daño grave a la persona y el peligro no ha sido causado voluntariamente por él ni era evitable de otra forma, se debe al perjudicado

---

daños previsibles y evitables no han ofrecido resultado positivo, revela la insuficiencia de las mismas y que faltaba algo que prevenir y no se hallaba completa la diligencia, consecuencia todo ello de la aplicación a la responsabilidad extracontractual regulada en los artículos 1.902 y siguientes de la teoría de la culpa contractual prevista en el artículo 1.104, en que no solo se exige la diligencia simple, sino la que se deriva de la naturaleza de la obligación y corresponda a las circunstancias de las personas, del tiempo y del lugar, como claramente determinan las de 14 de diciembre de 1894, 2 de marzo de 1904 y 24 de febrero de 1928, entre otras muchas».

Por lo demás, son ya numerosos los supuestos de responsabilidad sin culpa del responsable: artículos 1.905 y 1.910 del Código civil y en la responsabilidad civil contractual los artículos relativos a la garantía por vicios ocultos en los contratos de compraventa, arrendamiento, permuta y sociedad; la responsabilidad objetiva en la relación laboral y en la ley de Circulación de vehículos de motor, Ley de energía nuclear, etc.

En todo caso, a la altura de la moderna dogmática de la responsabilidad civil, no pueden identificarse culpabilidad del agente e imputabilidad de la responsabilidad, pues aquélla no es más que una de las posibles formas o, si se quiere, causas de esta —bien que todavía la más importante—.

2 Al igual que no hay equivalente en el Código civil español del artículo 2.045 del italiano —relativo al estado de necesidad—, tampoco tenemos en nuestro Derecho un precepto que se corresponda con el 2.044 del Código italiano. Pero en nuestro Código penal la legítima defensa viene considerada —lo mismo que en Italia— como causa de exención de responsabilidad, tanto civil como penal.

En efecto, la responsabilidad penal se excluye cuando concurre la eximente de legítima defensa, como determina el artículo 8.4°, 5.° y 6.°, para los diversos supuestos subjetivos de legítima defensa.

En cuanto a la responsabilidad civil de los actos que constituirían delito de no mediar la eximente de actuar en legítima defensa viene excluida también, siquiera se haga implícitamente: ello se deduce del artículo 20 del Código penal, cuando al determinar los casos en que a pesar de concurrir una eximente penal todavía persiste una determinada responsabilidad civil, no enumera los supuestos de legítima defensa; lo que permite deducir *a sensu contrario* y con toda evidencia que para los casos allí no mencionados la exención de responsabilidad criminal lleva consigo también la exclusión de toda responsabilidad civil.

una indemnización equitativa, la determinación de cuya cuantía es confiada a la apreciación equitativa del Juez".

Se ha afirmado[3] incorrectamente que la figura contenida en esta norma no coincide con la prevista en el artículo 54 del Código penal.

Aparte el hecho de que en la Relación ministerial al proyecto definitivo del IV[4] del Código civil, donde se dice textualmente que "el concepto de acto necesario resulta del artículo 54 del Código penal", nada autoriza a creer que las dos figuras presentan algún elemento de diferenciación. En verdad, la norma del artículo 2.045 no es más que la traducción literal, puntual del artículo 54. l.° del Código penal[5]: la común, idéntica figura es considerada bajo el aspecto penal para excluir la punibilidad del agente, y en el Código civil para excluir la obligación de *resarcimiento*, sustituyéndola por la obligación de entregar una *indemnización equitativa*[6].

Es cierto que el artículo 54. l.° del Código penal exige el requisito de la proporcionalidad entre hecho necesario y peligro evitado, pero semejante exigencia se considera pacíficamente como necesaria también por la doctrina civilista aun en la ausencia de que lo requiera expresamente un texto legislativo; lo que constituye implícitamente, en definitiva, una prueba más de la reconocida identidad de ambas hipótesis legislativas.

---

3 S. PIRAS: "Saggio sul comportamento necessitato nel diritto privato", Sassari, 1948, p. 11. F. FRANCHINI: "Lo stato di necessità nel diritto costituzionale", Roma, 1943, p. 13.

4 *Relazione ministeriale al proggetto definitivo del libro delle obbligazioni*, n.° 37, citado por el mismo PIRAS.

5 Contrariamente a lo que sucede en nuestra legislación, existe en la alemana una diferencia sustancial entre las dos figuras previstas en sede civil y en sede penal. En efecto, mientras las normas de los §§ 228 y 904 del B. G. C. no especifican la categoría de los derechos amenazados —hablando genéricamente la primera de la necesidad de aleja "de sí o de otro un peligro inminente" y la segunda de la "evitación de un peligro actual"— la norma del § 54 del Strafgesetzbuch exige que haya "peligro para el cuerpo o la vida", con una limitación ulterior, pues ha de referirse a las personas "del autor o de sus parientes". Sobre este punto cons. AUER: "Der strafrechtliche Notstand und das B.G.B.", 1903 (non vidi).

6 Queremos hacer resaltar ya desde ahora que el autor diferencia cualitativamente los términos *resarcimiento* e *indemnización*, significando dos conceptos diversos. Para él, *resarcimiento* es la obligación derivada del ilícito civil, es decir, la consecuencia jurídica obligatoria de pagar los daños causados a un tercero interviniendo dolo o culpa de su parte (arts. 2.043 del Código civil italiano y 1.902 del Código civil español); y comprende todos los perjuicios que se originen a la victima por el hecho ilícito dañoso (bien que no sean los mismos en todos los casos de ilícito, ya que pueden ser y de hecho son mayores cuando interviene dolo que cuando hay solamente culpa: artículos 1.106 y 1.107 del Código civil español). En cambio, *indemnización* significa para él la *compensación equitativa* prevista por el artículo 2.045 —y otros muchos preceptos en que se establece una obligación de compensar semejante—, en los cuales la cuantía de los daños causados se determina según la apreciación equitativa del Juez; y que en todo caso se deben por un *principio de interés*, que tiende a compensar los desequilibrios patrimoniales ocasionados por «hechos lícitos dañosos» de los que legalmente se deba responder (sin perjuicio de que después se insista en el concepto, por «hecho licito dañoso» se entiende cuando la ley autoriza a realizarlo, pero que impone una obligación de pagar equitativamente los daños realizados con ocasión del mismo).

Por lo demás el artículo 54 del Código penal comprende un segundo y tercer párrafos, correspondientes en su conjunto a lo dispuesto en el artículo 2.045 del Código civil. Por esta razón solamente en estos segundo y tercer párrafos debería encontrarse la demostración de la pretendida, bien que parcial deformidad de las dos figuras consideradas: pero, en cambio, su examen convence precisamente de lo contrario. En efecto, mientras el primero de éstos —donde se excluye la aplicación de la norma cuando el que realiza el hecho necesario tiene un particular deber jurídico de exponerse al peligro— hace referencia a un requisito negativo, cuya exigencia nadie pone en duda en el campo civilista, aun en ausencia de una expresa referencia legislativa[7]; el segundo, relativo a la hipótesis conocida por la doctrina con el nombre de "violencia psíquica", no importa en la definición de la figura, sino que tiene relevancia únicamente a efectos penales, conminando la pena no a quien ha cometido el hecho necesario sino, lógicamente, a quien ejecuta la amenaza.

3. En un primer examen general de la figura, esta resulta constituida por dos hechos jurídicos ligados por un nexo de causalidad: una *situación de necesidad* en la cual el sujeto titular de un determinado derecho subjetivo viene a encontrarse involuntariamente, y un comportamiento que origina un evento dañoso —realizado por dicho sujeto o por otro que actúe en su interés—, el cual puede ser definido como *hecho necesario.*

La definición presentada del segundo de dichos elementos contrasta con la noción preferida por cierta doctrina[8], según la cual al examinarse el comportamiento necesario "no debe tenerse en cuenta la eventual consideración de un hecho posterior", es decir del daño producido.

Se podría comprender la exclusión del daño realizado en la figura del estado de necesidad, si dicho daño figurase entre los efectos de la norma, "conectándolo con el verificarse de un determinado supuesto de hecho", como ocurre en otros campos, por ejemplo, con la adquisición de la titularidad de un derecho de propiedad o la extinción de un derecho de crédito. Ahora bien, no parece que dicho comportamiento pueda ser compartido. En realidad, el daño no es el efecto que la norma conecta al supuesto de hecho, sino que tal efecto viene constituido más bien por el nacimiento de la obligación de pagar una indemnización equitativa, la cual se manifiesta precisamente como el efecto jurídico que se sigue del comportamiento necesario solo en cuanto se halla expresamente previsto en la disposición del artículo 2.045[9]. Por el contrario,

---

7 Con. T. BRASIELLO: "I limiti della responsabilità per danni", Milán, 1959, p. 284. Esta interpretación, por lo demás, es compartida por la doctrina que se pronuncia a favor de la completa coincidencia entre las figuras previstas en las dos normas que regulan el estado de necesidad en sede penal y en sede civil: cons. S. PIRAS: op. cit., p. 30 ss. Después de admitirlo no se ve en qué consiste la pretendida diferencia entre las hipótesis descritas en las normas en cuestión.

8 Cons. S. PIRAS: op. cit., p. 13 ss.

9 Es evidentemente exacta la opinión del autor, en cuanto considera la producción del evento como elemento integrante del supuesto de hecho previsto en la norma, y no como el efecto que la ley atribuye a tal supuesto de hecho. Incluso el Código penal español está de acuerdo con tal opinión cuando dispone en el artículo 8.7°, al describir la figura jurídica del estado de necesidad: «El que ... lesiona un bien jurídico...»: es claro que esto forma parte del supuesto de hecho de la norma. Por lo demás, el efecto —como también se dice

el daño es —según el artículo citado— un elemento esencial integrante del comportamiento necesario, en ausencia del cual la figura es incompleta y, por tanto, irrelevante a los efectos de aplicar la disciplina relativa al estado de necesidad. Para probar la validez de esta afirmación basta aplicar tal orden de consideraciones en el campo de la responsabilidad común por hecho ilícito, según el artículo 2.043[10].

En el caso del artículo 2.043 cualquier hecho que aun siendo doloso no origine daños injustos no puede en absoluto originar responsabilidad de ninguna clase para su autor. Podrá, en todo caso, constituir eventualmente un delito; pero esto carece absolutamente de relevancia a efectos civiles, aun cuando la tenga en el aspecto penal.

En consecuencia, un comportamiento correspondiente en abstracto a un hecho previsto como delito, podrá ser declarado no punible (recte, no ilícito) si se ha realizado en estado de necesidad[11], aun si no produce daños, cosa que sucede siempre que se trate de un evento al que corresponda un daño no resarcible, o que sencillamente falte el evento[12].

Pero en cambio, por lo que a la ley civil se refiere, cuando falte el evento al que corresponda un daño, la figura prevista por el artículo 2.045 no tiene lugar, por no incurrir uno de sus hechos constitutivos, a saber el hecho necesario. Al igual que bajo el aspecto penal el hecho necesario corresponde en abstracto a la figura de un delito[13], de la misma manera el hecho necesario corresponde abstractamente a un ilícito civil bajo el aspecto civilista; y es notorio cómo el daño forma parte de la noción de aquél.

El primero de los hechos jurídicos antes indicados, es decir la situación de necesidad, consiste en una situación caracterizada por el peligro actual de un daño grave a la persona del agente o de otros, que no haya sido causado voluntariamente por el agente mismo y que resulta inevitable a no ser que se realice una conducta productiva de daños para otros y que constituya precisamente el segundo hecho jurídico de la figura en examen, es decir, el hecho necesario.

Indicados en la forma que precede y descritos sumariamente los hechos jurídicos fundamentales de que se compone la figura que estudiamos, es necesario examinar los diversos elementos que los constituyen, los cuales pueden denominarse requisitos del estado de necesidad.

---

en el texto— viene representado, de una parte, por la exoneración de responsabilidad: «Están exentos de responsabilidad criminal», dice al inicio el artículo 8.° del Código penal, y de otra, por la atenuación de la responsabilidad civil.

10 Cons:. Casetta: "L'illecito degli enti pubblici", Turín, 1953, página 16.

11 Sobre la naturaleza de la eximente del estado de necesidad en el derecho penal, cons. *infra*, cap. III, n.° 3, y los autores citados allí.

12 Cosa que sucederá, además de en los casos en que, como se ha dicho en el texto, el evento no implique necesariamente el verificarse de un daño resarcible, aun en todos los supuestos de delito de mera conducta.

13 Cons, Contieri: op. cit., p. 28.

CAPÍTULO PRIMERO

ELEMENTOS CONSTITUTIVOS DE LA SITUACIÓN DE NECESIDAD

SUMARIO: 4. a) El derecho amenazado: generalidades. — 5. El derecho amenazado: examen específico. — 6. b) El sujeto titular de tal derecho. — 7. c) El derecho sacrificado y d) su titular. — 8. e) El peligro de daño: sus requisitos. — 9. Su valoración. El estado de necesidad putativo. — 10. La causa del peligro. — 11. La ausencia de un deber jurídico de exponerse al peligro. — 12. La situación de necesidad. Conclusiones.

4. a) Se ha dicho antes que la situación de necesidad se caracteriza por un "peligro actual de un daño grave a la persona"[1].

Con esta referencia explícita a la persona se ha querido limitar, al contrario de lo que ocurre en determinados ordenamientos jurídicos extranjeros[2],

---

1 Diversamente del artículo 2.045 del Código civil italiano, el artículo 8.7.° del Código penal español utiliza la fórmula de «evitar un mal propio o ajeno». La generalidad de la expresión «mal propio o ajeno» ha de entenderse en un sentido amplísimo comprensivo de todo peligro de daño actual, sea a la persona sea a sus bienes.

Esta interpretación viene avalada, además, por la relación entre el daño evitado y el perjuicio causado: dicha relación consiste en la proporcionalidad (art. 8.7.°, II), la cual implica que el daño causado debe ser igual o menor, y no que el daño evitado se refiera a las personas; es decir, la proporcionalidad se refiere a la cuantía, no a la cualidad de los daños.

Por tanto, nuestro Código penal sigue en este punto al Código civil alemán cuando dispone en el artículo 228 que «wer eine fremde Sache beschädigt oder zerstört, um eine drohende Gefahr von sich oder einem anderen abzuwenden...»; o en el 904 que declara «der Eigentümer einer Sache ist nicht berechtigt, die Einwirkung eines anderen auf die Sache zu verbieten, wenn die Einwirkung eines anderen auf die Sache zu verbieten, wenn die Einwirkung zur Abwendung einer gegenwärtige Gefahr notwendig ist...».

2 Cfr. los §§ 228 y 904 del B.G.B., donde falta toda referencia a la persona, lo que amplía notablemente el campo de aplicación de tales normas. Pero esta mayor amplitud se compensa con la experiencia de un criterio de proporcionalidad (§ 228 "und der Schaden nicht äusser Verhältnis zur der Gefahr steht"; en forma semejante, también el § 904). El Código suizo de las obligaciones adopta una fórmula genérica en el art. 52: "um drohenden Schaden oder Gefahr *von sich oder einem Anderen* abzuwenden".

La doctrina francesa más reciente, a falta de una norma que regule la materia, la cual se desea vivamente (cfr. PLANIOL-RIPERT-ESMEIN: "Traité pratique de droit civil frangais", VI, París, 1951, p. 447), reconoce generalmente al hecho realizado en estado de necesidad un tratamiento diverso del previsto para el hecho dañoso ejecutado en circunstancias

el campo de aplicación de la disciplina del hecho necesario a la tutela de aquellos valores supremos que constituyen la esfera de la personalidad. En efecto, la doctrina ha interpretado acertadamente la expresión utilizada por la ley, refiriéndola a la categoría de los llamados derechos de la personalidad[3], aunque no han faltado escritores del campo penalista que han entendido dicha expresión como limitada a la vida y a la integridad física[4].

En todo caso, resultan excluidos con absoluta seguridad los derechos patrimoniales, y entre ellos —dignos de particular mención— los derechos reales. Ciertamente, que la doctrina, que se había ocupado del tema con anterioridad al Código de 1942, refería el estado de necesidad no solo a las personas sino también a los bienes, dado el silencio de la ley; probablemente era guiada en semejante interpretación por el ejemplo de la literatura alemana

---

ordinarias, con tal de que responda al criterio de la proporcionalidad. A este propósito se afirma por los autores antes citados que el riesgo de perder la vida no justifica el sacrificio de la vida de los demás. V. además R. SAVATIER: "L'etat de necessité et la responsabilité extracontractuelle", en *Etudes de droit civil a la memoire de Henri Capitant*, París, s.. d., p. 729 ss; CÖLIN-CAPITANT-JULLIOT DE LA MORANDIERE: "Traité de droit civil", II, París, 1959, p. 641 ss.; id,: "Cours elementaire de droit civil frangaise", II, Paris, 1953, p. 277; RIPERT-BOULANGER: "Traité de droit civil", II, París, 1957, p. 369 ss., y en la literatura menos reciente, LALLEMENT: "L'etat de necessité en matiere civil", these, Paris, 1922.

Los escritores y tribunales ingleses se inclinan a reconocer relevancia al estado de necesidad, bien que su juicio en orden a la licitud del daño y a la obligación de resarcimiento puede variar de un caso a otro, a falta de una discípula precisa. Cfr. POLLOCK: "Law of torts", London, 1951, p. 121 ss.

Para un examen del estado de necesidad en el Derecho antiguo (hebreo, indio, griego), en el Derecho romano, en Derecho común, cfr. PÉRGOLA: "Lo stato di necessità nella storia e nella legislazione comparata", en *Riv. Pen.*, 70 (1909), p. 129 ss.; T. BRASIELLO: "Lo stato di necessità in Diritto romano e nel sistema legislativo vigente", Napoli, 1903.

En el ordenamiento positivo español no se plantea el problema de la determinación de cuáles sean los derechos relativos a la persona, precisamente porque tantos los relativos a la persona como a un patrimonio pueden dar lugar al estado de necesidad.

3 En Derecho penal cfr.: CONTIERI: op. cit., § 13, en particular página 42 y ss. y bibliografía ivi indicada; ANTOLISEI: "Manuale di Diritto penale. Parte generale", Milán, 1960, p. 222; RANIERI: "Manuale di Diritto penale", I, Padua, 1952, p. 154; MANZINI: "Trattato di Diritto penale italiano", II, Turin, 1961, p. 406; texto y nota 1; VANINI: "Manuale di diritto penale", Florencia, 1954, p. 181; G. MAGGIORE: "Diritto penale. Parte generale", Bolonia, 1955, p. 320. En Derecho civil, cfr. S. PIRAS: op. cit., p. 18; CANDIAN: "Nozioni istituzinali di Diritto privato", Milán, 1960, p. 168. Para un tratamiento completo y un examen profundo de esta categoría de derechos, cfr. DE CUPIS: "I diritti della personalità", en el *Trattato di Diritto civile e commerciale*, dirigido por A. Cicu y F. MESSINEO, Milán, 1961. DEGNI: "Le persone fisiche e i diritti della personalità", en el *Trattato di Diritto civile*, dirigido por F. VASSALI, Turin, 1939, p. 161 ss.; PUGLIATTI: "Gli istituti del diritto civile", Milán, 1943, p. 135 ss.; FERRARA (sr.): "Diritto delle persone e di famiglia", Nápoles, 1941, p. 75 ss.; VIRGA: "Libertà giuridica e dirittti fondamentali", Milán, 1947, en particular p. 172 ss., y, por último, SANTINI: "I diritti della personalità nel diritto industriale", Padua, 1959. Para indicaciones bibliográficas ulteriores, cfr. GIAMPICCOLO: "La tutela giuridica della persona umana e il c.d. diritto alla riservatezza", en *Riv. Trim.*, 1958, p. 474 ss.

4 Para referencias bibliográficas sobre este punto y una crítica eficaz, sobre todo desde el plano penalista, de esta corriente no muy numerosa, v. CONTIERI: op. cit., p. 38 ss.

y por la solución adoptada por el B. G. B.[5].

Pero de acuerdo con la disciplina actual, el peligro de daño a la persona ha de interpretarse en el sentido de peligro que amenaza cualquiera de los llamados derechos de la personalidad o, como pretende una autorizada doctrina, el derecho de la personalidad (en cualquiera de sus elementos). Aclaremos esta disyuntiva: porque si bien es cierto que la opinión general[6] sostiene que existen diversos derechos de la personalidad correspondientes a distintos valores o bienes, como el nombre, la imagen, el honor, etc., no lo es menos que algunos escritores han mantenido, con argumentos dignos de tener en cuenta, la existencia de un único derecho de la personalidad, cuyo objeto es la persona y cuyo contenido son los diversos intereses o valores de la misma: precisamente el nombre, la imagen, el honor, etc. Evidentemente,

5 Los autores que bajo el imperio del Código abrogado trataron del estado de necesidad en Derecho civil, bien que divididos por el más vivo contraste de opiniones —sobre todo en orden a la naturaleza del hecho necesario y en particular a la licitud o no del mismo y, consiguientemente, a sus efectos (pero sobre esto v. infra, parte II, número 2)— no manifestaron la tendencia a circunscribir la esfera de los derechos respecto a la admisibilidad del estado de necesidad. Confróntese G. P. CHIRONI: "La colpa nel diritto civile odierno. La colpa extracontrattuale", II, Turin, 1906, p. 513 ss; NATINI: "Appunti sulla natura giuridica del'atto necessitato", en *Riv. Dir. Comm.*, 1911, I, página 702; GIORGI: "Teoria delle obbligazione nel moderno diritto italiano", V, Florencia, 1909, p. 277 ss.; T. BRASIELLO: "Lo stato di necessità nel diritto romano e nel sistema legislativo vigente", cit. p. 48 ss.; FERRINI: voce "Delitti e quasi-delitti", en *Dig. it.*, IX, 1, n. 108; voce "Azioni di damni", en *Enciclopedia giur.*, IV, 1, n. 90; CESÁREO CONSOLO: "Trattato del risarcimiento del damno in materia di delitti e quasi delitti", Turin, 1914, nn. 9 y 10; G. BRUNETTI: "Contributo allo studo del risarcimento del damno prodotto nello stato di necessità", en *Filangieri*, 1903, pp. 481, 670, 734; L. COVIELLO: "Lo stato di necessità nel diritto civile", en *Filangieri*, 1898, p. 1 ss.; SELETTI: "Sullo stato di necessità in diritto privato", en *Riv. Dir. Comm.*, 1913, II, p. 691 ss.; BUSCAINO: "Sul risarcimento dei damni derivati da atti necessitati", en *Giur it.*, 1913, I, 2, col. 39; GALANTE: "La tutela giuridica", en *Riv. Cri. Dir. e Giur.*, 1904, p. 150 ss,; G. CHIRONI: "Lo stato di necessità in diritto privato", Turin, 1906, p. 52. Una distinción se hacía por muchos autores más bien según la importancia de los derechos en conflicto, admitiéndose el sacrificio del derecho "menor" para la salvación del "mayor". Cfr. en este sentido: L. COVIELLO: op cit., pp. 4 y 12; SELETTI: op. cit., p. 691 ss.; BUSCANIO: op. cit., p. 41; GALANTE: op. cit., p. 168; FERRINI: voce "Delitti, etc.", cit. IX, i.n. 108, p. 788; voce "Azioni di damni", cit., loc. cit. Este criterio de la proporcionalidad, por lo demás, formulado ya con anterioridad bien que en campos diversos del derecho privado (HEGEL: "Grundlinien der Philosophie des Rechts", Berlín, 1838, p. 170 ss.; MARCHAND: "De l'etat de necessité en droit penal", Paris, 1902, p. 38 ss), fue objeto de duras críticas, diciendo que era contrario a la moral y que no se apoyaba sobre una base jurídica, Cfr. JAPOCE: voce "Necessità (stato di)", en *Encicloperia giur it.*, XI, 1, nn. 34-0; T. BRASIELLO: "Lo stato di necessità...", cit., n. 56, y ahora recientemente en "I limiti della responsabilità, cit., p. 274 ss.

6 V. sobre este punto: CARNELUTTI: "Usucapione della proprietà industriale", Milán, 1933, p. 52 ss,; "Teoria generale del diritto", Roma, 1951, p. 125 ss.; "Diritto alla vita privata", en *Riv. Trim. Dir. Pubblo*, 1955, p. 3; "Il danno e il reato", Padua, 1930, p. 10 ss,; FRANCESCHELLI: "L'oggetto del rapporto giuridistituzionale del Diritto privato italiano", I, Turin, 1962, p. 553 ss. Este planteamiento teórico encuentra en Alemania la mejor acogida y la doctrina es actualmente casi concorde en admitir un "allgemeines Personlichkeitsrecht". Para un cuadro informativo de la doctrina, v. SANTINI: op. cit., p. 6, nota 15 y LIGI: "Contributo allo studio comparato dei diritti della personalità negli ordinamenti tedesco, americano, francese, italiano", en *Ann. Dir. Comp.*, XXXI (1956), p. 148 ss.

no es esta la sede más apropiada para tomar posición frente al problema: basta aquí con señalar la polémica doctrinal[7], habida cuenta del hecho que los resultados no varían a los efectos de nuestro estudio cualquiera que sea la posición preferida.

Delimitado así el campo de aplicación de la disciplina del estado de necesidad, conviene detenerse en el examen particular de los elementos (o derechos) concretos que deban comprenderse en el mismo —según una interpretación que se ha calificado incorrectamente de extensiva[8] y que, en realidad, es declarativa simplemente.

5. El peligro de daño grave a la persona puede referirse a la vida, a la integridad y a la incolumidad físicas; a la libertad; al honor y al pudor; al nombre; a la paternidad de las creaciones del espíritu[9]. Por lo que se refiere al peligro de la integridad física conviene precisar que no es necesario se amenace directamente la vida, como ocurre, por ejemplo, en el caso en que el evento esté constituido por una simple injuria. Por lo demás, el propio Código penal ofrece la prueba más evidente de tal afirmación, previendo en normas diversas las hipótesis de daños, lesiones y homicidio.

Respecto de la libertad son de recordar las variadas y multiformes manifestaciones de la misma, que la mayor parte de la doctrina identifica con otros tantos derechos de libertad, mientras que algunos, por el contrario —según el orden de ideas que antes hemos mencionado— consideran como aspectos particulares de un derecho unitario de la personalidad: libertad física, moral, sexual, de pensamiento, de trabajo, de comercio e industria, etc.[10]. En el concepto de honor en sentido jurídico, se comprenden tanto la consideración social, como el sentimiento o consciencia de la propia dignidad personal[11]. Con referencia al pudor se ha negado[12] —incorrectamente en mi opinión— que el peligro que le amenaza constituya un auténtico daño a la persona, ya que el particular no sería más que "el portador del pudor medio, bien de la colectividad"; para esta opinión el peligro de daño al pudor podría tener relevancia solamente si estuviere conexionado con el peligro que amenazase la libertad sexual, quedando absorbido por éste. Pero semejante concepción no puede aceptarse, por la sencilla razón de que la doctrina ve un interés (bien) propio de la persona en el pudor[13]. Con referencia al nombre no

---

7 Cfr. DE CUPIS: "I diritti della peronalità", cit., I, p. 29 ss.

8 S. PIRAS: op. cit., p. 19; Cantra CONTIERI: op. cit., p. 41.

9 Ciertos autores consideran diversamente algunos de estos elementos (o derechos) de la personalidad como comprendidos en otros, como extrinsecaciones de los mismos; a los efectos de este trabajo basta indicarlos, no siendo esta la sede para un encuadramiento teórico de la materia.

10 Sobre este punto cfr. DE CUPIS: *"I'diritti della personalità"*, cit., I, p. 197 ss. y, para la teoría unitaria, GIAMPICCOLO: op. cit., p. 464.

11 Así DE CUPIS: op. cit., p. 230 ss.; que cita a SPECKER: *"Die persönlichkeitshechte"*, 1911, p. 81 ss.

12 CONTIERI: op. cit., p. 44.

13 En este sentido también S. PIRAS: op. cit., p. 20. No es por causalidad que desde decenas de años el ejemplo, al que con mayor frecuencia recurren los autores sean de derecho

hay duda alguna que entra en la disciplina del estado de necesidad, toda vez que la identidad personal es un modo de ser moral de la persona. En cambio, merece un examen más profundo el problema de si el derecho de autor debe comprenderse también en la disciplina del estado de necesidad. Para llegar a una solución correcta de la cuestión se impone, como paso obligado, el esclarecimiento de otro problema, a saber, el relativo al encuadramiento teórico del derecho de autor.

Las teorías formuladas al respecto son numerosísimas, e incluso una corriente doctrinal ha intentado limitar el derecho de autor a su aspecto patrimonial, excluyendo de su contenido la tutela del aspecto moral, la cual vendría absorbida por la más amplia e indiferenciada tutela ofrecida por el derecho de la personalidad[14].

Es evidente que el derecho de autor tiene un contenido heterogéneo; pero no creemos que su pertenencia a la esfera de los llamados derechos de la personalidad pueda ser negada, al menos por lo que se refiere a su relevancia extrapatrimonial. En efecto, la doctrina dominante ve en el derecho de autor dos facetas distintas correspondientes a dos derechos diversos[15]: uno es el aspecto moral, que se adscribe unanimemente a los llamados derechos de la personalidad; otro el patrimonial, cuya calificación jurídica es incierta, pues mientras unos[16] le definen como un derecho de propiedad (intelectual), otros los consideran como un "derecho de monopolio"[17].

Así, pues, de la obra del ingenio, como hecho constitutivo unitario, surgen dos derechos distintos, uno relativo a los aspectos de la obra que permanecen siempre ligados a la persona del autor, y otro —referente a los aspectos patrimoniales puros— que puede destacarse de la persona de su creador, y ser transmitido a un sujeto diverso[18]: sustancialmente debe distinguirse entre

---

penal que de derecho civil, en Italia como en el extranjero es precisamente el de la joven que, habiendo sido privada de sus vestidos mientras se bañaba, toma los vestidos de otra persona para cubrirse y salvar así el propio pudor.

14 Cfr. KÖHLER: "Autorrecht", en *Iherings J.*, 18 (1880), pp. 141-146; "Urheberrecht im Schriftswerken", etc., Stuttgart, 1907, p. 439 ss.; ASCARELLI: "Teoria della concorrenza e dei beri inmateriali", Milán 1960, p. 776. Para ulteriores citas, muy numerosas, SANTINI: op. cit., p, 16.

15 Bajo el Código viejo, v. PUGLIATTI: "Sulla natura del diritto personale d'autore", en *Riv. Dir. Pri.*, 1933, II, p. 292 ss. Para un examen comparado y crítico de las diversas teorías avanzadas por la doctrina *in subiecta materia* y para una rica indicación bibliográfica italiana y extranjera, v. últimamente SANTINI: op. cit., p. 16 ss.

16 Cfr. AULETTA: "Azienda.—Opere dell'ingegno e invenzioni industriali.—Concorrenza", en *Commentario del C. c. de Scialoia-Branca,* libro V, Del lavoro (art. 2555-2642), Bolonia-Roma, 1958, al art. 2575, página 195.

17 Cfr. FRANOESCHELLI: "Struttura monopolistica degli istituti del diritto industriale", en *Riv. Dir. Industr.*, 1956, I, p. 172 ss. El mismo autor pone después de relieve cómo la doctrina que se ha ocupado de la materia "usa a veces uno u otro término (propiedad, privilegio, monopolio) sin preocuparse de su precisión": cfr. "Trattato di diritto industriale", II, Milán, 1960, p. 541.

18 Cfr. SANTINI: op. cit., p. 25. Según este autor la teoría que hace de cada aspecto de la persona humana un objeto particular y, por tanto, un particular bien de la personalidad,

génesis y existencia —como se ha observado agudamente[19]—.

Dejando aparte el derecho patrimonial de autor —que no interesa a los fines del presente estudio, precisamente por su patrimonialidad— examinemos solamente el derecho de la paternidad intelectual. Es evidente que éste, atendido su objeto propio, reúne los requisitos necesarios para ser clasificado entre los llamados derechos de la personalidad[20]. Por tal motivo, no cabe duda alguna que la norma del artículo 2.045 del Código civil (así como la del artículo 54 del Código penal), cuando hablan genéricamente de daño a la persona, se refieren también a la posibilidad de un daño dirigido contra el bien que se protege en los artículos 20-24 de la Ley de 22-4-1941 núm. 633, es decir contra el derecho moral de autor[21].

Esta conclusión se impone obviamente con mayor motivo si se enfoca el problema desde el punto de vista de la doctrina que sitúa el objeto del derecho de autor en la persona humana[22].

6. b) La titularidad del derecho amenazado puede pertenecer a cualquiera[23].

---

impone una revisión de la construcción corriente del derecho moral de autor en el sentido de que "también los derechos que corresponden al autor sobre algunos aspectos particulares de la propia persona, aspectos elevados a bienes personalísimos o tutelados en medida más amplia que la normal, deben ser necesariamente distintos entre sí y conservarse autónomos, porque tienen diverso contenido y tienen por objeto bienes entre sí diversos". Así que "el derecho a la paternidad de la obra y el derecho a cambiarla, además de distinguirse de todo derecho personalísimo preexistente, porque tienen objeto, contenido y momento constitutivo diversos, se distinguen también entre sí formando cada uno un derecho (moral) de autor con objeto y contenido particular" (op. cit., p. 60). Pero tal distinción carece de importancia a los efectos de la presente investigación por cuanto se refiere al contenido teórico de la misma, puesto que, una vez demostrada la extensión del estado de necesidad a todos los derechos de la personalidad, poco importa que el derecho moral de autor se considere unitariamente o no: esto podría comportar, a lo sumo, en orden a la segunda hipótesis, alguna dificultad en el descubrimiento de una correspondiente y específica casuística.

19 Carnelutti: "Sull'oggetto del diritto di privativa artistica e industriale", en *Riv. Dir. Comm.*, 1912, II, p. 937.

20 Así De Cupis: "I diritti della personalità", cit., p. 262.

21 En este sentido, también Piras: op. cit., p. 21.

22 V. supra n. 4.

23 La afirmación que hace el autor en el texto vale perfectamente también para el Derecho español, donde el articulo 8.7.° del Código penal habla precisamente de «mal propio o ajeno». La amplitud de la fórmula coincide con la del artículo 2.045 del Código civil italiano cuando habla de «salvarse a sí o a otro». Por tanto, el estado de necesidad en el Código penal español comprende todo peligro de daño evitado a cualquier sujeto de derecho, sea persona física o jurídica, sea capaz o incapaz de obrar.

También el Código civil alemán considera el estado de necesidad respecto del peligro de los derechos propios o ajenos; como dice el artículo 228 de dicho cuerpo legal: «...um eine drohende Gefahr *von sich oder einem anderen abzuwenden...*». Sobre esta base, la doctrina alemana ha construido dos figuras de estado de necesidad: el «eigene Notstand» = estado de necesidad propio, y la «Nothilfe» = ayuda o socorro necesario a un tercero.

En realidad, la figura del estado de necesidad prescinde de la titularidad del bien que está

Dicha titularidad podrá pertenecer a un solo sujeto o a varias; hipótesis esta última más rara en la práctica. Un punto un tanto dudoso es si la titularidad del derecho en peligro puede pertenecer a la colectividad[24]. En mi opinión el problema se resolverá en sentido positivo o negativo según que sea posible o no encontrar la existencia de derechos (de la personalidad) que, perteneciendo a la colectividad, no puedan al mismo tiempo adscribirse a los que se atribuyen a individuos particulares, en cuyo caso es evidente que el problema no puede ni siquiera plantearse. Considerando aquí el derecho subjetivo bajo el único aspecto de su titularidad es indiferente que su titular tenga o no tenga capacidad de obrar[25]. En mi opinión, la línea seguida por la doctrina sobre la naturaleza del sujeto que examinamos está sometida a revisión, ya que el problema no ha sido estudiado con la profundidad que merece.

Tanto el artículo 2.045 del Código civil como el 54 del Código penal hablan de "daño grave a la persona"; y la doctrina penalista ha interpretado generalmente esta referencia a la persona como limitada a la sola persona física; en el mismo sentido se ha pronunciado la doctrina civilista[26] las escasas veces que se ha ocupado específicamente de este punto. Esta interpretación, aunque no se ha enunciado *expresis verbis*, se deduce del hecho que los autores hacen referencia constantemente a la sola persona física. Pero en nuestra opinión nada se opone a que se dé al término persona aquel significado más amplio que le atribuye normalmente la ley.

Un argumento que probaría aparentemente a favor de la interpretación restrictiva, podría deducirse de la letra del artículo 2.045, que coincide con el artículo 54 del Código penal cuando habla de la necesidad de salvar "a sí o a otro": en efecto sobre la base de una interpretación estrictamente gramatical de la norma, dicha expresión podría interpretarse referida únicamente a las

---

en peligro: a dicha figura interesa el bien en sí mismo considerado, es decir, objetivamente, sin tener en cuenta, a estos efectos, quien pueda ser su titular. Por consiguiente, no afecta a nuestro derecho positivo la dirección que el autor plantea en el texto sobre el problema de si la colectividad puede ser titular del derecho amenazado: naturalmente que puede pertenecer el bien amenazado a un sujeto privado, a una pluralidad de ellos –sea en mano común o por cuotas partes–, a una persona jurídica –sea privada o pública–.

24 Esta posibilidad se excluye por Contieri, bien que indirectamente (op. cit., p. 44). Al respecto v. también: Colin-Capitant-Julliot de la Morandiere: "Traite de droit civil", cit., II, p. 641 ss., y "Cours elementaire", cit. II, p. 227, según los cuales la doctrina moderna y la jurisprudencia tienden a reconocer que no hay culpa en el causar un mal a otros cuando es el único medio para evitar "a otra persona, a sí mismo o *a la colectividad* un peligro grave o inminente". Pero los mismos autores añaden en seguida que es cuestión muy debatida si puede causarse un daño también en interés de la colectividad cuando exista el estado de necesidad "car ce doit être, en principe, l'autorité publique seule qui peut apprecier quels sont les sacrifices à imposer aux particuliers dans l'interet de la collectivité" ("Cours elementaire", cit., p. 227, nota 2).

25 Piras: op. cit., p. 16.

26 Para referencias bibliográficas, v. la nota 10.

Contieri: op. cit., p. 91, excluye expresamente la posibilidad de toda referencia a la persona jurídica, argumentando "con la naturaleza" de los bienes protegidos y "del examen de las normas penales que los tutelan".

personas físicas. Pero la duda desaparece inmediatamente si se considera que la norma del artículo 2.044 del Código civil, relativa a la legítima defensa, utiliza la misma terminología ("legítima defensa de sí mismo o de otros"), y nadie se atrevería a sostener que no pueda defenderse legítimamente un bien que pertenezca a una persona jurídica. Como contraprueba de este argumento está el hecho de que el legislador, al redactar la norma relativa a la legítima defensa en sede penal (art. 52), ha utilizado la fórmula "defender un derecho propio o ajeno"; ahora bien, puesto que la doctrina reconoce en lo sustancial un ámbito idéntico a las normas penales y civiles en materia de legítima defensa[27], bien que formuladas diversamente como se ha visto, se debe obviamente llegar a la conclusión de que las palabras "a sí o a otros" usadas por los artículos 2.044 y 2.045 del Código civil no son más que una expresión genérica inidónea a justificar una interpretación restrictiva de la disciplina del estado de necesidad.

Así, pues, la ley no distingue, hablando genéricamente tan solo del daño a la persona; por ello la doctrina ha interpretado que la norma legal se refiere a toda la categoría de los llamados derechos de la personalidad, que comprende tanto los derechos que presuponen la existencia de una persona física (por ejemplo, la vida, la integridad física, la libertad sexual, etc.) como los derechos que pueden tener por titular también una persona jurídica: por ejemplo, el derecho al honor, al nombre, a la libertad[28].

Aun fuera del campo de los derechos patrimoniales, que aquí no interesan, es una opinión común que la capacidad jurídica de las personas morales es análoga a la de las personas físicas, con las limitaciones que lógica y necesariamente derivan de la falta de un organismo físico, de corporeidad biológica[29].

Por lo demás, se ha intentado recientemente, en particular por la doctrina alemana, con resultados a veces satisfactorios, ampliar los límites de la esfera jurídica de la persona moral, en especial respecto de los derechos no patrimoniales, sometiendo con ello los conceptos tradicionales a una profunda

27 T. BRASIELLO: "I limiti della responsabilità...", op. cit., páginas 287-288.

28 Las personas jurídicas pueden tener también derecho al escudo, a títulos y distinciones honoríficas; además, cuando se trate de un instituto de asistencia pública tiene —a los efectos del art. 400 C. c.— el poder de tutela sobre los menores que se le confíen. Cfr. GANGI; "Persone fisiche e persone giuridiche", Milán, 1946, p. 213 ss.; FERRARA sr.: "Le persone giuridiche", en el *Trattato di diritto civile* dirigido por F. VASSALLI, Turín, 1958 (rist.), p. 304 ss.

29 La doctrina es unánime en reconocer a la persona moral una capacidad jurídica general en los límites compatibles con su naturaleza: v. por todos DE FRANCESCO: voce "Persona giuridica", en *Nuovo Dig. it.*, IX, Turín, 1939, p. 942; SANTORO-PASSARELLI: "Dottrine generali del diritto civile", Nápoles, 1962, p. 43; BRANCA: "Istituzioni di diritto privato", Bolonia, 1958, p. 46 ss.; TRABBUCHI: "Istituzioni di diritto civile", Padua, 1962, p. 110; PUGLIATT: "Gli istituti...", cit., I, 1, p. 132; RESCIGNO: voce "Capacita giuridica — Diritto civile", en *Novissimo Dig. it.*, II, Turin, 1958, p. 877; FERRARA sr.: "Teoria delle persone giuridiche", Nápoles-Turín, 1915, p. 825 ss.; Id.: "Persone giuridiche...", cit., p. 301 y siguientes; VON TUHR: "Der allgemeiner Teil des deutschen bürgerlichen Rechts", I, Leipzig, 1910, p. 456.

revisión. Y si bien es verdad que se puede criticar a alguno de los autores[30] el haber ido demasiado lejos, como, por ejemplo, cuando sostienen que a la persona jurídica le pueda ser reconocido el derecho moral de autor —afirmación que realmente se manifiesta aventurada, excepto en el caso en que frente a la pequeña o no prevalente aportación de los particulares esté el trabajo de organización, dirección y financiamiento del ente[31]—, es necesario admitir que se han evidenciado algunos aspectos relativos a la capacidad de las personas jurídicas injustificadamente olvidados hasta ahora. Los estudios en la materia se han dirigido prevalentemente a seleccionar qué normas o instituciones jurídicas —tradicionalmente referidos solo a las personas físicas— pueden ser aplicados también a las personas jurídicas: semejante selección implica, como premisa inderogable, una investigación dirigida a poner en claro qué requisitos, cualidades y caracteres humanos puedan ser atribuidos también a las personas jurídicas[32]. Así se ha examinado relativamente a la persona jurídica, sujeto de derechos, el concepto de nacionalidad (*Staatsangehörigkeit*) y el carácter de enemigo en tiempo de guerra[33]; el color y la raza[34]; la revocación de las donaciones por ingratitud del ente donatario o frente al mismo[35]; la facultad de administrar un fundo; de prestar trabajo subordinado y la de nombrar un curador especial en interés del ausente en el sentido del artículo 1.911 del B. G. B. (Abwesenheitspflegschaft)[36]. Esta dirección dada a los estudios sobre la capacidad de los entes morales abre nuevos horizontes e indica la posibilidad de elaboraciones sugestivas en la teoría de la persona jurídica. E incluso me parece que tampoco pueda excluirse el campo de la responsabilidad extracontractual: concretamente la aplicación de la disciplina del estado de necesidad a las personas jurídicas es un ejemplo significativo.

Pero si bien es cierto que bajo determinados aspectos el intento de ampliar los confines impuestos tradicionalmente por la doctrina a la esfera de los

---

30 Cfr. DE BOOR: "Die Übertragbarkeit des droit moral des Urhebers and den Werken der Literatur, Tondkunst oder bildenden Künste", Berlin und Tübingen. 1950; NEUMANN-DUESBERG: "Das gesprochene Wort im Urheber- und Persönlichkeits recht", Regensburg und Münster, 1949, página 158.

31 En este sentido SANTINI: op. cit., p. 54, y ivi indicaciones bibliográficas.

32 Cfr. SERICK: "Rechtsform und Realität juristischer Personen", Berlin und Tübingen, 1955, p. 120 ss.

33 En base a la aplicación de tales conceptos se justifica la adopción de medidas contra el Überfremdungsgefahr, en las personas jurídicas nacionales. Sobre este punto SERICK: op. cit., p. 131 ss.

34 V. al respecto (citada por SERICK: op. cit., p. 162) la interesante sentencia de la "Supreme Court of Appeal of Virginia", según la cual, aun en el caso de que todos los miembros de una corporación son negros, la persona jurídica como unidad jurídica independiente no viene influenciada, desde el momento que el ente moral no puede ser de color como sus miembros. Contra WORMESER, citado por SERICK: op. cit., página 163 (quien ve en la persona jurídica compuesta por negros el instrumento para eludir prohibiciones impuestas convencionalmente a la contratación con hombres de color) y, por razones diversas, M. WOLFF, citado también por SERICK: op. cit. últimamente.

35 Cfr. SERICK: op. cit., p. 178 ss.

36 SERICK: op. cit., pp. 179-187.

derechos de la persona jurídica ha presentado a veces dificultades, no todas superadas aún, no lo es menos que la aplicación de las normas que regulan el estado de necesidad a las personas jurídicas como titulares del derecho amenazado resulta mucho más practicable, ya que tal aplicación se basa no en el procedimiento analógico, sino más bien sobre la interpretación lógica del artículo 2.045.

Sobre la base que ofrece el significado reconocido por la doctrina a la expresión "daño a la persona" como referida a los llamados derechos de la personalidad, la tesis que sostenemos no es más que un corolario que desciende del sistema. En efecto, si se admite, como generalmente se hace, que la persona jurídica puede ser titular de derechos comprendidos entre los denominados de la personalidad, no se comprende cómo pueda hacerse luego una distinción entre los mismos derechos según que su titular sea una persona física o una persona jurídica. Únicamente estaría justificada la interpretación que aquí se rechaza, cuando la ley, al regular el estado de necesidad, hubiere indicado explícitamente solo los derechos posibles con relación a la persona física, es decir derechos cuyo sujeto pudiera ser solamente la persona humana. Pero no solo es así, sino todo lo contrario; pues si es cierto que algunos de los derechos de la personalidad corresponden también a las personas jurídicas y es cierto también que a estos derechos se les reconoce una tutela —lo cual se admite pacíficamente— habrá que admitir igualmente que siempre que se presente un peligro de daño cualificado según el artículo 2.045 y dirigido contra alguno de los bienes objeto de tales derechos, el comportamiento dañoso realizado para evitar tal peligro debe considerarse como efectuado en estado de necesidad, y, en consecuencia, sometido a la disciplina correspondiente. Todo hecho que amenace la limitación de cualquiera de los derechos que forman la esfera de la personalidad del ente moral constituye un "daño a la persona" comprendido en el artículo 2.045; y tanto más amplio será el campo de aplicación de dicha norma cuanto más extensa sea la esfera de la personalidad que se reconozca al ente moral bajo el aspecto que aquí interesa[37].

Por lo demás, el enfoque que hemos dado al problema se presenta como susceptible de desenvolvimientos posteriores, si se tienen en cuenta, como recientemente se ha hecho[38], que no pueden negarse los derechos de la personalidad esenciales a su propia existencia a las sociedades personales e incluso a las asociaciones no reconocidas como los partidos políticos, las asociaciones sindicales, los círculos culturales y recreativos.

Una vez aclarado el ámbito real del artículo 2.045, en orden al sujeto titular del derecho en peligro, se hace necesario averiguar quién pueda realizar prácticamente el comportamiento necesario, cuando dicho sujeto sea una persona jurídica. Dejando aparte la hipótesis de la ayuda necesaria, en cuyo caso el hecho dañoso podrá ser realizado evidentemente por cualquiera —tanto en interés de un ente moral como de una persona física— se trata

---

37 Cfr. SANTINI: op. cit., p. 147 ss. Según ha observado acertadamente este autor, incluso las denominaciones y razones sociales han de considerarse no "bienes (inmateriales) patrimoniales, sino verdaderos y propios bienes (o elementos) de la personalidad", ya que son intransferibles, indisponibles y porque pueden ser usados única y exclusivamente por las sociedades a que pertenecen (p. 149). En contra, ASCARELLI: op. cit., p. 423.

38 SANTINI: op. cit., p. 150.

ahora de determinar por quién puede ser realizado materialmente el acto dañoso para que éste pueda ser atribuido al ente moral —habida cuenta de la naturaleza peculiar de la persona jurídica— que implique, en consecuencia, el nacimiento a su cargo de la obligación a una indemnización equitativa. Para la solución de este problema remito al lector al parágrafo dedicado al autor del comportamiento necesario[39].

7. c) Los intereses humanos son infinitos, y muchísimos de entre ellos reciben protección del ordenamiento jurídico; cuando esto sucede la ciencia jurídica entiende que existen los derechos subjetivos.

El ordenamiento jurídico reconoce una situación de supremacía en la posición del titular de cada uno de estos derechos, de forma que tal titular pueda gozar de ella libremente, pretendiendo de los demás sujetos un determinado comportamiento que puede ser, según los casos, de abstención, de colaboración o de mera sujeción[40]. Así, por ejemplo, al derecho subjetivo del propietario, que se sustancia en una potestad ejercida mediante un señorío inmediato sobre la cosa, corresponde un deber de abstención por parte de los demás ciudadanos; al derecho subjetivo del acreedor, cuyo contenido consiste en una pretensión, se contrapone la obligación del deudor; al derecho subjetivo del titular de un derecho potestativo es correlativa la posición del sujeto pasivo, quien no puede ni debe hacer más que estar sometido a las consecuencias de la declaración de voluntad[41]. Así pues, el ordenamiento jurídico asegura el disfrute libre del derecho a su titular.

Pero este principio, válido como norma general, puede sufrir excepciones siempre que tal posición jurídica entra en colisión con otra posición jurídica correspondiente a un sujeto diverso. Del conflicto surgido entre los dos derechos, a cada uno de los cuales se concede independientemente tutela jurídica, deriva necesariamente una modificación de la situación expuesta antes, la cual puede afectar a ambas posiciones o a una sola de ellas. Se considere, por ejemplo, el derecho de propiedad: el propietario de una casa totalmente aislada tendrá un disfrute mayor de su derecho en relación al propietario de un apartamento en condominio (propiedad horizontal). En efecto, mientras el primero podrá ejercitar su derecho gozando absolutamente de todas las facultades relativas al mismo, el segundo, en cambio, deberá abstenerse del ejercicio de aquellos derechos que puedan procurar una molestia al vecino: su derecho sufre algunas limitaciones en interés privado, semejantes a las que existen en todos los demás tipos de comunidad.

En dicha hipótesis los diversos derechos se limitan recíprocamente. Pero hay casos en los que el ordenamiento considera prevalente uno de los derechos en conflicto, de forma que la modificación de la situación jurídica subsiguiente produce solo sus efectos sobre uno de los derechos, el cual queda limitado o

39 V. infra, n. 13.

40 Cfr. Santoro-Passarelli: op. cit., p. 69 ss.; Santi Romano: "Frammenti di un dizionario giuridico", Milán, 1947, voci "Poteri. Potestà", páginas 91 ss. y 172 ss.; Cesarini-Sforza: "Il diritto soggettivo", en *Riv. it. sc. giur.*, 1947, p. 181 ss.; Miele: "Potere, diritto soggettivo e interesse", en *Riv. Dir. Comm.*, 1944, I, p. 114 ss; M. Giuliano: "Norma, diritto soggettivo e obbligo", Bolonia, 1952; id.: "I diritti e gli obblighi degli Stati", I, Padua, 1956, p. 13 ss.

41 Santoro-Passarelli: op. cit., p. 72.

incluso vacío de contenido. Se piense al respecto en la hipótesis prevista en el artículo 843, párrafo 1° [42], según el cual el propietario debe permitir en su fundo el acceso y el paso, siempre que se reconozca la necesidad de construir o reparar un muro u otra obra propia del vecino común a ambos. Efectivamente, nos encontramos aquí en presencia de dos intereses jurídicamente protegidos en abstracto, pero que en concreto no pueden ser satisfechos ambos sino en forma alternativa, es decir sacrificando uno de ellos; y, en efecto, la ley concede la preferencia al propietario del muro, limitando el derecho del propietario del fundo vecino a la exclusión de toda intromisión en el suelo de su propiedad por parte de terceros. Así también en la hipótesis de legítima defensa, el derecho subjetivo del agresor, cuya lesión se hace necesaria para la defensa legítima, se vacía de contenido, siéndole negada toda tutela.

Volviendo a la situación de necesidad que nos interesa, esta se caracteriza precisamente por el conflicto surgido entre dos intereses que, considerados individualmente, separadamente son ambos dignos de tutela jurídica: si uno de los dos no lo fuese el problema del estado de necesidad ni siquiera se presentaría. Se trata, por tanto, de averiguar de qué naturaleza deba ser el derecho sacrificable. En efecto, el artículo 2.045, mientras indica *expressis verbis* la naturaleza del derecho amenazado, requiriendo un peligro de "daño grave a la persona", nada dice, en cambio, acerca de la naturaleza del otro término del conflicto en cuestión, es decir del derecho de cuyo sacrificio depende la salvación del primero. Diversamente de algunos ordenamientos extranjeros[43] [44] nuestra ley hace solamente una referencia genérica al respecto, hablando de

42 El artículo 843 del Código civil italiano se corresponde con el artículo 569 del Código civil español, que dispone: «si fuere indispensable para construir o reparar algún edificio pasar materiales por predio ajeno, o colocar en él andamios u otros objetos para la obra, el dueño de este predio está obligado a consentirlo, recibiendo la indemnización correspondiente al perjuicio que se le irrogue».

Como afirma el autor en el texto, nos encontramos aquí en presencia de dos intereses jurídicamente protegidos que entran en colisión: uno, el del propietario del predio sirviente; otro, el del propietario del predio necesitado de reparación. Se concede prevalencia al interés del segundo, pero sujetándole a una indemnización correspondiente al «perjuicio que se le irrogue».

43 Cfr. 88 228 y 904 B.G.B. En efecto, el primero de ellos dice: "Wer eine fremde Sache beschädigt oder zerstört..."; el segundo, por su misma colocación (primera sección: contenido de la propiedad, del tercer título del libro de los derechos reales) muestra claramente su referencia al derecho de propiedad. Cfr. también el artículo 52, 2° del Código suizo de las obligaciones, según el cual "quien utiliza la cosa de otro para salvarse a sí o a otros de un daño o peligro inminente, está obligado a resarcir el daño según el prudente criterio del juez".

44 El Código penal español utiliza en el artículo 8.7.° la fórmula siguiente: «lesiona un bien jurídico de otra persona o infringe un deber».

«Bien jurídico» equivale aquí a «interés jurídicamente protegido»; por tanto, cualquier derecho subjetivo puede ser lesionado con motivo de un estado de necesidad —siempre, naturalmente, observando los requisitos que el propio artículo señala, en particular, el de la proporcionalidad—.

«Infracción de un deber» se refiere a deberes jurídicos, es decir, deberes que derivan de la norma reguladora de un *status* obligatorio, sea dicha norma legal o contractual. Según CUELLO CALÓN: «Derecho penal». Barcelona, 1953, I, p. 385, «dicha infracción se refiere a "hecho dañoso": de esta expresión debe partir el intérprete para la solución del problema. La amplitud de la fórmula utilizada ha inducido a la doctrina a considerar una serie ilimitada de casos[45]: la norma penal, por lo demás, sanciona la impunibilidad de quien "ha cometido el hecho" en estado de necesidad, y no hay quien niegue que incluso el homicidio está comprendido en el término "hecho" [46].

El derecho sacrificado, por tanto, *podrá* ser de la misma categoría de derechos a la cual *debe* pertenecer el derecho amenazado, es decir a la categoría de los derechos de la personalidad. En consecuencia, no hay duda alguna de que el artículo 2.045 se aplica también en la hipótesis en que los dos términos del conflicto estén formados por dos titularidades del derecho a la vida, mientras para otras legislaciones, como se ha observado anteriormente, se ha querido excluir *a priori* esta eventualidad, limitando la categoría de los derechos sacrificables. La cuestión de si pueda permitirse matar a otro para salvarse a sí mismo de una muerte segura pone un problema de extrema gravedad aun bajo el aspecto moral, ya que semejante criterio choca contra la objeción fundamental según la cual la vida de un hombre tiene el mismo valor que la de los demás hombres, de donde deriva que a nadie se le debería consentir erigirse en árbitro de una situación de conflicto semejante. Sin embargo, las normas jurídicas no siempre pueden aceptar las normas morales[47], cosa que exigiría en el ciudadano virtudes que en el hombre medio son difíciles de encontrar. Solo un santo o un héroe haría holocausto de la propia vida para salvar la de un extraño: no se puede exigir tanto al hombre investido de cualidades medias. A tal punto el Derecho se separa de la Moral y sobrepasa el límite máximo dentro del cual esta se detiene[48].

Por lo demás, el derecho sacrificado puede evidentemente pertenecer al campo de los derechos patrimoniales. Entre éstos deben ser mencionados primeramente los derechos reales y, en particular, la propiedad[49]: pero

omisiones en las que el agente se halle impedido para cumplir su deber por causa legitima o insuperable».

45 Cfr. S. PIRAS: op. cit., p. 22.

46 En efecto, la norma del art. 54 C. p. se aplica a todos los delitos, con tal que la norma incriminante, u otras normas jurídicas, no excluyan implícita o explícitamente su aplicación: Cfr. MANZINI: op. cit., II, p. 422.

47 Sobre las relaciones entre moral y derecho, cfr. DEL VECCHIO: "Etica, diritto e stato", en *Riv. internaz, fil. dir.*, 1934, p. 726 ss., especialmente pp. 732-733.

48 Cfr. DABIN: "Theorie general du droit", Bruselas, 1944, p. 255: "En definitive, le probleme des relations entre le droit et la morale trouve sa reponse dans la formule suivante: des regles de la morale le juriste retiendra celles dont la conservation ou confirmation par le droit se revelera en fait, dans les circonstances, utile au regard du bien public, praticable au regard de l'outillage technique du juriste".

49 Mientras entre nosotros tal afirmación puede ser hecha en vía interpretativa, sobre la base de la generalidad de la dicción del art. 2045, en Alemania se la prevé expresamente con una norma situada en el libro tercero, dedicado precisamente a los derechos reales, con el solo límite de la proporcionalidad entre injerencia realizada y daño temido. Según el art. 904 B.G.B. ya citado, "Der Eigentümer einer Sache ist nicht berechtigt, die Einwirkung zur Anwendung einer gegenwärtigen Gefahr notwendig und der drohende

también otros derechos de diverso contenido pueden ser lesionados por el comportamiento necesario[50], a pesar de que tal eventualidad, bien que teóricamente posible, se presentará muy raras veces para algunos de ellos. Así, por ejemplo, si el hecho necesario puede afectar con mucha frecuencia al derecho de usufructo, de uso, de prenda, no recaerá, en cambio, fácilmente sobre los derechos de habitación, de superficie, de servidumbre, de hipoteca. La posición jurídica afectada podrá caracterizarse también más que por la titularidad de un derecho, por un estado de posesión[51]. Por último, es de recordar bajo la perspectiva en examen un problema que ocupa de antiguo a la doctrina y que ha sido objeto de alguna importante decisión jurisprudencial[52]: me refiero a la resarcibilidad del perjuicio derivado de la lesión de crédito por acto ilícito de un tercero. Frente a tal problema los autores se dividen en dos corrientes opuestas: mientras por algunos[53] se afirma la resarcibilidad del daño causado por la lesión provocada a un derecho de crédito, es negada por otros[54].

No es esta la sede para tratar convenientemente el problema: no obstante, debo decir que de las tesis antes mencionadas considero preferible la primera, como más concorde con los principios. De la adhesión a tal corriente deriva naturalmente, como corolario lógico, que deba admitirse la responsabilidad limitada del artículo 2.045 en el caso en que el hecho lesivo del crédito se haya efectuado en estado de necesidad.

Schaden gegenüber dem aus der Einwirkung dem Eigentümer entstehenden Schaden unverhältnismässig gross ist...".

50 Cfr. FABIAN: "Die Notstandspflicht des Eigentümers" (Inaugural Dissertation), Heidelberg, 1908, p. 26, quien afirma con referencia a la norma del § 904 B.G.B.: "Wenn der Gesetzgeber auch nur vom Eigentümer einer Sache spricht so wird in der Literatur allgemein, im Anschluss an die Protokolle angenommen, dass die Vorschrift nicht nur für das Eigentum, sondern auch den Besitz, die Pacht, die Miete und die dinglichen Rechte an einer Sache gilt". Nótese como entre los derechos susceptibles de lesión por parte del sujeto necesario se computan por la doctrina alemana los de Pacht y Miete: sobre este punto, cfr. las notas 56, 57 y 58; FIELDER: "Der Notstand des 904 B.G.B." (Inaugural disertación), Borna-Leipzig, 1910, p. 28.

51 Cfr. S. PIRAS: op. cit., p. 22; FABIAN: op. y loc. cit.

52 Cassa, u. julio 1953, n. 2085, en *Foro it.*, 1953, I, c. 1087; App. Turin, 23 enero 1952, en *Foro it.*, 1952, I, c. 219; Trib. Turin, 15 septiembre 1950, en *Foro it.*, 1950, I, c. 130. Para un amplio panorama jurisprudencial cfr. FEDELE: "Il problema della responsabilità del terzo per pregiudizio del credito", Milán, 1954, p. 93 ss.

53 BIGIAVI: "L'Associazione Calcio e il disastro di Superga", en *Giur. it.*, 1951, IV, c. 81; REDENTI: "Aspetti giuridici della tragedia di Superga", ivi, 1951, IV, c. 49 ss.; BARASSI: "La teoria generale delle obbligazioni", II, Milán, 1948, p. 424; TRABUCCHI: "Aspettanza del risarcimento per l'uccissione di una persona", en *Giur. it.*, 1947, I, 1. c., 148; CARNELUTTI: "Natura del diritto dei superstiti nella legge sugli infortuni", en *Riv. Dir. Comm.*, 1914, I, p. 403 (véase un poco diferente "Appunti sulle obbligazioni", en *Riv. Dir. Comm.*, 1915, I, p. 554; G. TEDESCHI: "La tutela aquiliana del creditore contro i terzi", en *Riv. Dir. civ.*, 1955, p. 291 ss.

54 RUBINO: "La fattispecie e gli effetti giuridici preliminari", Milàn, 1939, p. 323; DE CUPIS: "Il danno", Milán, 1954, p. 286 ss. Para un profundo examen del problema y amplias citas de doctrina italiana y extranjera, cfr. FEDELE: op. cit., especialmente pp. 31 ss., 65 ss., 74 s.

d) Acerca de la titularidad del derecho sacrificado basta recordar que puede pertenecer a cualquier sujeto de derecho[55]. Tampoco tiene importancia a este respecto que el sujeto sea una persona física o jurídica, que sea capaz o incapaz; incluso la titularidad puede pertenecer a varios sujetos.

8. e) Para tener un cuadro completo de la situación de necesidad como requiere el artículo 2.045, nos falta examinar un último elemento constitutivo: el peligro de daño. Este, por cuanto afecta al titular de un derecho de la personalidad, constituye la razón fundamental de la disciplina propia del estado de necesidad: en su ausencia se aplicarían las normas ordinarias que regulan la responsabilidad civil.

Según la acepción normal del término, el peligro es un estado o condición caracterizado por el temor de verificarse un mal o un daño.

Pero tal noción de peligro, cual resulta de esta genérica descripción, no es suficiente para legitimar la aplicación de la norma objeto de nuestro estudio: en verdad el peligro descrito por la letra de la ley debe calificarse con determinados requisitos esenciales. En efecto, según el artículo 2.045, el peligro de daño grave (a la persona) debe ser *actual, inevitable* y *no causado voluntariamente.*

I. El primero de tales requisitos exige que el peligro sea actual[56]: si fuese

---

55 La afirmación genérica que hace el autor ha de entenderse limitada por la presencia del requisito de que la colisión de intereses persista —cosa que, por lo demás, se deduce de lo que ha dicho en los apartados anteriores—. Ello nos lleva a excluir el que el estado de necesidad pueda darse cuando la titularidad de los derechos salvado y sacrificado coincidan en la persona del agente.

Con relación a nuestro Código penal, nos parece demasiado estricta la fórmula utilizada por el artículo 8.7.°. Entendemos que quien actúa en estado de necesidad puede perfectamente sacrificar también un bien jurídico propio para salvar un bien ajeno; cosa a la que —aparentemente al menos— se opone la letra del artículo citado. En efecto, una interpretación literal de dicho precepto lleva a excluir la posibilidad de sacrificar un derecho de quien actúa en estado de necesidad, pues al hablar de la persona del agente y utilizar a continuación la expresión «bien jurídico de otra persona» da la impresión de que excluye el que puedan sacrificarse bienes propios del que actúa. Pero si esto podría sostenerse racionalmente para las hipótesis en que el sujeto que obra en estado de necesidad sacrifique un bien propio para evitarse un daño a sí mismo, sin embargo, para el caso en que el agente evite un mal ajeno, podrá perfectamente sacrificar un bien propio, pues en tal caso la colisión de intereses subsiste, haciendo posible la permanencia del estado de necesidad, en su modalidad de ayuda necesaria («Nothilfe»).

56 Nuestro Código penal no habla expresamente del peligro; pero implícitamente se sobrentiende; deduciéndose, además, de la esencia misma de la institución.

Tampoco se menciona explícitamente el requisito de la actualidad del peligro; pero es claro que tal requisito va ínsito en la finalidad de la autorización legal a sacrificar un derecho ajeno para salvar un bien mayor; pues, en otro caso, el correr del tiempo permitirá recurrir a otros medios para evitar el mal, distintos del de sacrificar el derecho de otro.

Por lo demás, la inminencia o actualidad del peligro se requiere tanto por la jurisprudencia del Tribunal Supremo como por la doctrina penalista española: el primero ha dicho en la sentencia de 28 de noviembre de 1944 que «...la fundamental y típica situación de este estado (de necesidad), cual es la suscitada por el peligro inminente de un daño real y grave que coloque al sujeto necesitado ante el apremio ineludible e *inaplazable* de lesionar de manera inmediata el derecho ajeno como único recurso eficiente de evitar el daño».

futuro, o aun solo próximo, el sujeto amenazado podría, al fin de evitar el daño, recurrir a otros medios diversos del comportamiento dañoso, el cual ha de considerarse como *extrema ratio*. Sin embargo, no se quiere decir con ello que en la práctica no pueda correr un lapso de tiempo desde el momento en que el peligro se presenta al momento en que el daño se realizaría si no interviniese el comportamiento necesario: y tan es así que la existencia de un peligro real no tiene por que ir acompañada necesariamente de un evento dañoso. Se piense en el caso de Ticio, que durante un terremoto atropella a otros para huir a la ruina de la casa que está para derrumbarse y que, sin embargo, milagrosamente, bien que gravemente perjudicada, permanece en pie. La actualidad del peligro, empero, no ha de entenderse en sentido relativo, como se ha mantenido[57]: el peligro o está en acto en el momento en que actúa el sujeto amenazado, o no lo está, y entonces nos encontramos ya fuera de la previsión del artículo 2.045. Esta última situación se configura como posibilidad de peligro. Y mucho menos puede ser compartida la opinión según la cual la actualidad del peligro se conexiona a la normalidad y a la imprevisibilidad del caso[58], puesto que un hecho puede ser previsible o normal, pero —habida cuenta de la situación en que ha llegado a encontrarse el sujeto amenazado— no dejar otra vía posible que el comportamiento necesario[59].

Asimismo considera esencial este requisito la sentencia de 8 de junio de 1943, según la cual se «...exige como base esencial ... que el agente obre en estado de necesidad, es decir, en un estado de *peligro actual*, inmediato e inevitable de sufrir un mal». Véanse, en el mismo sentido, las sentencias de 17 de mayo de 1943, 9 de junio de 1936, etc.

En doctrina cons. JIMÉNEZ DE ASÚA: «Tratado de Derecho penal». Buenos Aires, 1952, IV, p. 333, a), donde se exige la «existencia de un *peligro actual* e inminente» para la existencia del estado de necesidad.

57 S. PIRAS: op. cit., p. 26, quien sostiene que si Ticio para salvarse de una inundación, no teniendo otro medio posible de salvación, penetra en la casa ajena, la actualidad del peligro existe en el caso en que la furia de las aguas se quiebre ya contra su casa, incluso en el caso en que haya de pasarse algún tiempo para que esto suceda. Ahora bien, si en las dos hipótesis arriba mencionadas estamos en presencia de un peligro actual, esto no se debe a la pretendida relatividad del concepto de actualidad, que es, por el contrario, un dato absoluto. En cambio el peligro se considerará actual en ambas hipótesis, puesto que ya en los dos existe el temor fundado de la realización de un daño, el cual puede verificarse inmediatamente (pero que puede realizarse posteriormente o incluso no realizarse). Lo que es indispensable es que el daño pueda producirse también inmediatamente o por lo menos en un tiempo tan próximo que impida el recurrir a otros medios. En cambio, quedaría fuera de la previsión de la ley la hipótesis en que fuese seguro que el daño podría verificarse solamente en un momento considerablemente posterior, si en el intervalo de tiempo fuese posible conseguir la salvación sin perjudicar a otros. En otros términos, no debe confundirse entre la actualidad del peligro y la posibilidad de que el peligro se realice también en un momento sucesivo, además de inmediatamente. En efecto, si el evento temido (por ejemplo, una inundación) se verifica en un tiempo sucesivo y la eximente del estado de necesidad viene concedida igualmente, esto se debe no a la pretendida relatividad del concepto de "peligro actual", sino a la consideración de que, en efecto, el peligro existía originariamente, incluso si el hecho temido, cuyas consecuencias se han conjurado, se ha verificado en un tiempo posterior.

58 ZIMMERL: "Arbeitsmethode de lege ferenda", Berlín, 1931, p. 280.

59 Así SCARANO: "La non esigibilità nel diritto penale", Nápoles, 1948, p. 122, quien cita

El peligro puede considerarse *actual* si es factible un *juicio de inminencia* relativo al momento del posible verificarse el evento dañoso: el intervalo de tiempo que va desde la previsión del evento a su realización debe ser de tal brevedad que haga impracticable cualquier tentativa de evitarlo en forma no perjudicial para terceros[60].

En efecto, aun sin que haya intervalo, debe recurrirse a cualquiera otra solución antes de adoptar la que implique un daño para un tercero inocente[61].

II. La *inevitabilidad* es otro de los requisitos del peligro[62]. Consiste en la imposibilidad de evitar el verificarse del evento dañoso, a no ser mediante la realización de un acto perjudicial para otros. Se ha preguntado si sea posible evitar el peligro, además de con actos sucesivos al surgir de aquél, mediante previsiones anticipadas, respondiéndose en sentido afirmativo[63]. Pero tal opinión ha de rechazarse totalmente, puesto que la previsibilidad o la preventibilidad del peligro son conceptos empíricos, extraños a nuestra ley[64], y, en todo caso, inidóneos por sí solos para cualificar el peligro como inevitable. Se ha dicho al respecto que una tal previsión anterior podría tener influencia en todo caso si le siguiese una acción o una omisión adecuada para impedir la producción del peligro.

Ahora bien, evitar no significa impedir, y exigir un comportamiento semejante del agente sería ir más allá incluso de la ley, la cual se limita a requerir que el agente no haya causado voluntariamente el peligro y no exige que éste haya hecho todo lo posible para impedir que aquél surja[65]: a menos que no quiera referirse la frase "ni era evitable de otra forma" a la precedente "y el peligro no haya sido causado voluntariamente por

también algunos ejemplos.

60 Cfr. KOHLRAUSH-LANGE: "Strafgesetzbuch", Berlín, 1959, p. 209, los cuales, adhiriéndose a la opinión del Reichsgericht, afirman: "Gegenwärtig ist die Gefahr wenn befürchtet werden muss, ein Eingreifen werden, wenn er nicht sofort geschehe, zu spät kommen".

61 CARNELUTTI: "Lezioni di diritto penale", cit., p. 113.

62 Tampoco nuestro Código penal afirma expresamente la exigencia de este requisito; pero el Tribunal Supremo afirma la concurrencia del mismo cuando declara en la sentencia de 23 de mayo de 1955 que el estado de necesidad «precisa ...la existencia de una lesión de bienes jurídicos ajenos o incumplimiento de deberes cuyo móvil sea evitar un mal propio o ajeno, resolviendo de tal suerte y contra derecho el conflicto surgido, no *mediando otro camino a seguir menos perjudicial que el adoptado,* ni viable en el momento de efectuarlo; y ello siempre que el mal que se trata de evitar sea cierto e *inminente,* no provocado por el agente que se excusa ni que constituya a éste en la obligación de resistirlo o aceptarlo por razón de su oficio...». También la sentencia de 21 de octubre de 1957 ha reconocido que «el estado de necesidad se refiere a una situación de peligro actual, no provocada por el agente, y *que no pueda ser evitada más que por la lesión de los bienes de otro...».*

Cons. en doctrina JIMÉNEZ DE ASÚA: «Tratado de Derecho penal». Buenos Aires, 1952, IV p. 383, c), b'), donde se considera como requisito *sine qua non* del estado de necesidad el «que no haya otro medio de evitarlo (el peligro)».

63 CARRARA: "Programma del corso di diritto criminale. Parte generale", Lucca, 1887. p. 237.

64 MANZINI: op. cit., p. 417.

65 CONTIERI: op. cit., p. 59.

él", entendiendo significar con esto que el agente, además de no haber determinado voluntariamente el peligro, deba también haber hecho todo lo posible para evitar "de otra forma" su nacimiento, es decir, también en aquellas hipótesis en las cuales la causa del peligro le sea extraña. Se quiere decir que el agente, para estar legitimado a realizar el hecho necesario habría debido no solo no haber causado directamente el peligro, sino que, incluso, habría debido agotar toda posibilidad de evitar su producción, cualquiera que fuere su causa. Aparte la consideración de que de esta forma se exigiría del sujeto en peligro un comportamiento demasiado gravoso, imponiéndole deberes que no le incumben, como serían los de prevención y reparación de los efectos de la culpa de otro o del caso fortuito, tropezaría con un obstáculo práctico insuperable. En efecto, si fuese realmente éste el sentido que debiera atribuirse a la expresión "ni era evitable de otro modo", es decir, como unido al momento de la determinación del peligro, éste perdería lógicamente todo significado autónomo y se eliminaría el requisito de la inevitabilidad del peligro, entendido como peligro actual, puesto que es imposible hacer entrar bajo la misma dicción normativa dos hechos cronológica y lógicamente diversos. Por tanto, el peligro puede decirse inevitable, en consideración a la inminencia del verificarse del daño» cuando el mismo se presente al sujeto amenazado en forma de legitimar la convicción de que sea imposible eliminar el evento dañoso si no es mediante la realización de un comportamiento lesivo de derechos ajenos.

No obstante, el requisito de la inevitabilidad desaparece si el hecho realizado para alejar el peligro podía considerarse necesario, pero no indispensable, cosa que sucede, por ejemplo, cuando el agente hubiera podido conseguir, de igual modo, su finalidad ocasionando un daño de menor cuantía. La doctrina habla a este propósito de condición fundamental de la necesidad[66] en contraposición al concepto de la inevitabilidad en sentido propio, concepto que algunos autores denominan con el término de subsidiariedad del hecho necesario[67] y otros con el de necesidad imperativa[68]. Por lo demás, tampoco en el campo penal se ha dejado de notar que la situación de necesidad puede reconocerse a favor del agente, si éste podía evitar el peligro mediante un hecho constitutivo de un delito menos grave del que cometió[69]. Esta relevancia puede utilizarse ciertamente también en el campo de la responsabilidad civil, excluyéndose en este campo la existencia del estado de necesidad cuando el evento temido se hubiere podido evitar recurriendo a un hecho de menor

---

66 MANZINI: "Trattato di diritto penale", cit., II, p. 418 s., el cual a tal propósito cita el ejemplo de un tal que, habiéndose extraviado en campo abierto durante la noche helada, prefiere prender fuego a un pajar, pudiendo recoger leña y quemarla para evitar el congelarse. Conforme, CANDÍAN: "Nozioni istituz.", cit., p. 168; PIRAS: op. cit., p. 27.

67 Cfr. WESTERKAMPF: "Streitfragen des Notstandsrechts", Berlín, 1918, p. 14 ss.; MEZGER: "Strafrecht. Ein Studienbuch", I, München und Berlin, 1957, p. 196; GERLAND; "Deutsches Reichstrafrechts", Berlin und Leipzig, 1822, p. 117; FRANK: "Das Strafgesetzbuch für das deutsche Reich", Tübingen, 1931, p. 165.

68 ANTOLISEI; op. cit., I, p. 223.

69 MANZINI: op. cit., II, Loc. ult. cit.; ALTAVILLA, VOZ "Estado de necesidad", en *Nuovo dig. it.*, VIII, Turín, 1939, p. 967; CONTIERI: op. cit., página 62, y los autores allí citados.

gravedad que el realizado. Asimismo, es evidente que el requisito de la inevitabilidad no subsiste si el sujeto amenazado hubiese podido sustraerse al peligro dándose a la fuga.

En efecto, mientras a propósito de la legítima defensa se ha sostenido por los más que la persona agredida, sobre todo si pertenece a un cuerpo militar, no está obligada a huir, porque tal conducta vil implicaría una disminución de su dignidad[70], dicha razón no se considera válida respecto del estado de necesidad, donde la reacción no se dirige contra el agresor, sino más bien contra un tercero inocente.

III. Ultimo requisito del daño es la *no voluntariedad*[71]. El artículo 2.045, adoptando la dicción utilizada por el artículo 54 del Código penal, exige que el peligro no haya sido "voluntariamente causado". Tal fórmula, a decir verdad bastante ambigua, impone al intérprete el deber de una aclaración nada fácil.

Se trata, por tanto, de averiguar cuál sea, en este caso, el significado que la ley ha querido dar al adverbio voluntariamente. Mientras para los más[72] se sostiene que el texto legislativo se refiere a aquellos casos en que el sujeto

---

70 Cfr. MANZINI: op. cit., II, p. 376 ss.; G. MAGGIORE: op. cit., 312.

Pero no falta quien considera dicha solución demasiado rígida: cfr. ANTOLISEI: op. cit., p. 217, según el cual respecto de los particulares pueden presentarse situaciones en las cuales la fuga no implica una disminución de la dignidad, aun teniendo en cuenta que el art. 52 C. c. no ha querido autorizar la petulancia. Por tanto, la cuestión se resolvería caso por caso, según las circunstancias del hecho. En este sentido, también RANIERI: op. cit., p. 148. En el sentido de que la posibilidad de fuga excluye el estado de necesidad, cfr. SIEBERT, SOERGEL und SIEBERT: „Bürgerliches Gesetbuch", I, Stuttgart, 1959, p. 778 ss.

71 El requisito de la no voluntariedad por parte del agente en el nacimiento de la situación de necesidad se exige expresamente por nuestro Código penal, disponiendo el artículo 8.7.°, II, «que la situación de necesidad no haya sido provocada intencionadamente por el sujeto».

Nuestro Tribunal Supremo admite la exigencia de este requisito en la sentencia de 21 octubre de 1957 cuando declara que «este estado necesidad se refiere a una situación de peligro actual o inmediata, no provocada por el agente...»; y de forma más directa ha dicho el Tribunal Supremo en la sentencia de 2 de abril de 1959 que «para poder apreciarse sta circunstancia (del estado de necesidad) se precisa que tal estado no *haya sido creado por actos voluntarios del sujeto activo del delito*, y, además, que no exista otro medio de salir de él que lesionar el deudor ajeno»; también el mismo Tribunal entiende que «la aparición del estado de necesidad no se compagina con la actuación negligente que toda imprudencia representa» (sentencia de 1 de febrero de 1960); afirmándose, finalmente, en la sentencia de 17 de octubre de 1960 que «no puede aceptarse que obre impulsado por un estado de necesidad quien produce una lesión de un bien jurídico de otra persona a *consecuencia de una conducta negligente y censurable del que alega dicho estado»*.

En doctrina cons. JIMÉNEZ DE ASÚA: «Tratado de Derecho penal». Buenos Aires, 1952, IV, p. 383, b), b'), donde se formula el requisito de que el estado de necesidad «no haya sido dolosamente provocado por el agente».

72 BETTIOL: "Diritto penale. Parte generale", Palermo, 1955, p. 262; T. BRASIELLO: "I limiti della responsabilità", cit., p. 268; ALTAVILLA: voz citada, p. 967; PIRAS: op. cit., p. 28 ss.; BATTAGLINI: "Diritto penale. Parte generale", Padua, 1949, p. 334; GABRIELI: "Gli istituti generali del codice penale", Roma, 1936, p. 131; G. MAGGIORE: "Diritto penale...", cit., p. 321; GRANATA: "Stato di necessità o colpa iniziale negli incidenti della circolazione", en *Riv. giur. circ. y trasp.*, 1953, c. 255.

amenazado ha previsto y ha querido el evento productor del peligro, de tal forma que la palabra voluntariamente valdría tanto como dolosamente, por otros[73] se da a la expresión un sentido más amplio, comprendiéndose en ella todos los casos en que el elemento voluntario se limita a la sola conducta, de manera que entraría en la previsión de la norma incluso la producción culposa del peligro.

Se ha intentado resolver el problema basándose únicamente en consideraciones relativas a "motivos de lógica y de equidad en la interpretación de la letra de la ley"[74]. Pero antes de intentar esta vía me parece que la investigación debe detenerse en el significado literal de la expresión.

Ahora bien, el legislador ha utilizado el adverbio voluntariamente teniendo a su disposición términos mucho más precisos y técnicamente más apropiados; y esto apoya la hipótesis de que no haya querido deliberadamente recurrir a los mismos.

Sin tomar posición por el momento respecto al punto controvertido, y prescindiendo de un juicio relativo a la mayor fundamentación de uno que de otro planteamiento teórico, me conformo por ahora con observar que el legislador habría podido utilizar —en lugar de la anfibológica expresión elegida— una de las siguientes: "el peligro no ha sido causado por él" o también "el peligro no ha sido causado intencionalmente por él", que corresponden precisamente a las dos direcciones doctrinales antes mencionadas.

Estas eran las dos posibilidades teóricas en sus formulaciones extremas. Pero no se hizo así. La insatisfacción que se percibe frente a la imprecisión del texto legislativo obliga a intentar una reconstrucción del pensamiento del legislador, que, aunque mal expresado, no puede no tener una *ratio* subyacente. En realidad, no se puede menos de pensar que si el legislador hubiese querido efectivamente referirse con exclusividad a los casos en que el sujeto actúa movido por la intención principal de determinar el peligro habría recurrido a expresiones como "dolosamente" o "intencionalmente", que expresarían el concepto con mayor rigor de lenguaje y más exactitud. No es satisfactoria la explicación avanzada por la doctrina[75], según la cual no habría sido utilizado el término dolosamente "porque sería impropio utilizar un término reservado a los delitos, no siendo el peligro de la situación de necesidad el evento de un delito": en efecto, si tal observación puede compartirse por lo que respecta al término *dolosamente*, quedaría siempre incapaz de explicar por qué no se ha utilizado el término *intencionadamente* (art. 1.993 C.c.) u otros semejantes, como, por ejemplo, *deliberadamente* o *conscientemente* (art. 21 de la ley cambiaria).

En cambio, el adverbio *voluntariamente indica por sí solo exclusivamente una influciencia genérica de la voluntad del sujeto* en la producción del estado de

73 MANZINI: op. cit., I, p. 410 ss.; RANIERI: op. cit., I, p. 149 ss.; PANNAIN: "Manuale di Diritto penale. I. Parte generale", Turín, 1962, página 655; SABATINI: "Istituzioni di diritto penale. Parte generale", II, Catania, 1948, p. 110 ss. En este sentido también: Cass, 23 agosto 1950, n. 2531, en *Resp. civ. o prov.*, 1950, p. 434; Cass, 27 abril 1960, n. 935, en *Mass. giur. it.*, 1960, c. 237.

74 S. PIRAS: op. cit. y loc. ult. cit.

75 CONTIERI: op. cit., p. 58.

peligro. Estas primeras consideraciones parecen apoyar la tesis que defiende el sentido más amplio de la dicción normativa.

Se ha sostenido también que la simple voluntariedad de la conducta no autoriza a considerar voluntario el peligro que de aquélla se deriva, ya que se necesita que incluso esto haya sido querido, por lo menos condicionadamente al verificarse el mismo[76]; pero el argumento basado sobre el hecho de que la letra de la ley requiere que "no voluntariamente causado" sea el peligro, es decir, el evento, y no la conducta que lo ha determinado, se muestra más bien débil. En efecto, "se causa voluntariamente una situación de peligro no solamente cuando el sujeto se propone realizarla, sino también cuando se la representa como conexa, sea necesariamente, sea en forma probable, sea en modo posible con su conducta, con tal de que su consentimiento cubra también aquéllas, aceptando el riesgo de su comportamiento"[77].

De esto se deriva que, aparte la hipótesis de comportamiento doloso, sobre la cual nadie discute, todas las veces que el nacimiento del peligro se ha presentado en la mente de su autor como posible consecuencia de su conducta, dicho peligro puede considerarse, en verdad, como "voluntariamente causado". En otras palabras, se puede sostener que la dicción de la ley se refiere seguramente también al caso en que el evento del peligro sea el efecto de una conducta cualificada de culpa con previsión[78]. Pero la tarea del intérprete no puede detenerse aquí: se trata de ver ahora si el término *voluntariamente* no sirva para indicar una esfera del supuesto más amplia, como, por ejemplo, las que se caracterizan por la existencia de culpa leve. Y a tal resultado se llega con bastante facilidad, si se aclara un equívoco en el que es posible, efectivamente, caer. Puesto que el texto normativo exige que el peligro no sea *causado* voluntariamente podría creerse, en un examen superficial, que lo no querido es el peligro considerado como evento: pero, más bien al contrario, lo que no debe ser querido es la causa del peligro, considerada como aquella conducta cuyo efecto es producir el peligro. Esto aclarado, es obvio que la voluntariedad o no en la producción del estado de peligro tiene importancia también en orden a la conducta y no solamente con referencia al evento.

Estas conclusiones no cambian tampoco si se considera el problema bajo los aspectos lógico y equitativo. La norma del artículo 2.045 se fundamenta en criterios evidentemente equitativos (cosa que se puede afirmar tranquilamente por el momento —dejándose una rigurosa demostración para su momento oportuno—), y, por ello, es comprensible que la doctrina se haya planteado también la espinosa cuestión bajo este aspecto, en el deseo de encontrar nuevos elementos que sirviesen al menos para facilitar la superación del estado de incertidumbre y de insatisfacción de la misma *subjecta materia.*

En este sentido se ha recurrido, para excluir la voluntariedad en la producción culposa del peligro, al ejemplo de Cayo, que derriba la puerta de la casa ajena para procurarse agua con que apagar las llamas originadas

76 Antolisei: op. cit. y loc. ult. cit.

77 Ranieri: op. cit., p. 154.

78 Sobre esta noción y sobre su autonomía también en el Derecho civil, cfr. De Cupis: "Il danno", cit., p. 64 ss.

por imprudencia en su vestido; o al ejemplo de Sempronio, quien, visitando una factoría, incita con imprevisión y ligereza a un animal con el bastón, y después lo mata para salvarse de la reacción —por lo demás... comprensible —de la pobre bestia.

Con manifiesta petición de principio se configura en tales supuestos el estado de necesidad "en cuanto la negligencia e imprevisión del sujeto no puede determinar a su cargo las consecuencias de un comportamiento que en otro caso se calificaría de ilícito, consecuencias que se traducirían fundamentalmente en la obligación de resarcimiento del daño y no simplemente en la obligación eventual de pagar una indemnización equitativa"[79].

A semejante casuística se confía la tarea de enfocar mejor, en la perspectiva de una visión equitativa del problema, la fundamentación restrictiva de la dicción legislativa, y ciertamente el método es correcto con semejante argumento.

Se me permita formular también a mí algunos ejemplos sobre el argumento:

Se piense en el supuesto de un náufrago que, encontrándose en una chalupa junto con otro compañero de desgracia, y siendo conocedor del mar, se traslada negligentemente de un lado al otro de la barca, causando el vuelco de la misma: si, a consecuencia de esto, el causante separa violentamente a su compañero del único salvavidas incapaz para sostener a dos personas y determina de esta manera que se ahogue, ¿podrá estimarse a favor del agente el estado de necesidad? Y se piense también a la hipótesis de Tizio, que, inexperto en el conducir, se pone con ligereza al volante de un coche a lo largo de una carretera muy inclinada de montaña y luego vira violentamente hacia la parte interna de la carretera para no ir a parar a un abismo, causando con el viraje la muerte de un grupo de peatones. ¿Se puede mantener seriamente, aun desde el solo punto de vista que aquí nos interesa, es decir, desde la equidad, que quien provoca por culpa suya una situación de peligro gravemente perjudicial para otros merezca el mismo trato que quien se encuentre sin culpa en idéntica situación? A mí me parece que no. Otras veces se sale fuera de la cuestión, como cuando se afirma por un autor ilustre[80] que "el disipador que haya quedado sobre el adoquinado puede invocar la atenuante (del estado de necesidad), si roba una medicina indispensable para salvar el hijo en inminente peligro de vida, cuando no tenga absolutamente otro medio de procurársela": en efecto, aquí se da el estado de necesidad a favor del padre desgraciado, pero no porque él haya provocado el peligro culposamente, sino más bien porque él no ha provocado en absoluto tal peligro, por cuanto éste se debe a la enfermedad del hijo, la cual nada tiene que ver con la mala economía del padre.

De otra parte, parece requerirse por algunos autores[81], o al menos se propende a ello, no solamente la intención precisa de provocar el peligro, sino incluso la intención de crear una situación de peligro con la finalidad ulterior de cometer un ilícito. Tal opinión debe ser rechazada con mayor

79 S. PIRAS: op. cit., p. 29.

80 ANTOLISEI: op. cit., p. 223.

81 S. PIRAS: op. cit., p. 28, quien pone el ejemplo de Ticio que aplica fuego a la casa ajena para

razón, como consecuencia de la afirmado más arriba. Por último, si quien ha causado voluntariamente el peligro de daño no puede considerarse en estado de necesidad cuando sea él mismo el amenazado, en una situación diferente se encuentra el que se lanza en su ayuda, de tal forma que la acción de éste entra sin más en la disciplina de artículo 2.045. Al contrario, el autor de una situación de peligro que interviene en ayuda de otros estará obligado al resarcimiento total de los daños causados.

El peligro tal como se ha identificado a través de sus requisitos de actualidad, no evitabilidad y no voluntariedad, debe llevar consigo, además, la amenaza de un daño grave, según precisa el artículo 2.045[82]. En principio, puede notarse que el requisito de la gravedad se refiere al daño y no al peligro —al contrario de cuanto establecía el artículo 49, 3.° del Código penal anterior—; cosa que, como se ha observado certeramente[83], ha servido para eliminar una serie de incertidumbres, ya que la formulación derogada podía referirse lo mismo a la gravedad del daño que a un grado especial de la posibilidad de peligro o a las dos cosas juntamente. La dicción actual autoriza en todo caso a pensar que el estado de necesidad subsiste también cuando la intensidad del peligro sea limitada, con tal que el evento del daño amenazado sea grave. Por ello se puede afirmar que, según el artículo 2.045, debe considerar relevante una situación caracterizada por la presencia de un peligro medio o incluso tenue en la cual se dé un daño *grave* a la persona. En consecuencia, pienso que no debe compartirse la afirmación, hecha en sede penal, según la cual "a un hecho necesario particularmente grave debe corresponder en la situación de necesidad un peligro particularmente grave, es decir, con un grado también

---

introducirse en ella con fines de robo; ANTOLISEI: op. cit., p. 223, el cual afirma que también el peligro debe haber sido querido "por lo menos condicionadamente a su verificarse".

82 No requiere nuestro Código penal vigente la exigencia de la gravedad del daño. Sin embargo, alguna sentencia del Tribunal Supremo, por ejemplo, la de 17 de mayo de 1943, recuerda la concurrencia de tal requisito, cuando declara que «el estado de necesidad... *ha de revestir un carácter absoluto*, es decir, que no quede al agente otro medio viable ni menos perjudicial para separar *de sí el mal grave* e inminente que le amenaza que acudir a la infracción jurídica que se comete».

Pero no hemos encontrado más decisiones donde se mencione el requisito de la gravedad del daño. Tampoco JIMÉNEZ DE ASÚA le considera entre los requisitos del estado de necesidad.

En nuestra opinión el requisito de la gravedad del daño no existe en la regulación que del estado de necesidad hace el ordenamiento español: en efecto, para nuestro Código penal basta con que el mal evitado sea igual o mayor que el causado —requisito de la proporcionalidad exigido por el artículo 8.7.°, III—; siendo indiferente la gravedad del daño que se experimente o que amenace.

83 CONTIERI: op. cit., p. 45. BRASIELLO: "I limiti della responsabilitá..., cit., p. 267, sostiene, en cambio, que el peligro debe ser grave, sin dar una demostración de lo que afirma. Pero este autor se contradice enseguida, ya que para sostener la necesidad de una proporción entre el hecho y el peligro dice que "si éste es pequeño, y al mismo corresponde una acción gravemente dañosa para evitarlo, estamos fuera del estado de necesidad" (p. 268): lo que obviamente significa que si al "peligro tenue" corresponde una acción no gravemente dañosa, es decir proporcionada, el estado de necesidad subsiste.

notable de posibilidad, esto es probable"[84]. Y esto no porque no se reconozca, aun en el silencio de la ley civil, la exigencia de una proporcionalidad entre el peligro y el hecho necesario[85], como quiere la citada doctrina penalista, sino porque en la noción misma de peligro, sea grave o sea leve, está ínsita la posibilidad de verificarse el daño; y siempre que tal daño sea *grave*, quien se encuentra en peligro sin otra vía de escape, se halla por eso mismo en estado de necesidad, sin que la intensidad del peligro tenga relevancia alguna. El peligro, fuera y antes de una valoración de su intensidad, es por sí mismo un estado caracterizado por el temor de que sobrevenga un mal o un daño. Si durante la noche se teme que el río pueda romper los diques e inundar la campaña, quien derriba la puerta de un edificio de altura considerable para huir a la invasión de las aguas se halla indudablemente bajo al amenaza de un peligro de daño grave, incluso si los probabilidades de que los diques resistan son muchas, con tal de que no exista en realidad otra vía de escape sino la que indica para el caso de que cedan las defensas.

Es evidente que el criterio indicado debe entenderse (mejor, malentendido) en el sentido de que también una remota e improbable posibilidad de que se verifique un daño grave a la persona sirva para configurar un estado de necesidad. El peligro debe subsistir realmente; pero lo que negamos es que también dicho peligro deba ser grave. Naturalmente, la valoración de si el hecho dañoso pueda considerarse como necesario habrá de referirse al caso concreto.

9. Sobre la existencia del peligro, cualificado en la forma ahora examinada, se hace necesaria una valoración por parte de la persona que se encuentra dentro del peligro, o de quien le ayuda[86].

Es conveniente detenerse brevemente acerca de la naturaleza de tal juicio. Este no puede ser más que subjetivo, ya que la persona en peligro (o la que se lanza en su ayuda) juzga según lo que a ella le parece: será competencia del Juez verificar después si tal valoración respondía a la realidad. Aquí se perfila un problema demasiado arduo, a saber el del estado de necesidad putativo. De

84 CONTIERI: op. cit., p. 46.

85 V. en efecto infra., n. 23.

86 La existencia del momento valorativo en la mente de quien ejecuta el comportamiento necesario ha sido reconocido por nuestro Tribunal Supremo en la sentencia de 23 de junio de 1955 cuando declara que: «... todo ello deriva lógica y naturalmente de *una conciencia que hubo* de formarse ante la presencia de los mencionados requisitos y que moviera a la voluntad a transgredir la ley y a vulnerar el derecho ajeno...».

Es natural la existencia del momento valorativo de que habla el autor en el texto, con referencia al Derecho italiano; pero en el Derecho español es más comprensible aún, ya que al exigirse por el Código penal español el requisito de la proporcionalidad entre el daño causado y el bien salvado se está obligando al sujeto a que aprecie la cuantía y valor de los términos de la proporción, es decir, del bien que va a destruir y del bien que va a salvar. Naturalmente que su valoración será subjetiva, de acuerdo con sus criterios personales —lo que dará lugar a la posibilidad de existencia del estado de necesidad putativo—; pero que, en todo caso, dicha valoración presupone un juicio consciente —aunque rápido— y una decisión voluntaria por parte del sujeto agente. Estos caracteres diferencian precisamente el estado de necesidad de otras figuras jurídicas que excluyen totalmente la responsabilidad, como son el caso fortuito y la fuerza mayor.

la distinción entre situación de peligro real y situación de peligro putativa se ha ocupado largamente la doctrina penalista[87], sobre todo por lo que se refiere a la legítima defensa; pero solamente una pequeña parte de los resultados conseguidos por aquélla pueden utilizarse en una investigación civilista, ya que la peculiaridad de la normativa penal plantea problemas diversos y, en consecuencia, dirige sus estudios a un campo ajeno al presente trabajo. Mutuando una certera observación hecha a propósito de la legítima defensa putativa[88], se puede afirmar que el estado de necesidad putativo constituye exactamente lo opuesto del estado de necesidad objetivo, pues mientras éste tiene un valor exclusivamente objetivo, sin que tenga influencia alguna la actitud psíquica del agente, el estado de necesidad putativo, en cambio, se funda enteramente sobre el elemento subjetivo, importando al respecto la situación como aparece para el sujeto en peligro[89], no como es en la realidad.

Por tanto, el estado de necesidad putativo está constituido por una valoración errónea de la realidad, creyendo el sujeto que se encuentra amenazado en la existencia efectiva de un peligro de daño grave a la persona, sea para sí o para otro. Dicha errónea valoración puede referirse a la situación de necesidad considerada en el complejo de sus elementos componentes o solamente limitada a alguno de ellos. Así, por ejemplo, el error podría referirse a la existencia del sujeto amenazado, como en el caso de quien, confundiendo un animal que nada afanosamente en un mar borrascoso con un hombre en peligro, le lanza un salvavidas perteneciente a otras personas. En esta hipótesis se dan las condiciones para que el peligro exista objetivamente (tan es verdad que ...un hombre en las mismas circunstancias correría el riesgo de morir), pero falta la persona, con lo que el peligro no se configura como "peligro de daño grave a persona". Con más frecuencia el juicio erróneo se refiere a la existencia del peligro mismo o de alguno de los requisitos que antes hemos examinado: así, por ejemplo, sucede cuando el peligro es realmente futuro o pasado. Por otra parte, es posible confundir, en un examen hecho a la ligera, situaciones caracterizadas por un estado de necesidad putativo con otras en las que el estado de necesidad existe realmente. En efecto, se hace necesario distinguir la hipótesis en que el peligro, aun existiendo realmente, no se concreta después en un evento que habría podido ser dañoso en ausencia del hecho necesario, de aquellas otras en que el peligro de por sí no existe, pero que, al contrario, aparece como existente.

Como ejemplo de la primera hipótesis se piense en una casa que, durante un terremoto, amenace ruina de un momento a otro, y que al final permanezca

87 Bettiol: op. cit., p. 264, según el cual el estado de necesidad putativo "es una circunstancia que incide sobre la culpabilidad de la acción dejando inalterada su licitud"; Frosali: "L'errore nella teoria del diritto penale". Roma, 1933, p. 447; W. Valsecchi: "Reato putativo o reato impossibile", Turin, 1912, y Santoro: "Teoria delle circostance del reato", Roma, 1933, cit,; por Penso: "La difesa legittima". Milán, 1939, p. 161; Penso: op. cit., p. 159 ss.; Mintschew: "Der strafrechtliche Notstand" (Inaugual Dissertacion) Neuchatel, 1914, p. 10; Battaglini: "Sulla legittima difesa", en Riv. it., Dir., pena, 1933, p. 343; en la doctrina civilista cfr. Piras: op. cit., p. 58 ss.; Bonasi-Benucci: en Riv. trim., 1955, p. 949; T. Brasieixo: "I limiti della responsabilitá...", cit., pp. 264 y 266.

88 Penso: op. cit., p. 159.

89 Cfr. Siegert: "Notstand und Putative-Notstand", Tübingen, 1931, p. 88 ss.

en pie; como ejemplo de la segunda se considere el caso de un espectador que atropella cuanto encuentra en su carrera hacia la salida, creyendo erróneamente que el teatro está ardiendo.

En la primera de dichas hipótesis nos encontramos en presencia de un estado de necesidad existente *objetivamente*, en la segunda de un estado de necesidad *subjetivamente* supuesto.

Descrito como antecede el estado de necesidad putativo se hace necesario examinar ahora el alcance de sus efectos, es decir averiguar si una semejante representación errónea de la realidad implica para el sujeto en estado de necesidad presunto la responsabilidad aquiliana ex artículo 2.043 o haga posible igualmente la aplicación de la disciplina del artículo 2.045.

Para encontrar la solución es conveniente hacer previamente una distinción en el ámbito de nuestra figura, a saber según que la suposición errónea de la que parte el sujeto agente se deba a culpa suya o no.

La solución no presenta problemas en Derecho penal, ya que viene dada por el propio texto legislativo. En efecto, el artículo 59. 2° prevé la hipótesis, afirmando que "si el agente está convencido por error de que existen circunstancias de exclusión de la pena, dichas circunstancias se valoran siempre a su favor. No obstante, si se trata de un error determinado por culpa, la punibilidad no se excluye cuando el hecho es previsto por la ley como delito culposo". Por supuesto que de esta norma pueden obtenerse elementos útiles para la solución del problema en campo civil. Si el agente cree, por causa de un error no debido a culpa propia, que existan causas de exclusión de la pena —como es precisamente el estado de necesidad, a los efectos del artículo 54 del Código penal estas se valoran siempre a su favor: semejante principio, arm si, *mutatis mutandis*, no se contiene explícitamente en la disciplina del estado de necesidad del Código civil, no contrasta con ella, ni contrasta tampoco con los principios fundamentales en que el legislador se ha inspirado. También bajo el aspecto civilista, si el agente ha creído, haciendo uso de la ordinaria diligencia, encontrarse en un estado de necesidad, siquiera tal estado de necesidad supuesto subjetivamente no existe en concreto, no creemos pueda negarse la aplicabilidad de la disciplina del artículo 2.045, aun cuando solo fuere en términos de analogía[90]. Si, por el contrario, la impresión del presunto necesitado se debe a su negligencia, imprudencia, impericia, etc., el hecho realizado deberá obviamente considerarse como ilícito y por tanto

90 En este sentido cfr. BONASI-BENUCCI: op. cit., poc. ult. cit.; PIRAS: op. cit., p. 60. Netamente contraria a tal conclusión es, en cambio, la sentencia de la Cass., 17 marzo 1953, n. 650, en For, it. 1953, I. c. 1.285 (con nota adhesiva de TABET, donde el autor se limita a considerar la máxima como indiscutible) según la cual para que un determinado comportamiento imprudente o culposo pueda considerase necesario no basta que el peligro que deba evitarse fuera meramente putativo, sino que es necesario que subsista con base en circunstancias objetivas y racionalmente previsible. Conf. Cass., 2 julio 1954, n. 2.279 (ined.), en For. it., 1954, voce "Responsabilità civile", n. 103, De la máxima transcrita debemos poner de relieve su inexactitud, a parte toda consideración sobre el estado de necesidad putativo. Incluso queriendo entender el adjetivo *culposo* en sentido empírico o impropio, parece bastante difícil cualificar como tal el comportamiento necesario que es intencional, precisamente porque su autor recurre a él voluntariamente, como el único medio para evitar un grave perjuicio a la persona. Pero quizás la inexactitud es meramente terminológica, entendiéndose por hecho culposo *hecho dañoso.*

sometido a la norma del artículo 2.043[91].

Queda aún por examinar la hipótesis en la cual haya sido una tercera persona quien ha creado el convencimiento erróneo de un estado de peligro, interviniendo dolo o culpa por su parte: pero teniendo en cuenta la analogía de esta hipótesis con aquella en que un estado de necesidad real se haya provocado por obra de un tercero, me remito al capítulo dedicado a los efectos del hecho necesario, para no romper el tratamiento unitario de ambos casos[92].

10.—Las causas de donde deriva el peligro pueden ser varías: por tanto, convendrá, aunque sea brevemente, hacerlas objeto de un examen diferencial, pues se revela la necesidad de un estudio más profundo respecto de algunas de ellas. El peligro puede surgir por causa de un evento natural: se piense en una inundación, en un terremoto, en una tempestad, en un incendio ocasionado por autocombustión o por un rayo, en el hielo que recubre la carretera, en la sequía, en las epidemias, etc.; o también puede ser provocado por una situación particular del sujeto en peligro referente a sus condiciones físicas o psíquicas; se piense en la persona atormentada por el hambre o quemado por la sed o en el neuropático, que, para calmar la violenta crisis histérica del mismo se hace necesario utilizar inmediatamente un determinado objeto; o también se causa por el ataque de un animal o de una cosa inanimada, como en la hipótesis de una casa que de pronto amenace derrumbarse; o, finalmente, por el comportamiento, injusto o no, de terceras personas. No todas estas causas tienen los mismos efectos, en el sentido de que, si bien todas sirven a crear la situación de peligro que justificará el consiguiente comportamiento necesario, solamente algunas de ellas van marcadas por un elemento particular que las caracteriza. En efecto, aquellas causas que consisten en un hecho humano culposo o que a éste pueden equipararse aunque sea indirectamente llevan consigo el efecto de producir una responsabilidad para el autor del daño, responsabilidad que se conecta con el daño provocado por la persona en peligro a través de la conducta necesaria.

Antes de nada debemos mencionar el caso de peligro causado por el comportamiento doloso o culposo de un tercero; se piense en el automovilista que atraviesa de improviso la carretera, o en el saboteador que incendia intencionalmente un tranvía. En segundo lugar, deben recordarse los casos en que el peligro provenga de una cosa, pero que sea originado mediatamente por un hecho humano, como la hipótesis en que la agresión de un perro se deba al acto de un tercero que lo haya azuzado o en aquella en que la cosa inanimada amenace la producción de daños por la incuria o la negligencia de quien debe proveer al efecto. Acerca de la naturaleza y la entidad de tal responsabilidad, así como a su relación con la obligación a cargo del que está en estado de necesidad, relativa al pago de la indemnización equitativa prevista por el artículo 2.045, me remito al momento en que se trata de los efectos del hecho necesario[93]: por ahora basta con haber aludido al criterio de diferenciación entre las causas del peligro. Queda todavía por decir que el origen del peligro puede, a su vez, repetirse en el hecho de la persona misma que se

91 Cfr. SIEBERT: "Bürgerliches Gesetzbuch", cit. I, p. 779.

92 V. infra, parte II, n. 31.

93 V. infra parte II, capítulos III y IV.

encuentra en estado de peligro: si el peligro se ha causado voluntariamente nos encontramos fuera del estado de necesidad, como hemos observado a su tiempo; si, por el contrario, el peligro se ha causado solo materialmente, sin que en el hecho del autor puedan hallarse los extremos del dolo o de la culpa, se aplicará la disciplina del artículo 2.045.

11.—No obstante el silencio del artículo 2.045 —al contrario de lo que ocurre con el artículo 54 del Código penal— es indudable que el titular de derecho amenazado no debe tener la obligación de exponerse al peligro[94]. No puede haber duda alguna al respecto si se tiene en cuenta que los supuestos previstos en los dos Códigos civil y penal coinciden sustancialmente, como ya ha habido ocasión de observar anteriormente[95]: por tanto, motivos de lógica convencen de la necesidad de tal requisito negativo[96]. En consecuencia, puede decididamente afirmarse que quien comete un hecho dañoso con el fin de salvarse del peligro de un daño grave a la persona no debe estar vinculado por una obligación de afrontar tal peligro[97].

Por lo demás, y esto es una nueva prueba de cuanto se ha afirmado, nadie duda de la existencia de la limitación que nos ocupa, ni siquiera en aquellos ordenamientos, como el germánico, en que, falta una expresa disposición correspondiente a la que se encuentra entre nosotros, al menos en el Código penal[98].

En cambio, la solución del problema se presenta más difícil en la hipótesis de ayuda necesaria, cuando un tercero se lance en ayuda de quien se encuentra en peligro, pero teniendo especial deber jurídico de no sustraerse. La cuestión, que ya se ha planteado con anterioridad en sede penal, se ha resuelto en el sentido de que, cuando la persona amenazada se encuentre en la particular situación jurídica que examinamos, no es admisible la ayuda necesaria, puesto que sería contradictorio justificar la violación de una norma para salvar de un peligro un bien o un interés que el ordenamiento jurídico dispone que

94 También de acuerdo con el Código penal español ha de concurrir en el estado de necesidad el requisito de «que el necesitado no tenga por su oficio o cargo obligación de sacrificarse» (art 8.7.°, III).

Dicha exigencia se reconoce igualmente por la jurisprudencia de nuestro Tribunal Supremo, entre otras, en la sentencia de 23 de junio de 1955 cuando declara que el estado de necesidad debe apreciarse siempre que «no constituya a éste (al agente) *en la obligación de resistirlo o aceptarlo por razón de su oficio* en aras al espíritu de sacrificio informador de los deberes anexos a su desempeño». En idéntico sentido, la sentencia del mismo Tribunal de 28 de noviembre de 1944.

Cons. en doctrina JIMÉNEZ DE ASÚA: «Tratado de Derecho penal». Buenos Aires, 1952, IV, p. 383, b), c'), el cual considera como requisito esencial «que quien deba sufrirlo (el estado de necesidad) no esté obligado a sacrificarse».

95 V. supra, n. 2.

96 Cfr. S. PIRAS: op. cit., p. 31.

97 Para el derecho penal, cfr. sobre este punto CONTIERI: op. cit., p. 63 ss.

98 KOHLRAUSCH-LANGE: "Strafgesetzbuch", cit., p. 210; SCHÖNKE, en SCHÖNCKE-SCHRÖDER, "Strafgesetzbuch-Kommentar". München und Berlín, 1959, sub & 54.I, p. 314; FRANK: "Strafgesetzbuch", cit. p. 167 ss.; v. HIPPEL: "Deutsches Strafrecht". III. Berlin, 1930, p. 222.

esté expuesto a tal peligro[99]. Semejante solución, *mutatis mutandis*, conserva su vigencia también en el campo civil. A estas consideraciones se les puede añadir otras, que encuentran su fundamento en un examen de la función, de la etiología y de la estructura de la ayuda necesaria, figura sobre la que tornaremos pronto[100].

La naturaleza de la obligación de no sustraerse al peligro puede ser diversa, de forma que su inobservancia puede constituir un ilícito jurídico civil, penal o administrativo[101]. En efecto, la obligación puede derivar directamente de la norma jurídica[102], de una orden legítima de la autoridad, de un estado particular o clase de actividad que constituya oficio público, servicio público, servicio de necesidad pública, o, en fin, de un contrato[103]. Los ejemplos más frecuentemente utilizados en la doctrina son los del bombero que debe anteponer la salvación de los habitantes del edificio incendiado a la suya; o el médico titular que no puede negar sus cuidados a un enfermo por temor de contagiarse; o el del capitán que debe ser el último en abandonar la nave[104] o el de la enfermera que, habiendo asumido convencionalmente el encargo de vigilar un enfermo mental, no puede sacrificar a un tercero para sustraerse a un acceso de furor[105], o, en fin, los casos del policía, del guardián o del guía alpino profesional[106]. En todos estos casos y otros muchos que pueden asimilárseles, el soportar un riesgo se considera como elemento natural de una determinada posición jurídica, de tal forma que el titular de dicha posición no puede sustraerse a la misma con el sacrificio de otros[107].

Para que se excluya la situación necesaria, la persona sujeta al deber en cuestión debe encontrarse en el ejercicio efectivo de las funciones de donde proviene tal obligación, de modo que es irrelevante el hecho de que en circunstancias diversas el sujeto amenazado habría tenido el deber de

---

99 Cfr. BATTAGLINI: "Diritto penale-Parte generale", cit. p. 196 ss.; cfr. sobre este punto también CONTIERI: op. y loc. ult. cit. y las indicaciones de bibliografía citadas ivi.

100 V. infra, n. 18.

101 Cfr. CONTIERI: op. cit., p. 66.

102 CONTIERI: OP. y loc. ult. cit.; MEZGER: "Strafrecht. Ein Studienbuch...". cit. I. p. 196, que cita los §§ 34 y 41 de la Seemo (Ordenanza de la gente del mar).

103 En este sentido también la doctrina alemana, aun cuando falta toda referencia en los textos legislativos. Cfr. FRANK: *"Das Stragesetzbuch"*, cit., p. 167; según el cual el estado de necesidad es irrelevante precisamente no solo para las personas "deren Amt oder Beruf besonderen Mut fordert (wie Polizeibeamte, Feurwehrleute)", sino también para quienes "die sich vertrags'mässig zum Aushalten besonderer Gefahren verpflichtet haben"; v. HIPPEL: "Deutsches Strafrecht", cit., II. p. 222; Binding: Handbuch des Strafrechts. I. Leipzig. 1885. p. 781 ss.; para la doctrina italiana cfr. S. PIRAS: op. y loc. ult. cit.: CONTIERI: op. y loc. ult. cit., y allí se indica numerosa bibliografía.

104 ANTOLISEI: op. cit., p. 223.

105 Cfr. BETTIOL: op. cit., p. 263; G. MATTIORE: op. cit., p. 322.

106 KOHLRAUSCH-LANGE: „Strafsgesetzbuch", cut., p. 210.

107 Sobre los sujetos que tienen un especial deber jurídico de afrontar el peligro, cfr. MANZINI: "Manuale di diritto penale", cit. II, p. 407 ss.

exponerse al peligro si en el caso concreto tal deber falta[108]. En fin, apenas merece recordarse que no es suficiente, a los fines del límite en examen, la existencia de un deber de exponerse al peligro de naturaleza diversa o de menos entidad respecto a aquel que en realidad se ha verificado.

12. — A través del examen particular de los elementos que lo constituyen se ha venido delimitando, en su complejo estructural, el primer hecho jurídico de que está integrado el supuesto del artículo 2.045, es decir la situación necesaria. Podemos ahora considerar tal situación en su totalidad, aun con referencia al segundo hecho jurídico del supuesto antes mencionado, a saber el comportamiento necesario, al cual va ligada por un nexo causal directo. Merece la pena de examinarlo y valorarlo con la máxima atención, ya que precisamente en dicho supuesto se centran las razones que justifican la disciplina legislativa del estado de necesidad. La doctrina no ha permanecido insensible ante la relevancia teórica del problema; especialmente cuando la ley civil no regulaba el estado de necesidad, la doctrina se ha ocupado ampliamente de dicha cuestión[109]. Remitiendo toda consideración ulterior que, en orden al estado psicológico de la persona en peligro, pueda servir para establecer qué parte tenga la esencia de la situación necesaria en la cualificación de la naturaleza jurídica del estado de necesidad, nos es suficiente por el momento encuadrar el problema bajo un aspecto más limitado, examinando tal situación como aquella de la cual parte el sujeto amenazado en la realización del comportamiento necesario y de cuya existencia nace para este último el poder de actuar dicho comportamiento. Por consiguiente, la situación necesaria resulta caracterizada por un peligro de daño grave (hacia un determinado derecho subjetivo) que se pone como causa de un estado psicológico particular de la persona amenazada. En el proceso psíquico del sujeto en estado de necesidad, que la incumbencia del evento requiere que se concluya con una decisión rápida, se presentan dos eventos, ambos dañosos, puestos entre sí en una relación de alternativa fatal: uno, el daño temido, dirigido contra el sujeto en peligro; otro el hecho necesario dirigido contra un tercero inocente y que constituye la única posibilidad de salvación de quien está en peligro. Por tanto, la situación de necesidad se caracteriza por la colisión de dos intereses opuestos[110], cuya realización simultánea se manifiesta como lógicamente imposible. Por ahora, basta poner en claro que el sujeto en estado de necesidad, bien que bajo el efecto psicológico de la amenaza de un daño grave a la persona, tiene, no obstante, la posibilidad de elegir y de decidir cuál de los dos eventos deberá verificarse, puesto que

108 V. HIPPEL: "Deutsches Strafrecht", cit. II, p. 222; FRANK: "Strafgesetzbuch für das Deutsche Reich", cit. p. 167.

109 Cfr. NATTINI: "Appunti sulla natura giuridica dell'atto di necessità", cit. p. 710 ss.; G. CHIRONI: "Lo stato di necessità nel diritto privato" cit. p. 118 ss.; JAPOCE: op. cit., p. 290 ss.; G. BRUNETTI: "*Contributo...*", cit. p. 481; T. BRASIELLO: "LO stato di necessità nel diritto romano e nel sistema legislativo vigente", cit. p. 49; id.: "Ancora sull'obbligo del risarcimento in tema di atti necessittati", en Riv. Dir. y Giur., 1960, p. 9.

110 Cfr. FERRINI: VOZ "Delitti e quasi delitti", cit. p. 108, p. 788, y voz "Azioni di damni", cit., n. 90; pc. COVIELLO: op. cit., p. 3; MINTSCHEW: op. cit., p. 2; V. WEBER: "Das Notstandproblem und seine Lösung in den deutschen Strafgesetzentwürfen vonn 1919 und 1925" Leipzig, 1925, página 102.

su comportamiento es el resultado de un acto de volición libre. Pero desde el momento en que la ley exige del ciudadano la conducta de un hombre medio no puede pretender, y de hecho no pretende, que tal ciudadano llegue al sacrificio de la propia persona para la salvación de los demás. Por eso la ley se limita a exigir que sea actual la situación de necesidad, como resulta de la investigación realizada en los parágrafos precedentes, para que se justifique el comportamiento necesario —que en otras circunstancias sería considerado del mismo modo que cualquier hecho ilícito—. Pero interesa distinguir tal situación del caso fortuito y de la fuerza mayor: mientras en la primera, como antes se ha visto existe una posibilidad de elección para quien se encuentra en ella, por la cual el comportamiento que sigue es libremente querido, siquiera sea siempre necesario; en la segunda, en cambio, el que se encuentra en ella no puede influenciar absolutamente el curso de los acontecimientos, asumiendo el puesto de un espectador impotente o de instrumento involuntario de fuerzas irresistibles en la producción material del daño[111].

Por tanto, en la situación de necesidad el acto es querido; en la de caso fortuito o de fuerza mayor, no: pero en consideración de las particulares circunstancias especiales en que el sujeto en estado de necesidad se ve constreñido a decidir la realización de un hecho dañoso para otras personas, se ha dictado la disciplina particular del artículo 2.045.

111 Sobre el concepto de caso fortuito y de fuerza mayor, cfr. para la doctrina penal; Santoro: "Il caso fortuito nel diritto penale". Milano 1937, y ahora la voz "Caso fortuito e forza maggiore", en Noviss. Dig. it. II. s. d., mero Torino, 1957, p. 992 ss.; Antolisei: op. cit., pp. 227 y 295; Manzini: op cit. II, p. 6 ss.; Carnelutti: Lezioni di diritto penale". I. II, reato, cit. p. 152 ss.

Para la doctrina civilista, cfr. Luzzatto: "Caso fortuito e forza maggiore come limiti alla responsabilità contrattuale". Milán, 1938; Brassi: "Teoria generale", cit. III, p. 265 ss.; G. Chironi: op. cit., p. 9 ss.; Cottino: "L'mpossibilità sopprayvenuta della prestazione e la responsabilità del debitore". Milán, 1955, p. 197 ss. y voz "Caso fortuito e forza maggiore", en Enciclopedia del diritto, VI, s. d., pero Milán, 1960, p. 377 ss. y amplia bibliografía allí citada; E. Valsecchi: "Responsabilitá aquiliana obbiettiva e caso fortuito", en Riv. Dir. comm., 1947, I, p. 175 ss.; y últimamente Candían: voz "Caso fortuito forza maggiore", en Noviss. Dig. it. II, s. d., pero Turin, 1958, p. 988 ss. y numerosa bibliografía allí citada italiana y extranjera.

Para la doctrina extranjera, cfr. por todos Rümelin: "Der Zufall im Recht". Feiburg, 1896; Mazeaud y Tunc: "Traite theorique et pratique de la responsabilitè civil". II, Paris, 1958, n. 1551 ss.; Junod: "Force *majeure et cas fortuit*". Ginebra, 1956.

CAPÍTULO II

ELEMENTOS CONSTITUTIVOS DEL HECHO NECESARIO

SUMARIO: 13. a) El sujeto agente: distinciones.—14. La persona jurídica como sujeto agente. Su capacidad de obrar: la teoría organicista y las otras teorías.—15. Responsabilidad por hecho ilícito de las personas jurídicas.—16. Referibilidad de la responsabilidad objetiva ex artículo 2.049 al hecho dañoso necesario.—17. (Sigue).—18. La ayuda necesaria.—19 b) El sujeto pasivo.—20. c) El contenido.—21. (Sigue): El estado de necesidad en la responsabilidad contractual.—22. d) El fin.—23. Relación de proporcionalidad entre el hecho y el peligro.

13.—En el proemio puesto al comienzo de esta parte primera se ha visto que el estado de necesidad se compone de dos hechos relevantes: la situación de necesidad y el hecho necesario. Una vez hecho el examen del primero dirigiremos nuestra investigación al segundo a fin de que podamos tener un cuadro completo de la estructura de nuestra figura jurídica. Con este fin, y siguiendo el sistema adoptado para la situación de necesidad, el estudio del hecho necesario lo realizaremos a través del examen de los elementos singulares que lo componen, a saber, el sujeto agente, el sujeto pasivo, el contenido y el fin.

a) Sujeto agente es el que ejecuta el hecho necesario. Puesto que el artículo 2.045 del Código civil, como también el 54 del Código penal, habla de "necesidad de salvarse a sí mismo o a otro", es evidente que el autor del comportamiento necesario puede ser indiferentemente el titular del derecho amenazado o un tercero cualquiera: en este caso, más que de un comportamiento necesario, se habla generalmente por la doctrina de ayuda necesaria[1].

1 También en el Código penal español el sujeto agente puede coincidir o no con el titular del derecho amenazado, dibujándose, por tanto, las dos figuras de que el autor habla en el texto: en efecto, el artículo 8.7.° dice literalmente «para evitar un mal propio o ajeno»; por lo demás, también el Tribunal Supremo español reconoce y admite la distinción cuando declara en la sentencia de 9 de diciembre de 1957 que «la circunstancia eximente séptima del artículo 8.° no ampara cualquier necesidad por estimable que sea en órdenes distintos del penal, sino la necesidad extrema en que entran en colisión la salvación propia o ajena y el detrimento de otro».

Por tanto, dos figuras de estado de necesidad en orden a coincidencia o no de la titularidad del bien amenazado y de la autoría del acto necesario, que podríamos denominar estado de necesidad propio y estado necesidad ajeno, coincidiendo este último con lo que la

Al fin de estudiar la figura del sujeto agente conviene distinguir según que el titular del derecho amenazado sea una persona física o una persona jurídica. En el primer caso nada hay que añadir a cuanto se ha dicho en su lugar a propósito del titular del derecho amenazado[2]; en el segundo supuesto, en cambio, se hace necesario un desarrollo ulterior de la investigación, ya que, habida cuenta de la naturaleza particular de la persona jurídica, se presenta el problema de establecer por quién pueda ser realizado materialmente el hecho necesario para que este resulte atribuido a aquélla.

14. —Para llegar a una solución del problema se hace necesario comenzar por el examen de los medios que el ordenamiento jurídico apronta para la realización de la esfera jurídica de tales sujetos. En efecto, las personas jurídicas son titulares de una amplia esfera jurídica, de la cual forman parte los derechos de la personalidad, que son los que más interesan al tema del presente trabajo; esfera jurídica que no puede hacerse valer sino mediante la predisposición por parte del ordenamiento de los instrumentos idóneos para integrar el ente moral en el proceso de producción de los fenómenos jurídicos. Es evidente que la capacidad de entender y la idoneidad para querer, como funciones del espíritu, no se encuentran más que en el hombre; en consecuencia la persona moral podrá intervenir —para usar una expresión que se ha puesto de moda— tan solo mediante determinadas actividades humanas en el comercio jurídico. Pero en este punto los términos de la cuestión se complican, ya que la doctrina ha denunciado en tales actividades humanas notas distintivas de figuras jurídicas diversas; como consecuencia, la doctrina, partiendo del mismo punto común, ha llegado a construcciones diferentes. De esta forma la teoría de la representación necesaria se ha opuesto a la teoría orgánica, como es notorio. Según la primera[3], la persona jurídica actúa mediante sus órganos, los cuales se diferencian netamente de los representantes de la persona física porque no están investidos, como los últimos, de un poder de obrar distintos, sino que son ellos mismos el instrumento de actuación de la capacidad de obrar del ente moral[4]. En otros términos, según esta construcción —inspirada,

---

doctrina italiana —siguiendo a la alemana: «Nothilfe»— denomina ayuda o socorro necesario.

La diferencia esencial entre ambas figuras es que la responsabilidad frente al perjudicado —titular del derecho sacrificado— se debe por el agente en el primer caso, mientras en el segundo se debe por el socorrido; y ello porque nuestro Código penal declara con fórmula general responsable al beneficiado con el comportamiento necesario, es decir, al titular del derecho salvado, que en el primer caso es el agente y en el segundo el socorrido.

2 V. supra, n. 6.

3 En esta dirección, cfr. SANTORO-PASSARELLI: op. cit., p. 44 ss.; Santi ROMANO: *op. cit.*, p. 158 ss.; FALZEA: "Il soggetto nel sistema dei fenomeni giuridici", Milán, 1939, p. 168 ss.; y voz "Capacità (teoria generale)", en *Enciclopedia del Diritto*, VI, cit., p. 31 ss.; ROMANO-PAVONI: La deliberazione delle assambblee e delle società", Milán, 1951, p. 49 ss.; FIORENTINO: "Gli organi delle società di capitali", Nápoles, 1945, p. 5 ss.; SANDULLI: "Manuale di diritto amministrativo", Nápoles, 1960, p. 120 ss.; G. MIELE: "Principi di diritto amministrativo", I, Padua, 1953, p. 75 ss.; FORTI: "Teoria dell'organizzazione e delle persone giuridiche publiche", Nápoles, 1948, p. 103; ESPOSITO: "Organo, ufficio e soggettività dell'ufficio", Padua, 1932, p. 22.

4 Cfr. SANTORO-PASSARELLI: op. cit., p. 44.

al menos por lo que respecta a sus primeros defensores, en una concepción antropomórfica de la persona jurídica— el órgano es parte de la estructura misma del ente, de manera que constituye con él un único sujeto jurídico. Por tanto, la función fundamental de la organización es la de realizar la manifestación activa de la personalidad del ente[5].

Por su parte, los teóricos de la representación[6] sostienen que, siendo el funcionario una persona *a se*, su personalidad no viene absorbida por el ente: no obstante, la manifestación de voluntad del sujeto encargado de realizar una función para el ente, produce sus efectos en la esfera jurídica del ente; siquiera el acto siga siendo un acto volitivo de la persona física, mediante un proceso de atribución o de imputación[7].

Pero recientemente se ha aludido, sin haber continuado la iniciativa con un desarrollo ulterior, a la posibilidad de una solución intermedia entre los dos extremos[8]. Según esta dirección[9], teniendo en cuenta que es concebible en abstracto la posibilidad de que la persona jurídica se sirva sea de órganos sea de representantes, se hace necesario averiguar en concreto la solución

---

5 Así, Falzea: "Il soggetto nel sistema dei fenomeni giuridici", cit., p. 173, pero según el cual, puesto que solamente el hombre es capaz de obrar, la capacidad le puede ser reconocida solamente a la persona física y no a la persona jurídica; no obstante, esta posee "capacidad de legitimación subjetiva y capacidad de imputación jurídica". Como consecuencia, la persona jurídica no sería un sujeto capaz de querer, "sino solamente un sujeto jurídico idóneo para que le sean atribuidos actos de los órganos" (p. 180 ss.). Del mismo, cfr. también la voz cit., p. 33 ss.

6 Para esta doctrina, cfr. Ferrara: "Le persone giuridiche", cit., p. 111; nota; Gaetano Arancio-Ruiz jr.: "Gli enti soggettivi dell'ordinamento intemazionale", I, Milán, 1951, p. 121 ss.; Comba: "Organo e rappresentanza nella dottrina degli enti collettivi", Turin, 1931, p. 24 ss., Aldo Piras: "Appunti sulle requisizioni operate dai tedeschi nella guerra 1940-1943", en *Giur. it.*, 1953, IV, c. 58 y nota 28; Casetta: "L'illecito degli enti pubblici", Turin, 1953, p. 111 ss. De la tesis de la representación se separa en cierta medida aquélla, autorizadamente sostenida (Rescigno: "Il fatto degli amministratori e dei dipendenti di società e l'art. 1900 del codice civile" en *Assicurazioni*, 1949, I, p. 121 ss., n. 5. V. no obstante infra, nota 109), según la cual es suficiente la instauración de una relación orgánica especial para que se atribuya *ex lege* a determinados sujetos un poder de representación de la sociedad. Según este planteamiento la noción de órgano resulta amplísima de tal forma que sería atribuible "incluso a la minoría y al socio particular que denunciando la irregularidad cometida por los administradores u oponiéndose a las deliberaciones ilegales de la sociedad" realizan su voluntad en interés del ente; y también resulta amplia la noción de representación, que, en la acción de responsabilidad contra los administradores, se le reconoce también a los síndicos y a los acreedores sociales. Pero para los administradores solamente la instauración de la relación orgánica tendría el efecto *ex lege* de la atribución de la representación de la sociedad frente a terceros, representación que se cualificaría como necesaria.

7 Cfr. Ferrara sr.: op. cit. y loc. ult. cit.

8 Cfr. Minervini: "Alcune riflessioni sulla teoria degli organi delle persone giuridiche private", en *Riv. Trim.*, 1953, p. 935 ss.

9 A esta dirección parece favorable últimamente Rescigno: voz "Capacita d'agire", cit., p. 867, quien, por lo demás, destaca también las ventajas de la solución organicista.

adoptada en cada caso[10] [11].

No es esta la sede para intentar mezclarse en tal contraste de opiniones, con la pretensión de aportar argumentos definitivos; cosa que por lo demás no entraría en los fines de este trabajo. Me limitaré solamente a hacer unas pocas consideraciones sobre el argumento. Aparte la certera observación[12] de que, aplicando a las personas jurídicas el instrumento de la representación necesaria, se vendría a crear *a priori* una categoría de sujetos jurídicos directamente ineficaces, que para intervenir en la vida jurídica se verían constreñidos a recurrir a instrumentos que le son externos, dicha intervención quedaría en todo caso sometida a las limitaciones naturales a la figura de la representación.

Así, por ejemplo, debería negarse a la persona jurídica el ejercicio de aquellos derechos o poderes que derivan de la ejecución de actos personalísimos, carácter éste que los hace incompatibles con la interposición de un sujeto diverso. Y no se diga que tales derechos o poderes están excluidos *ratione materiae*, de la esfera de capacidad de las personas jurídicas: hay disposiciones en nuestro Ordenamiento jurídico que hacen dudar de la existencia de tales limitaciones. En efecto, la norma del artículo 354 (situada en el título X dedicado a la tutela, en la sección II, con el epígrafe: "del tutor y del protutor") dice textualmente: "Tutela confiada a entes asistenciales. — La tutela de menores que no tengan parientes conocidos o capaces de ejercitar el oficio de tutor en el lugar del domicilio del menor, puede ser diferida por el Juez tutelar a un ente de asistencia del municipio donde tiene su domicilio el menor o al hospicio en que esté asilado. La administración del ente o del hospicio delega en uno de los propios miembros el ejercicio de las funciones tutelares".

Ahora bien, puesto que las funciones tutelares pueden ejercitarse solo

10 Cfr. MINERVINI: op. cit., p. 947; cfr. también al respecto RUBINO: "Le associazioni non riconosciute", Milán, 1952, p. 102, nota 4, a la cual se remite expresamente MINERVINI.

Pero cfr. ya a este respecto Santi ROMANO: op. cit., p. 168: "es notorio que un ente que tiene órganos, si por lo general realiza su actividad mediante ellos, puede ejercitar también algunos de sus poderes o derechos y cumplir algunas de sus obligaciones por medio de representantes, cosa que es pacíficamente admitido. Algunas veces estos últimos son sujetos que no forman parte de su organización, pero nada impedía que sean elegidos entre los encargados de sus órganos. En tal hipótesis, no debe retenerse que el órgano sea representativo, sino que es a la vez órgano y representante y ambas cualidades se desarrollan con diversos efectos jurídicos que son propios de una o de otra, en esferas de actividades diversas y distintas".

11 Es de recordar también cómo se ha mantenido, por el contrario, la posibilidad de reducir las dos teorías a unidad: cfr. v. TUHR: op. cit., I, p. 461 ss.

12 Cfr. FALZEA: op. cit., p. 171. Contra esta afirmación se ha replicado que "no es exacto hablar de incapacidad, atribuyendo a la palabra el sentido de inidoneidad, como si el ente fuese un menor de edad, mientras que el ente por su abstracción debe servirse necesariamente de personas físicas para desenvolver su actividad (...). Esto *es un modo de ser* de los entes colectivos, *una forma de vida*, no un demérito que los haga incapaces": FERRARA sr.: op. cit., p. 112, nota 1. Pero tal enfoque, que en realidad ni cuenta con una base segura en el derecho positivo, se ha calificado (cfr. SANTO ROMANO: op. cit., p. 160) como "un sofisma tan agudo como paradójico".

personalmente[13] como nadie duda, la norma citada no podría aplicarse si se rechaza la teoría organicista[14]. Además, como también se ha notado por la doctrina, existen órganos en los cuales sería imposible encontrar el menor carácter representativo, estando tales órganos encargados de la realización de simples actos materiales[15]. En fin, queda un grave problema, a saber el relativo a los actos ilícitos.

En efecto, si es posible considerar el acto ilícito como realizado por el ente en orden a su responsabilidad, cuando se considera como órganos a las personas que actuaron en nombre del ente —aunque no falta quien llega a conclusiones diversas aun aceptando la teoría organicista[16]—, dicha posibilidad viene totalmente eliminada si se sigue la teoría opuesta, ya que el ilícito del representante no implica —según el sistema— la responsabilidad del representado. Las razones expuestas me parece que inducen a aceptar preferentemente la teoría organicista como la que responde en mayor medida

13 Cfr. por todos Neppi: "La rappresentanza nel diritto privato moderno", Padua, 1930, p. 42 ss.; según Santoro-Passarelli también el contrato de donación, negocio jurídico patrimonial, debería considerarse personalísimo: ver cit. por Minervini: "Alcune riflessioni...", cit., p. 947. Contra implícitamente, Trabbucchi: "Istituzioni...", Padua, 19S2, p. 125; pero en las ediciones más recientes tal indicación no figura.

14 La misma letra de la ley refuerza la interpretación dada en el texto. La *ratio* del art. 354, 1°, *in fine*, donde se dice "... la administración del ente o del hospicio delega uno de los propios miembros para ejercitar las funciones de tutela" puede fácilmente acomodarse a la del art. 2328, 9.°, según el cual el acto constitutivo de la sociedad por acciones debe indicar "el número de administradores y sus poderes, indicando cuáles de ellos tienen la representación de la sociedad": en ambos casos la ley requiere que la persona jurídica, para mejor conseguir el fin y para mayor garantía de los interesados, difiera a un órgano particular las funciones que, en ausencia de tal indicación, por cuanto corresponden genéricamente al ente, podrían ser ejercitadas por cualquier órgano (así en relación solamente al art. 2328, Rescigno: "Il fatto degli amministratori e dei dipendenti di società e l'art. 1900 del codice civile", cit., n. 5).

El hecho de que el art. 354, 2." prevé la "facultad del juez tutelar de nombrar un tutor al menor cuando la naturaleza o la entidad del bien u otras circunstancias lo requieran", no debe hacer pensar que la del ente no sea una verdadera y propia tutela, sino que el legislador ha considerado oportuno permitir al juez tutelar, en determinadas circunstancias, nombrar discrecionalmente tutor a un sujeto diverso del ente que asiste al menor o del hospicio que lo asila. Y la mejor prueba de ello se encuentra en el art. 402. Según esta norma, en efecto, hasta cuando no se provea a la designación de un tutor y en todos aquellos casos en los cuales el ejercicio de la patria potestad o de la tutela esté prohibido, "el instituto de asistencia pública ejercita los poderes tutelares sobre el menor asilado o asistido según las normas del título X capítulo I de este libro" (personas y familia): ello demuestra que incluso el ejercicio temporal de la tutela no se separa en lo más mínimo de la disciplina rígida de la figura. Pero la más clara manifestación de la validez de cuanto se ha dicho está en el hecho de que, siempre a tenor del art. 402, el juez tutelar tiene la facultad de "deferir la tutela al ente de asistencia o al hospicio o bien nombrar un tutor". Si la ley concede al juez la facultad de elegir entre la persona jurídica y un sujeto diverso (persona física) ello significa que, siendo las funciones a realizar y los poderes a conferir a tal fin los mismos, es indiferente que el titular sea el primero o el segundo.

15 Cfr. (Santo Romano: op. cit., p. 167; Falzea: op. cit., p. 175, nota 60.

16 V. infra, p. 65, testo y nota 128.

a los datos teóricos y a las exigencias prácticas del problema y que, al mismo tiempo, se justifica mejor en base a los principios. Como consecuencia de cuanto precede, se debe aceptar la doctrina tradicional, todavía dominante hoy, la cual ve en la persona jurídica un sujeto provisto de la más amplia capacidad de obrar, actuada mediante sus órganos y sobre los cuales el ente moral fundamenta su estructura.

15.—Llegados a este punto podemos indicar, en las conclusiones antes mencionadas, un primer resultado de la investigación dirigida a poner en claro el problema de la persona jurídica como sujeto del comportamiento necesario: el ente actúa mediante sus propios órganos; los actos realizados por éstos son actos del ente moral. Pero aun queda poner en claro un punto de la cuestión, todavía obscuro, y examinar si incluso el acto ilícito del órgano pueda considerarse acto de persona jurídica, implicando con ello su responsabilidad[17].

A esta interrogación[18] la doctrina ha dado respuestas diferentes, las cuales, no obstante, pueden reducirse a dos direcciones fundamentales, según que se admita la responsabilidad de la persona jurídica o que se excluya, limitando las consecuencias jurídicas del hecho ilícito a las personas físicas que lo han realizado materialmente[19].

Entre los escritores que se agrupan en la primera corriente —y son

17 Esto no debe inducir a la apresurada (y errónea) conclusión que yo considere el hecho necesario como un hecho ilícito. Con el fin de progresar racionalmente en la investigación se presenta, empero, como paso obligado la verificación de la relevancia del hecho ilícito del órgano respecto de la persona jurídica.

18 Este problema no se presenta en el derecho germánico, ya que la materia está expresamente regulada por el art. 31 del B.G.B. Entre nosotros, el proyecto del libro I del Código civil, se había redactado una norma que disciplinaba de forma expresa la responsabilidad de la persona jurídica por el ilícito de las personas que actuaban por ella.

19 A esta dirección pertenecen tanto los autores que mantienen la teoría de la representación como los que defienden la tesis organicista. Entre los primeros, cfr. CANDÍAN: "L'azione civile di responsabilità contro gli amministratori di società anonime", en *Saggi di diritto*, II, Padua, 1935, p. 158, según el cual, "la fórmula podría precisamente encontrarse en esto: si hay ya un vínculo específico entre sociedad y terceros (contrato, gestión de negocios), la sociedad responde del hecho lícito o ilícito, del administrador; no en otro caso"; entre los segundos, cfr. AULETTA: "Appunti di diritto commerciale", Nápoles, 1946, p. 155. Sobre este punto, cfr. también RESCIGNO: "Gli atti degli amministratori", cit., p. 123, n. 6, según el cual, si el hecho doloso o culposo del administrador tiene lugar en desenvolvimiento de la actividad extranegocial "no se traduce jamás en una responsabilidad de la sociedad frente a los terceros, ni directa ni indirecta". Pero V. del mismo autor la voz "Capacita d'agire" cit., p. 867, donde se afirma que "si la actividad del órgano es inmediatamente actividad de la persona jurídica se comprende como se pueda reconocer a esta capacidad delictiva (...) o imputarle el ilícito, declarándola responsable directa de las consecuencias del hecho dañoso (art. 2043"). Ver también MINERVINI: "Note in tema di responsabilità degli amministratori di società (arts. 2394 y 2395 del Código civil"), en *Riv. Dir Comm.*, 1954, I, p. 224, "la responsabilidad directa de la sociedad por los actos ilícitos realizados por los administradores en el ejercicio de sus funciones queda excluida: directamente responsables por tales actos son únicamente los administradores, a los cuales no corresponde la cualificación de órganos de la sociedad".

decididamente los más— algunos[20] afirman que la persona jurídica responde directamente del hecho ilícito realizado por sus órganos, en base al artículo 2.043; otros[21], en cambio, sostienen que la responsabilidad es solamente indirecta, debiéndose aplicar la norma del artículo 2.049 (art. 1.153 C.c. derogado). Rechazamos sin más la tesis de la irresponsabilidad, que se presenta, aparte toda otra consideración sobre su falta de fundamento, como verdaderamente inicua, puesto que pondría al ente en una posición de privilegio injustificado e inadmisible[22]; y, por tanto, nos interesa examinar más bien los diversos planteamientos a través de los cuales la doctrina llega a afirmar la responsabilidad de la persona jurídica.

La responsabilidad directa ex artículo 2.043 se sostiene por aquellos autores que tomando como punto de partida la relación orgánica, consideran que todo acto realizado por los órganos es un acto de la persona jurídica. Aceptada la premisa, deriva la estricta consecuencia lógica de que la persona jurídica debe responder de sus propios actos como cualquier otro sujeto de Derecho; y si de tales actos deriva un daño injusto para un tercero, nace a su cargo la obligación de resarcirlo, en base a los principios que gobiernan la responsabilidad aquiliana. Puesto que la persona jurídica responde de un hecho propio, se trata de una responsabilidad directa, según la previsión del artículo 2.043 del Código civil. En cambio, para afirmar la responsabilidad indirecta se llega a través de otra vía. Esta se utiliza fundamentalmente por los defensores de la teoría de la representación, que solo así pueden llegar al resultado de extender la responsabilidad al ente, responsabilidad que de otra forma quedaría limitada únicamente a las personas físicas que han actuado materialmente. La norma en que se basan es la del artículo 2.049 (art. 1.153 del Código civil derogado) que declara a los empresarios y comitentes responsables por los daños causados por sus dependientes en el ejercicio de sus funciones. El concepto de "comisión" se entiende en un sentido amplísimo, en el que se hace entrar cualquier actividad material o intelectual, instantánea o duradera; por tanto, no es difícil incluir también la representación y el oficio[23]. La construcción no aparece privada de una cierta coherencia, habida cuenta de la tesis de que parte (en mi opinión equivocada), aunque hay serias dudas acerca de la aplicación de la responsabilidad objetiva del artículo 2.049 a la

20 Cfr. en este sentido Fre: "Società per azioni", en el *Commentario del C. c. de Scialoia-Branca*, Bolonia-Roma, 1961, p. 436 ss.; Santoro-Passarelli: "Dottrine generali", cit., p. 45; Barbero: "Sistema", cit., I, p. 198 ss.; Messineo: "Manuale di diritto civile e commerciale", V, Milán, 1958, p. 580; Fiorentino: op. cit., p. 154; Santi Romano: "Corso did diritto amministrativo", Padua, 1937, p. 305; A. Brunetti: "La società semplice", Milán, 1947, p. 2:29 ss.; Rescigno: voz "Capacità d'agire", cit., p. 867 (cfr. también la nota 117); Sandulli: op. cit., p. 536; Alessi: "La responsabilità della Pubblica Amministrazione", Milán, 1955, p. 48, y "Sistema istituzionale del diritto amministrativo italiano", Milán, 1960, p. 575 ss.

21 Cfr. en este sentido De Francesco: voz "Persona giuridica", cit., n. 24, p. 944 ss.; Allara: "Le nozioni fondamentali del diritto civile", Turin, 1958, p. 232; Gangi: "Persone fisiche e persone giuridiche", cit., p. 214; Ferrara sr.: "Le persone giuridiche...", cit., p. 340 ss.; Casetta: "L'illecito delle persone pubbliche", cit., p. 118 ss.; y, últimamente, Scuto: voz "Persona giuridica", en *Enc. for.*, V. Milán, 1959-1960, p. 619.

22 Así, De Francesco: op. cit. y loc. ult. cit.; Bolaffis: op. y loc. ult. cit.

23 Ferrara sr.: op. ult. cit., p. 341.

figura de la representación.

Pero una vez aceptado el concepto de órgano, como se ha configurado anteriormente, no parece que haya duda sobre el planteamiento del problema: puesto que los actos realizados por los órganos son actos de la persona jurídica, cualquier acto (se califique como se quiera) realizado por aquéllos tiene relevancia para esta. Sentado este principio, es fácil llegar a la siguiente conclusión: cuando se ejecuten actos ilícitos por un órgano de la persona jurídica, de los cuales se originen daños para un tercero, dicha persona jurídica es llamada a responder *directamente* por un hecho propio a tenor de lo dispuesto en el artículo 2.043 del Código civil; y esta es la solución más justa, en mi opinión. Lo cual no impide que la referencia al artículo 2.049 pueda ser igualmente útil, ya que no todas las personas de que el ente se sirve son efectivamente sus órganos. Hemos notado anteriormente cómo se ha sostenido por algunos autores —con razón a mi parecer— que la persona jurídica puede servirse también de representantes: semejante afirmación no está en contraste con la teoría organicista[24], cosa que se comprueba solo con pensar que el representante viene designado por el órgano. Pero el representante —no obstante la importancia de su figura como colaborador, sobre todo por la entidad de las funciones y de los poderes que le son atribuidos— no es el más adaptado, habida cuenta de las dudas antes expuestas al respecto, para ser indicado como ejemplo de dependiente cuya relación de "preposición" con referencia al ente valga seguramente para atribuir la responsabilidad indirecta de este último a tenor del artículo 2.049.

Existe, no obstante, un amplio círculo de colaboradores de la persona jurídica, encargados de las más diversas misiones, que evidentemente no pueden ser calificados como sus órganos[25] y que, en cambio, se consideran como dependientes comunes de una persona física. Y una vez precisados brevemente estos conceptos, volvamos al problema central de nuestro discurso. De cuanto va dicho, podemos deducir algunas conclusiones, sobre las que montar las bases teóricas para demostrar que también la persona jurídica puede revestir la figura de sujeto agente del comportamiento necesario.

Hemos visto antes que la persona jurídica puede realizar *personalmente* actos jurídicos lícitos o ilícitos; y que, a causa de su participación en la vida jurídica, puede nacer a su cargo una responsabilidad directa, sea contractual o extra-contractual.

Sentados estos puntos fundamentales, no se ve dificultad alguna en afirmar que el ente moral —con el fin de evitar un daño grave a uno de los derechos cualificados en su lugar— pueda realizar actos perjudiciales para un tercero, los cuales puedan considerarse efectuados en estado de necesidad si reúnen las circunstancias previstas en el artículo 2.045. Esta conclusión no se verá modificada por un eventual y ulterior resultado a que se llegue con el progresar de la investigación dirigida a esclarecer la naturaleza jurídica del hecho necesario: porque en todo caso el hecho necesario vendrá cualificado en orden a su licitud o ilicitud, y habida cuenta de la amplitud de la capacidad de obrar de la persona jurídica, la solución indicada no podrá variarse.

24 Cfr. SANTO ROMANO: "Frammenti di un dizionario", cit. p. 168.

25 Cfr. BARBERO: "Sistema...", cit., I, p. 199.

Demostrada, por tanto, bajo este aspecto la irrelevancia, de la cualificación jurídica del hecho necesario, se pueden tener por el momento como válidos los resultados conseguidos, sin afrontar por ahora los graves problemas de la naturaleza jurídica del estado de necesidad, que tendrán un tratamiento adecuado en su lugar[26].

16. —Resuelto el problema en términos de responsabilidad directa como se ha visto, puede ser útil, para que el examen sea más completo y más riguroso teóricamente, examinar nuevamente la cuestión desde un punto de vista diverso, a saber partiendo de la tesis —defendida, como ya hemos notado, tanto por partidarios de la teoría organicista, como de los que postulan la teoría de la representación— que admite solamente una responsabilidad indirecta de la persona jurídica. Tal perspectiva se manifiesta al mismo tiempo interesante también para la doctrina que defiende la responsabilidad directa de la persona jurídica, porque, como se ha notado antes, no todas las personas que actúan para el ente tienen la calificación de órganos; y, en consecuencia, quedaría siempre sin aclarar cual sea la posición de la persona jurídica en orden al hecho necesario de sus dependientes no ligados con ella por un vínculo orgánico. Es evidente que la persona jurídica no puede ser sujeto agente del hecho necesario (resultado que puede obtenerse solamente a través del concepto de órgano), si se enfoca la cuestión bajo el nuevo punto de vista, por la sencilla razón de que la acción pertenece a un sujeto diverso, a saber del representante: nos hallamos, por tanto, en presencia de un caso de ayuda necesaria. Ello no obstante, o mejor, precisamente por esto, el problema adquiere un interés extraordinario desde el punto de vista práctico, así como la mayor relevancia desde el punto de vista científico: se trata de averiguar si a tenor del artículo 2.049, la responsabilidad indirecta del ente nace en la hipótesis de un hecho dañoso realizado por el encargado en estado de necesidad[27]. Ello nos dará la solución no solo para el caso contingente que

26 V. infra, part I

27 El artículo 2.049 del Código civil italiano se corresponde con el artículo 1.903 de Código civil español, cuando dispone —para el punto concreto que aquí interesa—: «la obligación que impone el artículo anterior —responsabilidad extracontractual por culpa del autor del daño— es exigible no solo por actos u omisiones propios, sino por los de aquellas personas por quienes se debe responder... Lo son igualmente (responsables) los dueños y directores de un establecimiento o Empresa respecto de los perjuicios causados por sus dependientes en el servicio de los ramos en que los tuvieran empleados o con ocasión de sus funciones. La responsabilidad de que trata este artículo cesará cuando las personas en él mencionadas prueben que emplearon toda la diligencia de un buen padre de familia para prevenir el daño»; añadiendo el artículo 1.904: «El que paga el daño causado por sus dependientes puede repetir de éstos lo que hubiere satisfecho».

Dicha responsabilidad se califica, por nuestro Tribunal Supremo de indirecta —para distinguirla de la responsabilidad por hechos propios— y de directa —para oponerla a la subsidiaria—. En el primer sentido, declara la sentencia de 20 de marzo de 1933, que «el artículo 1.903 establece una responsabilidad indirecta, fundada en motivos de convivencia social, en la obligación de vigilar las cosas que están bajo la dependencia de determinadas personas y en la cautela para la elección de servidores y vigilancia de sus actos»; y con relación al segundo, dice la sentencia de 30 de abril de 1960 que, «conforme a reiterada y uniforme jurisprudencia (sents. de 18 de marzo de 1904, 11 de abril de 1905, 4 de mayo de 1950, 24 de marzo de 1953 y 8 de marzo y 22 de abril de 1957) la responsabilidad

nos ha llevado a este orden de consideraciones —es decir al caso de la ayuda necesaria del dependiente en interés del ente— sino también para el caso, quizás mucho más frecuente en la práctica, en que el encargado se haya visto obligado al comportamiento necesario no en el interés del comitente (ente o persona física), sino para salvarse él mismo o salvar a otro.

¿Surge en todas estas hipótesis la responsabilidad objetiva de quien ha tomado a su servicio al causante del daño?

Antes de afrontar el problema es conveniente aceptar una premisa. En el estado actual del presente estudio, no se ha examinado el punto crucial de la naturaleza jurídica del hecho necesario, punto en verdad discutidísimo por la doctrina, donde se sostiene con igual tenacidad tanto su licitud como su ilicitud. En todo caso, a los efectos del estudio del presente punto dirigido a examinar la aplicabilidad de artículo 2.049 al supuesto del artículo 2.045, no es estrictamente necesario tomar posición al respecto, puesto que cualquiera que sea la solución adoptada, se llega al mismo resultado.

En efecto, es fácil observar que las hipótesis posibles son dos: el comportamiento necesario debe cualificarse como un hecho ilícito o, al contrario, como un hecho lícito.

Si fuese verdadera la primera hipótesis, el problema estaría ya resuelto puesto que el artículo 2.049 declara expresamente responsables a los empresarios y comitentes "de los daños ocasionados por hecho ilícito de sus domésticos y encargados", y, por tanto, el hecho necesario entraría ya en la previsión del legislador; si, por el contrario, como demostraré en su momento, es verdadera la segunda hipótesis, las dificultades surgen, consistiendo precisamente en ver si la letra de la norma citada, en cuanto se refiere al hecho ilícito del dependiente, pueda superarse, o si debe considerarse prelusivo de toda posible tentativa de aplicar dicha disciplina al estado de necesidad. Aclarados así los términos del problema, no queda más que enfocar la investigación —para un tratamiento riguroso— desde el único ángulo visual todavía obscuro, es decir como si ya se hubiese demostrado la naturaleza de acto lícito del comportamiento necesario.

Para una mejor comprensión del problema y una penetración más fácil *in medias res*, se hace necesario previamente poner en claro algunos relieves

---

establecida por el artículo 1.903 es directa, como derivada de la relación jurídica material engendrada entre el director o empresario y el perjudicado, cuya naturaleza autónoma, fundada en la culpa *in eligendo* o *in vigilando*, es distinta e independiente de la que contrae el autor material, que responde de culpa *in operando*». Ahora bien, como se reconoce en la sentencia de 3 de octubre de 1961, «aunque la responsabilidad civil de los empresarios sea directa y no subsidiaria, sin perjuicio de la facultad de repetir que les otorga el artículo 1.904, presupone siempre la existencia de la acción u omisión culposa en el agente causante del daño generador de la responsabilidad civil, que define el artículo 1.902».

Resumiendo podemos afirmar que en Derecho español la responsabilidad de los empresarios por actos de los dependientes es culposa, por cuanto presupone, de una parte, la culpa del dependiente y, de otra, la falta de diligencia del empresario en el impedir el hecho dañoso del primero; pero es indirecta o refleja en cuanto viene dada en función de una relación entre empresario y dependiente que hace reflejar sobre el empresario la responsabilidad que de no existir tal relación correspondería exclusivamente al dependiente autor del daño.

sobre el alcance exacto de la norma que regula la responsabilidad por el hecho de los dependientes.

En la norma del artículo 2.049 —como en los demás artículos en que se sanciona una responsabilidad objetiva— no se tiene en cuenta, en vía excepcional, a la culpa como criterio de imputación. Pero semejante relieve dice poco si no se le considera y se le valora rehaciendo al revés el *iter* recorrido para llegar a la introducción en el ordenamiento jurídico de la responsabilidad objetiva. En los derechos primitivos no se daba relevancia a la culpa[28] y, para ser exactos, tampoco tuvo relevancia como criterio de atribución en fases sucesivas del Derecho, cuando éste evolucionaba a formas técnicamente más perfectas. Para atribuir al sujeto agente las consecuencias derivadas de la ley, no se daba importancia a investigar el estado sicológico del sujeto, sino a verificar simplemente si el hecho había sido materialmente producido por la acción humana.

La introducción de la culpa como criterio de imputabilidad[29] señaló un paso decisivo en la evolución del Derecho: la responsabilidad ya no se refería al hecho humano *sic et simpliciter*, sino que se reconocía la necesidad de averiguar cuál fuese el estado de ánimo del sujeto agente con relación al hecho: Se consideraba que no fuese posible alejarse más de este criterio, que fuera de él toda atribución de un hecho como antijurídico a la persona debía ser considerado como arbitrario e inicuo.

Pero con el cambiar de los tiempos, incluso los principios más firmes e incontestables, incluso los conceptos consolidados con el paso de los años y considerados como incontrovertibles, como verdad inconcusa, comienzan a mostrar su inadecuación a las exigencias cambiadas.

Modificada la estructura económica y social, resulta que el recurrir a la culpa como canon inmutable de imputación de la responsabilidad no satisface siempre los fines de la justicia[30].

Desde finales del siglo XIX[31], la idea de que el requisito de la culpa fuese

---

28 Cfr. sobre este punto Bernhard KUEBLER: "Les degres de faute dans les systemes juridiques de l'antiquité" (trad.) del alemán al francés por H. MANKIEWICZ, en "Introduction a l'étude du droit comparé", París, 1938, p. 175: "Dans les droits primitives —c'est du moins ce qu'on enseigne en general— il importait peu que la violation eût eté volontaire ou involontaire. Cette distinction a eté le produit de la pensée des peuples d'une civilisation plus avancée"; DE CUPIS: "Il danno", cit, p. 65 ss.

29 Sobre el principio de la culpa en los varios sistemas jurídicos de la antigüedad, cfr. el interesante estudio de derecho comparado de KUEBLER, ya citado. Además, cfr. G. ROTONDI: "Dalla lex aquilia al art. 1151", en *Riv. Dir. Comm.*, 1916, I, p. 942 ss.

30 Cfr. DE CUPIS: "Il danno", cit., p. 66.

31 Ya en el código de 1865, a decir verdad, se contenían normas que tendían a revertir la responsabilidad sobre el patrimonio de persona diversa del autor del daño, en otros términos, que preveían en algunos casos la responsabilidad por hecho ajeno. Solo que en ellas, lejos de encontrarse una aplicación del principio de la responsabilidad sin culpa, tal como lo postulamos nosotros hoy, se quería a toda costa ver el criterio tradicional —juzgado insuperable— de la culpa, bien que presunta por exigencias de orden procesal. En este sentido, todavía recientemente, PEZZELLA: "La responsabilità del propietario di autoveicoli negli infortuni della strada e dell'aria", Milán, 1936, p. 125.

siempre necesario para la atribución de un daño a la persona pierde valor progresivamente, abriéndose camino, por el contrario, la convicción opuesta[32].

El progreso veloz, acosante ha cambiado radicalmente el sistema de vida resultando influenciadas todas las actividades humanas, de donde se deriva que se aleje del restringido criterio de la culpa, inidóneo en la actualidad para las diferentes y variadísimas ocasiones de daño. De esta forma el "principio del interés" surge con una particular relevancia. Si un sujeto jurídico encuentra una utilidad especial en servirse de medios mecánicos o del trabajo de personas que del mismo dependen, es también justo que soporte las desventajas que pueden derivar. Cuando se disfrutan los beneficios del trabajo de un hombre o de la utilización de una máquina (dejando de lado otras hipótesis), es justo que se acepten también los riesgos que derivan de ello. Por tanto, si el

---

Incluso bajo el nuevo código algunos autores continúan hablando de culpa en sentido absoluto: cfr. BRASIELLO: "I limiti della responsabilità...", cit., p. 123 ss.; DE SEMO: "Elementi di diritto privato", Milán, 1960, p. 464; DURANTE: "L'assicurazione della responsabilità civile", Milán, 1959, p. 105 ss. No es ciertamente el momento de refutar en esta sede tesis tan absurda e insostenible, sometida por lo demás a los críticas de la mejor doctrina: v. últimamente, con exactas e incontrovertibles argumentos, P. TRIMARCHI: "La responsabilità per il fatto dei dipendenti", en *Riv. Dir. Civ.*, 1959, I, p. 605 ss., y "Rischio e responsabilità oggetiva", Milán, 1961, p. 21 ss. y 57 ss. Son significativas al respecto las palabras de BARBERO (cit. en la nota siguiente), quien, desaprobando el empleo de la *praesumptio iuris et de iure* "como subrogado de figuras legalmente más genuinas, bien que menos conformes a los preconceptos doctrinales, sostenidas por una especie de resistencia natural (quizá sea éste también un aspecto traslaticio de la ley física de la inercia) a ponerse en línea con la evolución de los tiempos", afirma que "cuando alguien se obstina en explicar la responsabilidad establecida a cargo del comitente, se obedece más al impulso de agarrarse al instinto de la tradición, que a la necesidad de interpretar la ley" (p. 588).

32 Cfr. UNGER: "Handeln auf eigener Gefahr", Jena, 1893; RÜMELIN: "Die Gründe der Schadenszurechnung und die Stellung des deutschen bürgerlichen Gesetzbuchs zur objektiven Schadensersatzpflicht", Freiburg, 1896; I. COVIELLO: "La responsabilità senza colpa", en *Riv. it. sc., giur.*, 1897, p. 188; V. E. ORLANDO: "Saggio di una nuova teoria sul fondamento giuridico della responsabilità civile, a proposito della responsabilità diretta dello Stato", en *Arch. di Dir. Pub.*, III (1893), página 241 ss. (non vide); BARASSI: "Contributo alla teoria della responsabilità per fatto non proprio", en *Riv. it., sc., giur.*, 1898, p. 56; CHIRONT: "Colpa extracontrattuale", cit., I p. 366 ss.; quien sostiene que deba hablarse de garantía más que de responsabilidad sin culpa; VENEZIAN: "Danno e risarcimento fuori dei contratti", en *Opere giuridiche*, I, 1917, p. 185. En sentido contrario, véase por todos Cesáreo CONSOLO: "Trattato del risarcimento del danno", Turin, 1914, p. 88 ss.

Para una bibliografía exhauriente y extranjera en materia, cfr. RICGA-BARBERIS: "La responsabilità senza colpa", Turín, 1900, y, recientemente, E. VALSECHI: "Responsabilità aquiliana e caso fortuito", cit., I, p. 151. Entre los últimos, P. TRIMARCHI: "La responsabilità per il fatto dei dipendenti...", cit,, y BARBERO: "Criteri di nascita e criteri di propagazione della responsabilità per fatto illecito", en *Riv. Dir. Civ.*, 1960, I, p. 572 ss.

La jurisprudencia, por lo que respecta a la Corte de Casación, continúa también inexplicablemente a fundarse sobre la ficción de la presunción de la culpa absoluta: cfr. Cass. 23 diciembre 1954, n. 4594, en *Rep. For. it*, 1954, voz "Responsabilità civile", η. 181; Cass., 27 mayo 1955, n. 1624, voz "Circolazione stradale", η. 61.

Pero alguna sentencia reciente parece indicar la tendencia a un cambio de dirección: cfr. Apelación Nápoles, 27 julio 1955, en Rep. Giust. Civ., 1956, voz "Responsabilità civile", η. 282; Apelación Lecce, 24 junio 1953, en *Rep. For. it..* 1954, voz cit., n. 187.

doméstico en el ejercicio de las misiones que se le encomiendan provoca un daño, es justo que las consecuencias del hecho repercutan también en la esfera patrimonial de quien se sirve del doméstico y obtiene los beneficios de su trabajo: *cuius commoda eius et incommoda.*

Estas consideraciones, dirigidas —sobre la base de los orígenes históricos y sobre la *ratio* de la norma— a encuadrar la materia, mostrarán en breve su utilidad en orden a la tesis que se formulará.

Se ha negado[33] que el comitente esté obligado al pago de la indemnización equitativa del artículo 2.045 argumentando que quien obra en estado de necesidad no efectúa un comportamiento antijurídico y, por tanto, en su acción falta el requisito de la ilicitud que el artículo 2.049 exige que caracterice el daño del encargado.

Ahora bien, esta conclusión podrá parecer justa a quien se detenga en la letra de la norma; no, por el contrario, a quien desee considerar más a fondo el problema, en todos los demás aspectos.

El artículo 2.049, en efecto, tiene la finalidad de trasladar a la esfera patrimonial de los dueños y comitentes las consecuencias de los daños que los domésticos y encargados han producido en el ejercicio de las funciones a que están destinados. Es fácil prever la opinión de quienes preguntarán por qué el legislador habla de "daño producido por hecho ilícito". Hay una razón y es la siguiente, aunque pueda parecer simplista a primera vista: la norma general que regula el resarcimiento del daño extracontractual es la del artículo 2.043, que indica la culpa como criterio de imputación.

---

33 Cfr. Trib. Arezzo, 16 marzo 1960, en *For. it.*, 1960, I, c. 858 (con brevísima observación adhesiva de Cupis), quien, para probar su tesis cita "lo dispuesto en el art. 2047, 2° que, admitiendo la responsabilidad limitada del incapaz que haya provocado un daño, la atribuye exclusivamente al mismo y no a quien esté obligado a su vigilancia" (c. 862).

Pero los jueces de Arezzo no se han dado cuenta del grande error en que han caído. En efecto, el art. 2047, 2.°, prevé la indemnización equitativa eventual a cargo del incapaz precisamente "en el caso en que el perjudicado no haya podido obtener el resarcimiento de quien está obligado a la vigilancia" (art. 2047, 1°). Por ello no se ve cómo la norma citada pueda demostrar la irresponsabilidad de los dueños y de los comitentes en el caso en examen.

Cfr. también Trib. Varese, 28 febrero 1955, en *Riv. Dir. Civ.*, 1955, II, p. 445. Dicha sentencia ha sido reformada después por la Corte de Apelación de Milán, 22 febrero 1957, en *Mon. Trib.*, 1957, II, p. 578.

La doctrina no ha abordado nuestro problema. Se ha limitado a considerar la hipótesis más evidente y común, es decir, aquella en que el doméstico (o encargado) ocasiona un daño a otro, mediante la realización de un comportamiento ilícito, advirtiendo —en general— que, falta la ilicitud del comportamiento dañoso del encargado de responsabilidad de los dueños y comitentes desaparece. Cfr., sobre este punto, Barassi: "Teoria generale delle obbligazioni", cit., I, p. 488; Colagrosso: "Teoria generale delle obbligazioni e dei contratti", Roma, 1948, p. 35; Barbero: "Sistema...", cit., II, p. 840 ss.; Betti: "Teoria generale delle obbligazioni", III, Milán, 1954, p. 154; Messineo: "Manuale", cit., V, p. 578; quien niega expresamente que el dueño (o el comitente) responda si el encargado había obrado en estado de necesidad, "incluso si él no puede dar la prueba específica de la interrupción del nexo causal"; De Copis: "Il danno", cit., p. 77 ss.; Alessi: "La responsabilità", cit., p. 17.

En cambio, merece una atención particular la opinión expuesta por Giusiana en su interesante y original libro "Il concetto di danno giuridico", Milán, 1944. Pero de las conclusiones a que llega daré cuenta en breve —por razones sistemáticas.

Por el contrario, el artículo 2.045 es una norma de carácter excepcional, que deroga evidentemente la norma fundamental por razones de equidad y de justicia distributiva. Cuando el legislador, en el supuesto del artículo 2.049, introduce el criterio de la responsabilidad sin culpa, intenta que las consecuencias derivadas de los daños producidos por los dependientes recayesen sobre el patrimonio de quienes se aprovechan de la actividad de dichos dependientes —en la forma que antes hemos recordado.

La voluntad del legislador, por tanto, se refiere a todos los daños, o más exactamente a todos los daños que dan origen en cualquier forma a una responsabilidad patrimonial[34]. Ahora bien, puesto que en la mayor parte de los casos se responde de daños causados por hecho ilícito, el legislador ha hablado (erróneamente) de "daños ocasionados por hecho ilícito" olvidando los casos de daños ocasionados por hecho no antijurídico; hipótesis no muy numerosas, pero existentes. La dicción inexacta del artículo 2.049 se debe quizás al temor, por parte del legislador, a caer en una inexactitud mayor hablando solamente de "daños causados por domésticos y encargados"; dicción esta que habría podido dar lugar, en la duda, a interpretaciones imprevisibles. Más preciso hubiera sido decir: "los empresarios y comitentes son responsables por los daños ocasionados por los hechos de sus domésticos en el ejercicio de las funciones a que están adscritos, siempre que derive para el autor una responsabilidad patrimonial cualquiera". Esta es, en efecto, la voluntad de la ley, que se recaba de los principios y del estudio comparado de las diversas normas[35] [36].

34 TRIMARCHI se manifiesta sensible a este orden de exigencias, el cual se preocupa de los "problemas sociales y económicos creados por los infortunios frecuentes inculpables debidos al uso de las máquinas (*Riv. Dir. civ.*, 1959, I, p. 618).

35 Alguna tentativa en este sentido no ha encontrado en Francia una acogida favorable: cfr. TRIMARCHI: loc. cit., p. 620 y notas 61, 62, 63, 64. Para la doctrina italiana me remito a mi "Stato di necessità e responsabilità indiretta", en *Riv. Dir. civ.*, 1957, II, p. 445 ss.

36 Entendemos que las mismas conclusiones a que llega el autor en el texto para el Derecho italiano, pueden mantenerse igualmente en el Derecho español. Es evidente que, según el tenor literal de lo dispuesto en el artículo 1.903 en relación con el 1.904 del Código civil español, la responsabilidad extracontractual por el hecho de los dependientes se refiere exclusivamente a la responsabilidad por hecho ilícito, es decir, cuando exista culpa: en efecto, el artículo 1.903 habla de la obligación que impone el artículo anterior; y el artículo anterior sanciona la responsabilidad solamente cuando interviene culpa o negligencia.

Ahora bien, consideramos que esta responsabilidad indirecta, basada sobre la culpa como único criterio de imputación de la responsabilidad, es demasiado estricta a la altura del moderno desarrollo económico y jurídico; consideramos por ello que debe ampliarse conforme piensa el autor en el texto, es decir, entendiéndola comprensiva de toda responsabilidad nacida para el dependiente en el ejercicio de sus funciones, aun cuando tal responsabilidad no proceda de culpa sino de otro criterio de imputación cualquiera. Así quedarían comprendidos entre otros supuestos, el de la responsabilidad que nace del acto realizado por un dependiente que, cumpliendo el encargo de su dueño, le manda reparar el muro, para lo cual debe penetrar en el fundo propiedad del vecino y en el cual causa daños (art. 569 del Código civil): en tal caso, se trata de una responsabilidad por un hecho consciente, intencional si se quiere, pero no culposo ni mucho menos doloso en el sentido del artículo 1.903 —ya que la reparación puede ser incluso urgente y hasta necesaria para evitar un mal mayor—; por todo ello entendemos que se trata en tal caso

Por lo demás, algunos sostienen la responsabilidad de dueños y comitentes incluso en el caso en que los dependientes no sean imputables —por tanto, en ausencia del criterio de la culpa—[37].

En cambio, me parece equivocada la opinión extrema, según la cual la responsabilidad del comitente (o del dueño) surge *exclusivamente* en el caso en que esté ausente la culpa en el hecho realizado por el dependiente[38].

17.—Criticando la teoría del "riesgo de la empresa" ha afirmado recientemente un escritor nuestro[39] que tal teoría se manifiesta nociva porque, aceptando el principio, "la responsabilidad debería existir (...) siempre que exista el aspecto del interés de la empresa, en conexión con la acción del dependiente". Como banco de prueba de la validez y puntualidad de la crítica se presenta el supuesto en que se realice un hecho del dependiente, ejecutado en el ejercicio de sus funciones propias en la empresa, que ocasione un daño a terceros sin culpa del dependiente. "Puesto que subsiste el extremo de que el hecho se ha realizado en el ejercicio de las funciones a que está adscrito —se ha dicho—, si jugase la teoría del riesgo de la empresa se debería declarar siempre responsable a esta, paralelamente al interés de la misma, Y no debería tener importancia el hecho de que faltase la culpa del dependiente porque, si el riesgo de la empresa debe servir para algo sería precisamente para esto: a saber, llevar la responsabilidad allí donde emana el *interés* que estimula al empresario a actuar por medio de su dependiente, asumiendo objetivamente el riesgo, incluso con independencia de la culpa de dicho dependiente." Tal conclusión ha de ser descartada como errónea. Pero creo que sea necesaria una aclaración sobre este punto para entenderse. Los motivos que están a la base

---

de un supuesto de responsabilidad derivado de «hecho lícito dañoso», del cual debe responder indirectamente el propietario del muro construido o reparado.

Por lo demás, el hecho de que el artículo 1.903 remita al 1.902 para determinar la responsabilidad indirecta de dueños y comitentes, no quiere decir que no existan otros casos en que semejante responsabilidad se produzca; como la norma del artículo 1.902 tampoco precluye que puedan existir otros casos de responsabilidad directa, basados sobre criterios de imputación diversos de la culpa: el Código civil contiene casos de responsabilidad directa que no son culposos, siquiera la responsabilidad directa por culpa del agente sea el principio general.

37 Cfr. E. Valsecchi: op. cit., p. 166, quien se remite a G. P. Chironi: op. cit., II, p. 86 Para un estudio dedicado ex profeso a la responsabilidad del incapaz, cfr. Salvi: "L'imputabilità civile (premesse a uno studio sulla responsabilità civile degli incapaci) (opera fuori commercio)".

38 Cfr. Giusiana: op. cit., p. 177, se pronuncia conforme con la opinion expuesta en el texto. Dice textualmente: "La exégesis de la Ley induce a considerar la locución "fatto illecito", por ella usada, como equivalente a "hecho contrastante con el contenido de la norma jurídica". Y afirma exactamente que la dicción "hecho ilícito", utilizada por la ley en el art. 2.049, no es equivalente a la de "hecho doloso o culposo". Después de esta premisa, sería lógico sostener que la responsabilidad puede surgir para el comitente (o el dueño) incluso si se excluye la culpa por el hecho realizado por el dependiente. Por tanto, no puedo seguir a Giusiana, donde afirma, en contra, que si hay culpa del encargado no hay responsabilidad del comitente (p. 224).

39 Barbero: "Criterio di nascita e criteri di propagazione, cit. página 588 ss., en relación con el art. citado por Trimarchi.

de la opinión expuesta están constituidos por el temor de que, admitiendo la responsabilidad del comitente en el caso de que falte la culpa del encargado, derive la grave consecuencia de que el primero sea declarado responsable aun en el caso en que no lo sea el segundo: en otros términos —y para usar el mismo lenguaje del autor de quien proviene la crítica—, que el artículo 2.049 puede dejar de ser una norma de propagación de la responsabilidad para convertirse en una norma de nacimiento de la misma. Por lo demás, este temor parece encontrar una confirmación en algunas afirmaciones hechas recientemente por un escritor, en el cual se transparenta la tendencia, bien que reducida a algunas hipótesis, a la instauración de un criterio interpretativo en base al cual sea posible atribuir al empresario la responsabilidad de hechos relativos al "riesgo de la empresa" sin que sea necesaria la existencia de responsabilidad a cargo del trabajador[40].

También yo pienso que sea esta la directriz que deba seguirse de *iure condendo*, en el sentido de ampliar siempre más la responsabilidad objetiva del empresario, intentando circunscribir la del trabajador; pero de *iure condito*, hablar de responsabilidad del empresario sin que exista una obligación idéntica de reparar por parte del autor material del daño, me parece ir realmente *contra legem*. Por tanto, hasta aquí estoy de acuerdo, uniéndome a la crítica. Solo que los temores de la doctrina antes mencionados no tienen razón de ser cuando se acepta el criterio interpretativo sugerido en el texto. La doctrina enseña generalmente, basando sus afirmaciones en una interpretación demasiado literal de la ley, que los elementos constitutivos de la norma del artículo 2.049 son dos: el hecho ilícito del dependiente y la realización de tal hecho ilícito en el ejercicio de las funciones que se le han confiado. Si realmente son éstos los dos elementos fundamentales sobre que se basa la disciplina de la responsabilidad por el hecho de los dependientes, es evidente que hablar de responsabilidad del comitente sin que exista una culpa del encargado no solo aparece sin demostración, sino que atare la puerta a cualquier conclusión por aventurada que sea.

Pero en mi opinión, como he intentado demostrar hasta ahora y me esforzaré en aclarar todavía mejor, el planteamiento tradicional de la doctrina está sujeto a revisión, sustituyéndose el primer elemento (hecho ilícito) por otro (todo hecho dañoso del que deriva una responsabilidad patrimonial cualquiera), cuyo mayor alcance responda con más exactitud a las finalidades de la ley. De este modo, mientras de una parte se amplía justamente el ámbito de la responsabilidad del representado, de guisa que aquélla respete con

40 Cfr. TRIMARCHI: "Rischio e responsabilitá oggettiva", cit. p. 75 ss. Según este autor, se trataría de "hechos dañosos debidos a culpa levísima, desatenciones momentáneas, gestos mal acogidos, que son inevitables, a la larga, en el ejercicio continuado de un trabajo industrial o agrícola, de un oficio o de una profesión. Tales hechos —continúa el autor citado— no caerían bajo la sanción si la culpa se concibiese como un concepto subjetivo; pero la jurisprudencia se atiene a un concepto objetivo, acogiendo, por lo demás, el principio por el cual la *lege aquilia et levissima culpa venit...* (...). Probablemente, este rigor se debe a la exigencia, más o menos consciente, de obtener resultados prácticos próximos a la responsabilidad objetiva, sin abandonar por lo demás el lenguaje que adosa la responsabilidad a la culpa". Para evitar tal "deformación del concepto de culpa" TRIMARCHI propone una interpretación —como se ha referido en el texto— del art. 2.049 que, dando un sentido objetivo al término "hecho ilícito", permita precisamente atribuir la responsabilidad al empresario sin hacer responsable al trabajador.

mayor fidelidad el interés de éste a la actividad de la empresa, de otra parte, se evita el peligro de sugestiones basadas sobre una realidad más económica-social que jurídica, cediendo a las cuales el artículo 2.049 terminaría por perder verdaderamente su naturaleza de propagación de la responsabilidad. En consecuencia, el requisito de la existencia de una responsabilidad patrimonial a cargo del dependiente, sustituye la culpa, como requisito necesario del hecho del dependiente y como condicionante de la responsabilidad del comitente.

Con la ayuda de cuanto se ha dicho puede llegarse a la siguiente enunciación teórica: el artículo 2.049 está estructurado sobre la base de dos responsabilidades: una subjetiva, no necesariamente por culpa, y otra objetiva, sin culpa. A la primera, que se pone como presupuesto de la segunda, está obligado el dependiente, a la segunda el empresario.

Confirmando la validez de tal enunciación es posible probar que no solo no contrasta con los principios aceptados generalmente, sino que, por el contrario, es una aplicación rigurosa de los mismos. Salvo raras excepciones[41] la doctrina está de acuerdo en excluir la extensión al empresario de la responsabilidad cuando la conducta del dependiente, siendo caracterizada por el elemento de dolo, se presenta sicológicamente como una violación más grave del orden jurídico, y por esto mismo más enérgicamente reprobada. Cuando faltando el elemento intencional, es decir la intención depravada de dañar a los demás, la conducta se cualifica como culposa, caracterizada genéricamente por una falta de diligencia, y suscita en el ordenamiento jurídico una reprobación de menor intensidad, la doctrina es unánime en afirmar que la responsabilidad del dependiente debe propagarse al empresario. En este punto es necesario preguntarse: ¿cuando esta reprobación falte en absoluto, porque el ordenamiento jurídico consiente realizar aquel determinado comportamiento al causante del daño, si la ley prevé el nacimiento de una obligación reparatoria —que nada tiene de sanción, sino que más bien se funda en razones de equidad y de justicia distributiva— puede afirmarse, sin caer en la más profunda contradicción, que la responsabilidad no se extiende al empresario? Yo lo niego.

Por lo demás, si se quisiere rechazar la tesis expuesta en estas páginas se llegaría a conclusiones aberrantes e inicuas. Como se probará mejor en su momento, al tratar el problema de la naturaleza jurídica del estado de necesidad, existen en nuestro ordenamiento jurídico diversas hipótesis legislativas (caracterizadas todas ellas por la nota común de la medida reparatoria de la indemnización equitativa) que se asemejan en muchos aspectos a la norma del artículo 2.045: se piense en los artículos 924, 925, 843, etc. Si en estos casos se excluye el elemento de la antijuridicidad, como quiere la doctrina dominante que habla de "daños justos"[42], se presenta como posible una clara analogía con la hipótesis del daño causado en estado de necesidad, en la cualificación aquí aceptada por el momento.

41 Cfr., por ejemplo, De Cupis: "Dei fatti illecitti", en el Commentario del Codice civile de Scialoia-Branca, libro IV. Delle obbligazioni, arte. 1.992, 205, 2.059, Bolonia-Roma, 1957, p. 330, nota 1; T. Brasiello: "Dei fatti illeciti", en el Commentario Codice civile de D'Amelio-Finzi. III. Florencia, 1949, p. 253. Para lo opinion contraria, que puede considerarse dominante, cfr. por todos Messineo: "Manuale", cit. V, página 578.

42 En cambio, si debieran resultar hipótesis de derechos antijurídicos, serviría el mismo

Así se ofrece la oportunidad de controlar la validez de mi planteamiento, aplicando a otros supuestos el mismo orden de consideraciones hechas para el artículo 2.045. Tomemos el artículo 843. Pensemos en el ejemplo del criado que provoca daños al intentar coger el perro de su amo refugiado en el jardín del vecino —después de haber huido a su guarda—. Sin duda alguna la doctrina es unánime sobre el hecho ejecutado por el doméstico en el ejercicio de sus funciones no es ilícito y que el daño consiguiente debe definirse como un daño justo. Ahora bien, si se quiere rechazar la tesis aquí defendida, puesto que el hecho del doméstico no es ilícito, se debería llegar a la conclusión de que el dueño no está obligado a pagar la indemnización del artículo 843, lo que llevaría claramente a eludir la finalidad de la ley, que es también la de extender la responsabilidad al dueño para una mayor garantía del perjudicado. Las mismas observaciones podrían hacerse a propósito de los demás artículos mencionados.

Volvamos ahora al hecho necesario. Cuanto se ha dicho hasta aquí me parece que autorice la persuasión de que la voluntad de la ley corresponda al sentido indicado por mí. Si el dependiente viene a encontrarse en una situación peligrosa (para sí o para los otros, comprendido el representado, persona física o jurídica que sea) que ha hecho necesario el hecho dañoso, esto no ha sucedido por su capricho, o por su voluntad, sino a fin de cumplir las funciones que se le confiaron. Existen las condiciones para que las consecuencias del hecho dañoso realizado por el dependiente recaigan en la esfera patrimonial del comitente: en efecto, hay un daño causado por el dependiente en el ejercicio de sus funciones. No se exige más para que se ponga en marcha el mecanismo de la responsabilidad indirecta.

18.—Como se ha dicho en el número 13, iniciando el examen del sujeto agente, el hecho necesario puede ser realizado también por persona diversa de la que se encuentra en peligro: en este caso se habla, con terminología traslaticia, de ayuda necesaria (la *Nothilfe* de la doctrina alemana). En consideración a la naturaleza de hecho que ha de realizarse, no es necesario que quien presta la ayuda tenga capacidad de obrar, sino que es suficiente que sea capaz de entender y de querer[43]. En esta hipótesis se presenta el problema de la aplicación al supuesto en examen del complejo de normas que regulan la responsabilidad por daño ocasionado por el incapaz. La cuestión se tratará más adelante, cuando se hable de los efectos del hecho necesario: pero desde ahora puede decirse que la misma encuentra una expresa disciplina en la ley que, en el artículo 2.046, habla genéricamente de hecho dañoso del incapaz, de hecho ilícito. Viceversa el sujeto amenazado puede estar privado también no solo de la capacidad de obrar, sino incluso de la capacidad de entender y de querer[44], como, por ejemplo, cuando se trata de un niño de corta edad, que puede

razonamiento hecho para el comportamiento necesario: los daños que de ellos derivan, siendo "causados por hecho ilícito de los domésticos y encargados", entrarían expresamente en la previsión del art. 2.049.

43 Valgan aquí los criterios que regulan la responsabilidad extracontractual en general, puesto que la licitud o ilicitud del hecho dañoso no puede tener relevancia bajo este aspecto.

44 MANZINI: op. cit., p. 409; S. PIRAS: op. cit., p. 47; CONTIERI: op. cit., p. 90

incluso no darse cuenta del peligro en que se encuentra[45]. No es necesario que entre amenazado y quien presta la ayuda exista relación alguna[46], de forma que cualquiera puede obrar en ayuda de quien se encuentra en peligro grave. Por tanto, a la base de la ayuda necesaria no existe una autorización por parte del sujeto que se encuentra en peligro[47]; más aún puede afirmarse que un disentimiento o una prohibición de este último a la realización de la ayuda no puede tener efecto alguno.

Estas últimas afirmaciones ofrecen la oportunidad de profundizar la calificación jurídica de quien presta la ayuda y de los poderes que le son conferidos por la ley. En efecto, mientras el titular del bien en peligro está directamente interesado en la situación de necesidad de cuyo éxito depende su suerte, el que presta la ayuda es extraño al peligro y puede incluso no tener interés alguno. Así sucede, por ejemplo, cuando el que presta ayuda ve a dos desconocidos en trance de ahogarse, y disponiendo solamente de un salvavidas incapaz para dos personas, sin poder hacer otra cosa, aleja violentamente a uno de los que están en peligro, prefiriendo la salvación de uno a la muerte segura de los dos.

Ahora bien, si cuando el bien salvado es mayor que el bien sacrificado con una gran diferencia la solución adoptada por el Código se presenta incensurable; pero cuando están en juego dos vidas humanas dicha postura deja un poco perplejo: en efecto, en tal caso se hace depender la elección de la persona que debe ser sacrificada de la voluntad del primero que llegue, el cual se convierte en árbitro supremo del conflicto. Estas razones han inducido a algunas legislaciones extranjeras a limitar la ayuda necesaria solo para con los parientes[48].

En todo caso, dada la fórmula adoptada por nuestro ordenamiento, la posición jurídica de quien presta la ayuda necesaria va reconstruida en los términos siguientes, en base a los elementos textuales de aquél. De la situación de peligro de daño grave relativa a una persona diversa de quien presta la ayuda, nace para este último el poder de realizar un hecho dañoso para otro, a fin de evitar un perjuicio grave al sujeto amenazado. Por otra parte, para que tal poder nazca a favor de quien presta la ayuda es necesario que la situación en que el mismo se encuentra se califique como necesaria, respondiendo a los

45 Cfr. Contieri: op. y loc. ult. cit.

46 Cfr. Contieri: op. cit., p. 89.

47 Cfr. Contieri: op. cit., loc. cit.; Piras: op. cit., p. 47.

48 La solución adoptada en nuestra ley civil y penal se separa de la acogida por el legislador penal alemán, que en el § 54 ha limitado notablemente los casos de *Nothilfe*, restringiendo su ejercicio a las hipótesis de "...Gefahr für Leib oder Leben (...) eines Angehörigen...". Sin embargo, la expresión „*Angehöriger*" se interpreta en sentido amplio, comprendiendo un amplio círculo de personas, que comprende los parientes y los afines (en líneas ascendiente y descendiente), los adoptantes y los adoptados, los esposos, los hermanos y sus cónyuges y, en fin, también los prometidos: cfr. v. Hippel: "Lehrbuch"... cit. p. 163, nota 3. Sobre el concepto de *Angehöriger*, y, en particular, sobre las diversas categorías de parientes comprendidos en el mismo, con referencia a los §§ 52 y 54 del StGB., cfr. también Farnk: "Das Strafsgesetzbuch, cit. p. 157 ss. En los §§ 228 y 904 del B. G. B., en cambio, no existe tal limitación, por lo cual la ayuda necesaria puede ser prestada por cualquiera.

requisitos que en su momento hemos examinado mientras para la persona que debe ser salvada no puede decirse exactamente la misma cosa.

Para enuclear el criterio apto a determinar cuando al tercero que interviene le corresponda la calificación del que presta ayuda necesaria con los poderes a tal calificación inherentes, es necesario poner previamente en claro un factor del problema desconocido hasta ahora por la doctrina, la cual, en consecuencia, se encuentra en una confusión sobre este punto.

En la hipótesis de la ayuda necesaria existen dos situaciones de hecho a las cuales es necesario hacer referencia: una tiene como sujeto la persona amenazada, la otra tiene como sujeto la persona que presta ayuda. La segunda se injerta sobre la primera, y queda por ella condicionada en la medida en que los elementos de ambas coinciden. Dichas situaciones, si pueden coincidir, pueden también diferenciarse: en efecto, mientras la situación en que viene a encontrarse quien presta la ayuda debe inderogablemente responder a los requisitos que caracterizan la situación de necesidad, a tenor del artículo 2.045, la situación en que se debate la persona amenazada puede tener todos aquellos requisitos, calificándose en este sentido ella misma como necesaria, pero pueden también faltarle los requisitos que no siendo comunes a ambas situaciones, no condicionan la existencia de la situación de necesidad para el que presta ayuda. Un ejemplo aclarará mejor este punto. Tomemos el caso de Tizio que, para huir al incendio de un cine que arde a causa de un cortocircuito y encontrándose en la imposibilidad de salvarse de otra forma, se abre paso hacia la salida lanzado a otros a las llamas. Si en estas mismas circunstancias Ticio permanece inactivo y Caio interviene en su favor (ayuda necesaria), las situaciones que hacen referencia a Ticio y a Caio coinciden exactamente. Por contraposición, se piense en el caso de que Ticio haya incendiado por sabotaje el cine y haya quedado él mismo aprisionado: mientras con referencia a él la situación no puede calificarse necesaria en el sentido del artículo 2.045, habiendo causado él voluntariamente el peligro, se calificará de tal, en cambio, para Caio, quien siendo extraño a la producción del peligro, podrá intervenir igualmente en ayuda de Ticio. Esta vez las dos situaciones no coinciden. La situación es diversa para el caso en que la persona amenazada tenga un deber especial de exponerse al peligro. A diferencia de las hipótesis precedentes, en esta no puede encontrar aplicación la disciplina de la ayuda necesaria, y la razón es evidente. En efecto, aquí tampoco estaría legitimada la propia persona que está en peligro para ejecutar un comportamiento dañoso a fin de conseguir salvarse; pero no porque la situación de peligro en que se encuentra carezca de la nota esencial de la no voluntariedad —defecto éste que no importaría para la situación del tercero que presta la ayuda necesaria, como se ha visto— sino más bien porque el sujeto amenazado tiene la obligación jurídica de soportar un determinado riesgo, y ello por razones autónomas, ajenas totalmente al momento causal de la situación de peligro. Y este es un dato objetivo que tiene relevancia aun frente a la persona que debe prestar la ayuda, pues deriva de un mandato del ordenamiento jurídico. Para poner un ejemplo, sería como el caso en que un pasajero de una nave, en un momento de tormenta, temiendo por la vida del Capitán quisiera colocarlo sobre una chalupa, dejando entretanto a bordo a una mujer. Pero si el que presta ayuda, desconoce la condición jurídica del Capitán en peligro, por ignorancia no culposa, el caso se resuelve según lo que se ha dicho del estado de necesidad putativo.

No podría explicarse la legitimidad, afirmada por la doctrina[49], de la ayuda necesaria en aquellos casos en que no sería posible el comportamiento necesario por parte de la misma persona en peligro, sin poner en claro cómo la teoría de la ayuda necesaria se basa sobre un supuesto complejo, resultante de la coexistencia de dos situaciones diversas pero ligadas entre sí por la relación antes examinada.

En consecuencia, yerra (por defecto) la opinión para la cual "por efecto y en conexión con la situación de necesidad nace a favor del sujeto necesitado o a favor de un sujeto cualquiera la facultad de realizar un determinado comportamiento, dirigido a eliminar la colisión de intereses"[50], puesto que, como se ha visto, tal definición no agota el cuadro completo de los casos en que dicha facultad nace a favor de quien presta la ayuda necesaria. Además, es apenas necesario recordar que la ayuda necesaria puede realizarse sea por un sujeto único[51], sea por varios sujetos, y que puede intervenir tanto a favor de un solo sujeto como de una pluralidad de personas.

Un aspecto de particular interés en el supuesto de la ayuda necesaria está constituido por la relación que se instaura entre el salvado y quien le ayudó en orden al nacimiento de la obligación reparatoria del artículo 2.045 a cargo del segundo, relación que nace como consecuencia de la intervención realizada. A este propósito se presenta el problema de la aplicabilidad al supuesto en examen de las normas relativas al instituto de la gestión de negocios, problema del que me ocuparé al tratar de los efectos del comportamiento necesario[52].

19.-b) El comportamiento realizado por el sujeto agente, que se manifiesta como la causa de la producción de un daño, revierte sus efectos sobre el titular de una posición jurídica diversa, el cual se ve constreñido a sufrir de esta manera una interferencia en la propia esfera de sus derechos: éste es el sujeto pasivo del hecho dañoso, para el cual nace el derecho a la indemnización equitativa como consecuencia del perjuicio soportado. El sujeto pasivo puede estar representado obviamente por una persona física o por una

---

49 Manzini: "Trattato di diritto penale", cit. II, p. 314; Contieri: op. cit., p. 58 y bibliografía allí citada con referencia las diversas direcciones de la doctrina penal alemana.

En contra Pannain: "Manuale di diritto penale", cit. I, p. 655, según el cual la dicción del código y el peligro no ha sido causado voluntariamente por él "se refiere", lógicamente, "tanto al autor del hecho necesario, cuanto a la persona salvada".

50 S. Piras: op. cit., p. 47.

51 Así también S. Piras: op. y loc. ult. cit.

52 Tal relación no puede plantearse en el Derecho español; y ello porque nuestro Código penal, en su artículo 20.2.°, hace responsable directamente al beneficiario del comportamiento realizado en estado de necesidad, es decir, al titular del derecho salvado; no, en cambio, al agente. En efecto, según el artículo citado, «en el caso del estado de necesidad son responsables civilmente las personas en cuyo favor se haya precavido el mal, en proporción del beneficio que hubieran reportado».

Dicho precepto está inspirado de la forma más directa y pura en el principio del interés como base inmediata de la responsabilidad extracontractual: la acción directa del perjudicado se da contra el beneficiario y no contra el autor del daño —como ocurre en Derecho italiano, aunque luego en este ordenamiento el autor del daño puede repetir del beneficiado—.

persona jurídica, por un solo individuo o por varios individuos interesados todos ellos por un mismo comportamiento necesario, el cual a su vez puede tener uno o más autores. Para completar, digamos finalmente que el sujeto pasivo puede, por su parte, encontrarse en un estado de necesidad y verse constreñido a realizar un comportamiento necesario dañoso para otros. Tal comportamiento, por lo demás, puede ser dirigido contra el autor del hecho dañoso sufrido por el sujeto pasivo: en este caso puede hablarse de estado de necesidad recíproco[53].

20. — c) Una vez que se verifica la situación de necesidad, se produce el efecto de nacer a favor de la persona amenazada o para otra que actúe en su nombre, el poder de actuar un determinado comportamiento apto para eliminar el peligro de daño grave a la persona que afecta al sujeto amenazado, y ello mediante la producción de un daño en la esfera jurídica de un tercero. En este punto nuestro discurso se amplía hasta comprender los términos de un problema de carácter más vasto y general, al que la doctrina ha dedicado su atención desde hace tiempo. Así pues, salgamos por un momento del campo más restringido de nuestra investigación, limitada al daño realizado en estado de necesidad, para detenemos a observar la *vexata questio* del resarcimiento del daño en general. La norma genérica que regula la responsabilidad aquiliana —el artículo 2.043 del Código civil— ha sido objeto a este propósito de atenta consideración, viniendo a constituir el punto de partida de un vivo contraste de opiniones. En efecto, mientras por algunos se niega que dicho artículo constituya una norma primaria, que imponga a los ciudadanos nuevos deberes de conducta, considerándola, por el contrario, como una norma secundaria, de la cual derivan consecuencias sancionadoras solo frente a quien haya violado dolosa o culposamente un deber jurídico autónomo que tiene su origen en una disposición legal diversa, por otros, en cambio, se ve en ella tradicionalmente la fuente de un deber general de *neminem laedere*, es decir que actúa sin que el hecho dañoso esté expresamente prohibido por una disposición particular[54]. Esta disputa afecta de cerca el presente estudio, ya que de la solución adoptada depende si la conducta realizada en estado de necesidad deba entenderse como una acción caracterizada en abstracto por la contrariedad a una norma específica puesta para proteger un determinado derecho subjetivo o un deber general de abstención de realizar actos perjudiciales frente a terceros. Pero en consideración a que el problema se examinará más adelante para profundizar convenientemente sobre él, lo dejamos ahora de lado, bastando con haberlo indicado.

Puede decirse en general que el comportamiento necesario consiste en una conducta productiva de un evento dañoso. Tal conducta puede consistir en

53 El náufrago que resiste a la acción de un compañero de desventura que intenta arrebatarle el salvavidas, no realiza un acto de legítima defensa, puesto que la acción del otro no es injusta: en este caso el comportamiento necesario de uno se contrapone al del otro, puesto que ambos náufragos tienden a sobreponerse para sobrevivir: cfr: MAGGIORE: Diritto penale. Parte generale, cit. p. 324.

54 Además de la bibliografía que se citará más adelante cfr. la reciente e interesante prolusión de SCHLESINGER: "La ingiustizia del danno nell'illecito civile", en Jus. 1960, p. 336 ss.

actos positivos como en actos omisivos[55] [56].

Un ejemplo de los segundos, menos frecuentes en la práctica, es cuando Ticio se abstiene de socorrer a un herido, ocasionándole con ello graves consecuencias, para evitar el ser agredido por el perro del infortunado, puesto como guardián de su dueño. La conducta en general es un comportamiento humano dirigido a un fin[57] que, en nuestro caso, está constituido por un hecho dañoso para otros y del cual depende la salvación del agente. Este hecho, que se califica como el evento del comportamiento necesario, reviste una relevancia particular bajo muchos aspectos. En efecto, el daño, o mejor su entidad, es uno de los términos del juicio de proporcionalidad entre peligro existente y comportamiento realizado; en segundo lugar, tiene el efecto de hacer surgir la obligación de pagar la indemnización equitativa a cargo del causante del daño y a favor del sujeto pasivo.

El comportamiento realizado por el sujeto agente puede tener el contenido más variado, ya que los modos de evitar el peligro en la práctica pueden ser diversos, según su naturaleza y las circunstancias de hecho en que se presenta. Según la definición genérica de nuestro Código, que habla de "hecho dañoso", la remoción del peligro puede realizarse de las formas más diversas, cuyo denominador común está constituido por la producción de un daño.

Se note, por lo demás, que la doctrina alemana, que con referencia al & 228 del B. G. B. tiende a limitar el ámbito del comportamiento necesario, reduciéndolo al perjuicio o a la destrucción de una cosa ajena, ofrece, sin embargo, una interpretación demasiado amplia en otros aspectos, comprendiendo en la previsión de la norma un vasto grupo de derechos absolutos[58]. Entretanto, interesa recordar lo que se dijo en el número 3, a saber, que el hecho necesario en abstracto corresponde siempre bajo el aspecto penal —cuando interesa también a la ley penal— al supuesto legal de un delito, y bajo el aspecto civilístico, a un ilícito civil.

Con relación a las calificaciones jurídicas que asumen los diversos tipos de "hechos dañosos" realizables para remover el peligro, la doctrina ha indicado[59], en orden al contenido, las categorías de hechos necesarios que

---

55 Sobre los conceptos de acción y de omisión cfr. por todos ANTOLISEI: op. cit., nn. 88 y 89. Sobre si el comportamiento necesario puede consistir en actos omisivos cfr. en sentido afirmativo, TABET: "Linadempimento contrattuale per stato di necessitá", en Foro it., 1951, IV, c. 193 ss.

56 El contenido del hecho necesario consiste —para el Código penal español— en la «lesión de un bien jurídico de otra persona o en la infracción de un deber» (art. 8.7°). En otras palabras, dicho contenido puede consistir tanto en la acción positiva de violar la esfera jurídica de otras personas como en el incumplimiento de los deberes contenidos en la esfera jurídica propia por omisión en el realizar los actos debidos.

57 Cfr. BETTIOL: "Rilievi metodologici sul concetto di azione", en Riv. it. sc. Dir. penale. 1940, p. 3 ss.

58 Cfr. SIEBERT: op. cit., p. 778, según el cual la *Notstandshandlung*" besteht in der Beschädigung oder Zerstörung einer fremden Sache". Pero "analoge Anwendung auf die Notstandsverletzung andere absoluter Rechte, z. B. auf ein Patentverletzung, its möglich"; BALLERSTEDT: in Juristenzeitung, 1951, p. 227 ss.

59 Para una rica casuística, representativa en gran medida de los ejemplos tomados de las

más generalmente y con más frecuencia se realizan. Ante todo, se recuerdan las hipótesis de destrucción y perjuicio de un bien que pertenezca a la esfera jurídica de otro sujeto[60]. Con relación a la primera, un ejemplo que se recuerda frecuentemente es el del alpinista que, viendo ceder la cuerda de que pende junto con otro compañero, hace precipitarse a este último para aligerar el peso y así salvarse. En orden a la segunda, puede citarse el ejemplo, que tanto gusta a los penalistas, de Ticio, que destruye la puerta de la casa deshabitada del vecino para tomar una medicina que sabe se encuentra en el interior de la misma, medicina que es indispensable para la salvación de un enfermo y que no puede conseguir de otra forma; o también el caso —que sucede tan frecuentemente en nuestros días, como enseña la jurisprudencia— del automovilista que vira improvisadamente hiriendo un peatón, cuando no podía evitar de otra forma el peligro de un choque seguro y grave, provocado por una maniobra errónea de otro vehículo; y tantos otros que podrían darse[61]. El comportamiento necesario puede consistir también en actos que realicen la violación de un derecho real, sin que resulte necesariamente destruido o perjudicado el bien a que tal derecho es inherente. En el caso de la lesión de un derecho real, con referencia al cual la doctrina alemana ha elaborado el concepto de *Duldungspflicht*[62], nace para el sujeto pasivo el deber de soportar la injerencia de otro[63], y el daño, en ausencia de menoscabo del bien, se refiere, por lo menos, a la consiguiente falta de utilización de la cosa por parte del derecho- habiente. Se piense en el caso de Ticio, que, debiendo transportar con extrema urgencia su hijo al hospital, haga uso de un automóvil aparcado en la carretera, y perteneciente a otra persona. Se ha dicho también que el hecho necesario puede consistir, asimismo, en la omisión de un determinado comportamiento, al cual el sujeto agente esté obligado por causa de una relación obligatoria de origen no negocial[64]. Pero, en mi opinión, la disciplina

---

fuentes romanísticas, cfr. S. PIRAS: op. cit,, p. 49 ss.

60 La cualificación jurídica a la cual puede corresponder la relación que intercorre entre el sujeto pasivo del comportamiento necesario y el bien perjudicado o destruido es de lo más variado: al respecto, ver supra., n. 7.

61 Pero me parece errado o mal formulado en todo caso, el que hace PIRAS: *op. cit.*, p. 50, quien indica "el caso en que algunos deportistas, habiendo pedido en vano un coche a su propietario para transportar un atleta que ha sufrido un accidente grave y para el cual es urgente y necesaria la intervención quirúrgica, toman igualmente el coche y durante el viaje éste sufre daños".

En efecto, mientras el estado de necesidad vale con referencia al uso del vehículo contra la voluntad del propietario no se ha dicho que los daños causados estén en relación causal con el estado de necesidad, pudiendo, en cambio, derivar de cualquiera otra causa nacida del mismo, sin excluir el hecho doloso de uno de dichos deportistas impulsado por el rencor a causa de la actitud poco humanitaria del propietario del auto.

62 Cfr. FABIAN: "Die Notstandspflicht des Eigemtümers", cit. página 26 ss.; KOEPCHEN: "Die Nothilfe des 904 B. G. B. mit besonderen Berücksichtigung der Frage des Haftpflichtigen (inaugural Dissertation", Bonn, 1911, p. 32, nota 1.

63 V. supra, p. 35 y nota 53.

64 Así PIRAS: op. cit., p. 51, que cita el ejemplo del comandante de una nave, que entra en colisión con otra, el cual se abstiene de prestar socorro a los pasajeros de la última, como

de esta hipótesis se reconduce a la del comportamiento necesario consistente en la violación de una obligación contractual[65].

En cambio, la acción necesaria puede estar constituida por la omisión de un comportamiento impuesto por una norma imperativa. A este respecto puede repetirse el ejemplo de Ticio, que omite el prestar socorro a una persona que yace herida (art. 593 C.c.) porque, al avecinarse con la intención de intervenir, ha sido atacado y obligado a huir por el perro del infortunado que se había puesto a dar guardia a su dueño.

21. Mucho más difícil es la respuesta al interrogante de si el comportamiento necesario puede tener como contenido el incumplimiento de un contrato.

El problema tiene un gran relieve, pues consiste en determinar el ámbito de aplicación de la norma del artículo 2.045: es decir, si dicha norma debe ser limitada al campo extracontractual o si, en cambio, pueda extenderse también a la contractual.

Como todos saben, en la esfera jurídica extracontractual el deber que incumbe al sujeto jurídico es la de abstenerse de todo comportamiento que pueda causar perjuicio injusto a terceros; en la contractual o más exactamente cuando exista el vínculo, la obligación que incumbe al deudor es la de cumplir la prestación.

Ahora bien, cuando en el primer caso la posición jurídica a favor de la cual se pone la obligación esté en conflicto con la posición jurídica constituida por el derecho de la personalidad del obligado o de un tercero, tal colisión se resuelve expresamente por el ordenamiento jurídico con el instrumento del artículo 2.045, el cual, cuando autoriza al obligado a comportarse en forma distinta del principio general del *neminem laedere*, pone a su cargo el deber de una indemnización equitativa. Se trata ahora de saber si dicho instrumento puede valer para resolver el conflicto también en el caso de que el derecho de la personalidad del obligado se contraponga, en vía alternativa, una obligación derivada de un vínculo anterior, es decir, una obligación de cumplimiento.

Dejando a un lado algunos argumentos de escaso valor y no determinantes seguramente de una solución radical del problema, como, por ejemplo, aquella que hace depender de la sistemática del artículo 2.045 bajo el título de los hechos ilícitos su inaplicabilidad al campo de los contratos[66], se hace necesario

---

sería su deber, hallándose obligado por el estado de necesidad a proveer al salvamento de los pasajeros de la propia nave. Otro ejemplo, podría ser el de un médico titular de un pueblo de montaña que habiendo sido llamado urgentemente a la cabecera de un enfermo gravísimo habitante en una zona aislada, se vea obligado, porque la tormenta ha arreciado o el rondar de los lobos en la zona, a refugiarse en un caserío y permanecer allí prudentemente, provocando así una serie de consecuencias en el estado del paciente.

65 En este sentido también RESCIGNO: "Fortuito, causa non imputabile e diligenza", en Banca, Borsa, tit. cred., 1951, II, p. 394.

66 Cfr. trib. Nápoles, 23 febrero 1951, en Foro it., 1951, I, c. 1.273, el cual, por lo demás, se contradice así mismo habiéndose pronunciado precedentemente en sentido contrario: cfr., en efecto, Trib. Nápoles, 9 noviembre 1949, en Foro it., 1950, I, c. 1.407. Hacer argumento de la colocación sistemática de una norma es un criterio interpretativo que debe usarse con la máxima cautela y con frecuencia inadecuado por sí solo para demostrar la *ratio* de una norma o el campo de su aplicación. Una confirmación bastante clara de esta afirmación

tratar la cuestión *ab ovo*, dirigiendo la investigación hacia la disciplina dada por la nueva codificación a la responsabilidad contractual. Y aquí el discurso termina por centrarse en los artículos 1.176 y 1.218 del Código civil, sobre cuyo significado y alcance ha discutido ampliamente la doctrina, sin que, por lo demás, se haya llegado a una *comunis opinio* sobre el argumento.

No obstante, continúa siendo fundamental sobre este punto la reconstrucción teórica de la figura realizada por un eminente estudioso nuestro[67], cuyo límpido enfoque de la materia puede considerarse acogido sin más en la nueva codificación civil[68].

Se debe a dicho nuevo planteamiento de los principios tradicionales, conocidos ya por el derecho común[69], la destrucción de la teoría conocida por el nombre de la *Kraftsanstrengungslehre*, mantenida primeramente en forma encubierta[70], y sostenida enérgicamente después, elevandola a sus últimas y vistosas consecuencias[71].

El vicio fundamental de esta teoría era el que se basaba sobre el principio de que el deudor debe considerarse liberado cuando haya realizado el esfuerzo requerido, con referencia a la obligación concreta creada, para conseguir el fin de la obligación, aun cuando este fin no se haya conseguido, lo que tiene por consecuencia el reducir la responsabilidad contractual a los estrechos confines de la culpa[72]. Pero el criterio que debe seguirse es realmente diverso, como ha venido a confirmar la letra del Código de 1942. En efecto, el deudor puede pretender su liberación solo cuando la prestación se haga objetivamente imposible por causa que no le sea imputable, de tal forma que la culpa no se pone como fundamento de la responsabilidad, sino como criterio de imputación de la imposibilidad sobrevenida. El principio

---

nos viene precisamente del art 2.045, cuya posición en el título IX, de los hechos ilícitos, ha inducido, como se verá a su tiempo, a algunos escritores apresurados a considerar por ello solo la ilicitud del comportamiento necesario.

67 Cfr. Osti: "Revisione critica della teoria sull'impossibilitá della prestazione", en Riv. Dir. Civ., 1918, p. 209 ss.; 313 ss.; 417 ss.; id.: "L'articolo 61 Cod. comm. e il concetto di soppravenienza", en Riv. Oir. Comm., 1916, I, p. 341 ss.; id.: "Appunti per una teoria della soppravenienza", en Riv. Dir. Civ., 1913, I, p. 471 ss. y 647 ss.; Recientemente Osti ha vuelto sobre el argumento defendiendo su posición de las críticas que se le han opuesto: cfr. "Deviazioni dottrinali in tema di responsabilità per l'inadempimento delle obbligazioni", en Riv. Trim., 1954, p. 593.

68 Cfr. Giorgiani: "L'inadempimento". Milán, 1959, p. 228 ss., y los aspectos allí destacados.

69 En efecto, la cláusula *rebus sic stantibus* se remonta al derecho común. Para un examen histórico sobre este punto cfr. Osti: "La cosi detta clausola *rebus sic stantibus* nel suo sviluppo storico", en Riv. Dir. Civ., 1912, p. 1 ss.

70 Cfr. Lehmann: "Über die civilre-chtlichen Wirkungen des Notstandes", en Ihering Jahrbücher. 13 (1874), p. 215 ss.

71 Hartmann: "Die Obligation", Erlangen, 1875, p. 159 ss.; p. 249 ss., en particular p. 251 y p. 271. Para un severo examen crítico de la teoría en Hartmann; cfr. Osti: "Revisione critica", cit. p. 140 ss., p, 251 ss., p. 360 y ss.

72 Para un examen profundo sobre este punto y para referencias bibliográficas, cfr. Giovene: "L'impossibilita della prestazione nella soppravenienza", Padva, 1946, p. 26 ss.

general de la responsabilidad en materia contractual está constituido por el incumplimiento, independientemente de la imputabilidad del mismo, por lo cual, a tenor del artículo 1.218, el deudor que no cumple no queda sujeto a responsabilidad solo en el caso de que la prestación se haya hecho imposible por una causa que no le sea imputable. El artículo 1.176, según el cual el deudor debe usar la diligencia del buen padre de familia en el cumplimiento de sus obligaciones, tiene una función instrumental frente al artículo 1.218, puesto que sirve para aclarar la noción de imputabilidad contenida en el mismo, en el sentido de que la imposibilidad de la prestación lleva a la liberación del deudor solamente si éste no hubiere podido impedirla, aun haciendo uso de la diligencia que se ha dicho[73].

Pero su función de más relieve es la de precisar cuál debe ser el contenido del cumplimiento cuando éste exista y determinar, en consecuencia, la medida de su exactitud, la cual va relacionada precisamente con la diligencia del buen padre de familia. Se ha dicho también a este propósito que tal fórmula se halla inserta en una serie de disposiciones caracterizadas por la nota común de referirse a relaciones en las que la prestación del deudor no se limita al cumplimiento de un acto, sino que quiere inspirar incluso la conducta de los obligados durante el desenvolvimiento de la relación misma (arts. 703. 4.°, 1.001. 2.°, 1.587, 1.710.1.°, 2.142.2:°, 2.167.2.°, 2.174.2.° [74].

Enfocado desde esta perspectiva el problema de la responsabilidad contractual, volvamos al estado de necesidad. Se ha visto que el deudor no se libera mientras la prestación es posible; siendo este el criterio a seguir, la solución no debería ser dudosa, pues es evidente que cuando se produzca el estado de necesidad la prestación es todavía posible, en el sentido de que el cumplimiento es materialmente realizable, bien que resulte más gravoso. En efecto, puesto que el deudor tiene la facultad de elegir entre cumplimiento con un grave daño a la persona e incumplimiento consiguiendo salvarse, es obvio que el estado de necesidad no incide directamente sobre la prestación convirtiéndola en imposible materialmente[75]. Pero se ha sostenido que

---

73 Cfr. MENGONI: "Obligazioni di "risultati" e obbligazioni di mezzi, en *Riv. Div.* Comm., 1954, I, p. 199 ss. Por tanto, no me parece exacta la opinión de TABETS "L'inadempimento contrattuale per stato di necessità, cit. p. 199, cuando llega a la conclusión de que "el artículo 1.2:18 no debe interpretarse de acuerdo con el art. 1.176, así este no debe referirse a aquél": afirmación que, por lo demás, no está en armonía con el exacto planteamiento que de este punto hace el autor.

74 Cfr., entre otros, RESCIGNO: "Fortuito, causa non imputable e diligenza", cit. p. 392. La disputa surgida en la doctrina a propósito de la particular función que, según algunos, tendría el art. 1.176 en orden a las obligaciones llamadas de medio, no tiene relevancia a los efectos de nuestro estudio. En todo caso, cfr. sobre este punto MENGONI: op. ult., cit. p 200 ss.; MANCINI: "La responsabilitá contrattuale del prestatore di lavoro", Milán, 1957, p. 27 ss.

75 En este sentido, cfr. TABET: "L'inadempimento contrattuale per stato di necessità, cit., quien distingue según que el estado de necesidad incida sobre el incumplimiento o sobre el acto del cumplimiento. En este último caso, escribe el autor que "el estado de necesidad puede justificar (...) una ejecución imperfecta siempre que, según el tipo de contrato, o la naturaleza de la obligación, el exacto cumplimiento impusiere una diligencia superior a la del buen padre de familia". Para una crítica de esta posición, en la cual se encuentra una *"contradictio in adjecto"*, cfr. MENGONI: "Irrilevanza dello stato di necessitá in tema di responsabilità contrattuale", en Banca, Borsa tit. cred., 1951, II, página 367.

"al impedimento que no pueda ser vencido por las fuerzas humanas, debe ser equiparado no solo desde el punto de vista práctico, sino incluso conceptualmente, a aquel obstáculo que no pueda ser vencido sino con una actividad ilícita, o con el sacrificio de la integridad personal o de otro atributo de la personalidad del agente"[76].

Con ello se amplía el ámbito de la noción de imposibilidad absoluta[77], objetiva de la prestación hasta comprender, en la hipótesis últimamente citada un supuesto que coincide exactamente con el descrito en el artículo 2.045[78]. El estado de necesidad, según las consideraciones antes referidas, tendría como efecto la liberación del deudor, ya que implica una imposibilidad de la prestación no imputable seguramente al deudor, habida cuenta del requisito peculiar del estado de necesidad de la no voluntariedad del peligro[79]. Se dan al respecto como ejemplos el arrendatario que no puede abandonar la casa en el término del arrendamiento por estar enfermo en la cama[80], o el transportista que habiéndose comprometido a transportar personas se niega a partir al conocer que la zona por la cual debe atravesar está infestada de bandas armadas hostiles[81]. Pero se ha puesto de relieve[82] que en tales hipótesis se está fuera del estado de necesidad, ya que el peligro incide directamente sobre la prestación, haciéndola imposible y exonerando con ella al deudor de la responsabilidad. Se ha dicho que en tales hipótesis "el peligro atañe a la persona del deudor en *cuanto está implicada en la relación obligatoria*, o sea, está coligada con el contenido de la obligación, de tal forma que se traduce en un impedimento objetivo de la prestación".

En cambio, según tal opinión, el estado de necesidad no influye sobre la posibilidad de la prestación, y, por consiguiente, no es apta para producir la liberación del deudor. Por tanto, la dificultad del problema se reduciría a la distinción entre hipótesis de verdadero y propio estado de necesidad e hipótesis de imposibilidad común de la prestación, bien que entendido en el sentido más amplio referido anteriormente. El criterio diferenciador entre ambas figuras ha estado identificado en que mientras en la primera el peligro incide únicamente sobre la persona del deudor, sin afectar en lo más mínimo la prestación en sí, en la segunda, en cambio, el peligro afecta a la persona

76 OSTI: "Revisione critica della teoria dell'impossibilità della prestazione", cit. p. 222.

77 Sobre la validez del requisito de la naturaleza absoluta de la imposibilidad (tal como la concibe OSTI: "Revisione", cit. p. 220 ss.), v. infra, testo e nota.

78 Esta ampliación del ámbito de tal noción contradice las premisas de que parte la teoría de OSTI, como pone de relieve MENGONI en "Irrilivanza de lo stato di necessità in tema di responsabilitá contrattuale", cit. p. 366.

79 En este sentido también STOLFI: "Sull art. 2.045 del Codice civile", en Foro it. 1951, IV, c. 192; E. C., en Goro Pad., 1951, I, p. 999.

80 El ejemplo es de los más citados en la doctrina: cfr. LEHMANN: op. cit, p. 237; TITZE: "Die Unmöglichkeit der Leistung nach deutschen bürgerlichen Recht", Leipzig, 1900, p. 4, tomado de POLACCO: "Le obbligazioni nel diritto civile italiano", I, Roma, 1914, p. 368.

81 El caso es presentado por OSTI: Revisione critica, cit. p. 223.

82 MENGONI: "Irrilevanza dello stato di necessità in tema di responsabilità contrattuale, cit. p. 365-6.

del deudor en cuanto sujeto de aquel determinado vínculo obligatorio e incide sobre la prestación haciéndola imposible, ya que está estrechamente ligado con el contenido de la obligación. Ejemplos de esta hipótesis serían los anteriormente citados del arrendatario enfermo y del transportista, en los cuales el *casus* afecta a la prestación en sí y por sí; un ejemplo de la primera se tendría en el caso de Ticio, que, agredido por Caio, que quiere matarlo por odio personal, ofrece a éste la cosa que tenía en depósito a cambio de la vida de Ticio y no afecta en lo más mínimo a la cosa objeto del depósito: por tanto, no hay imposibilidad de la prestación, que, al contrario, era y permanece posible, sino un estado de necesidad típico, donde el amenazado, para evitarse un daño grave a su persona, realiza un comportamiento dañoso para otros al hacer imposible el cumplimiento mediante la propia acción. En conclusión, cuando se verifique rigurosamente la existencia de un estado de necesidad, no se producirá, según dicha opinión, el efecto de la liberación del deudor, puesto que el estado de necesidad no hace imposible la prestación; en consecuencia, el deudor estará obligado al resarcimiento integral del daño.

Las consideraciones antes mencionadas me parece que están en lo cierto cuando tienden a demostrar la necesidad de una distinción olvidada por la doctrina: me refiero a la injustificada e indiscriminada yuxtaposición de los dos conceptos de imposibilidad y de estado de necesidad, que son diversos. Evidentemente es inexacto establecer *sic et simpliciter* la ecuación estado de necesidad = imposibilidad objetiva y absoluta[83]. Pienso que donde debo separarme del pensamiento del autor citado es en los efectos que atribuye al comportamiento necesario del deudor en orden a la responsabilidad contractual. Y es precisamente partiendo del acertado enfoque dado por dicho autor al problema de la relevancia del estado de necesidad en el campo de la responsabilidad contractual, como yo llego a conclusiones diversas. En efecto, estoy de acuerdo que el problema del estado de necesidad en este campo adolece de una autonomía propia y encuentro por ello acertada la afirmación de que éste "se resuelve en el problema de la definición conceptual de la imposibilidad liberadora y precisamente en el problema —permaneciendo firme el carácter objetivo de la imposibilidad— de si debe entenderse en sentido absoluto o más bien relativo el contenido de la obligación del deudor, determinado según la buena fe"[84].

Pero no me parece que pueda aceptarse, al menos sobre la base de este planteamiento, que el estado de necesidad sea siempre idóneo para producir efectos liberatorios para el deudor. A este respecto, la interpretación del concepto de buena fe sirve egregiamente para cualificar el comportamiento necesario en orden a la materia contractual: entendido el concepto de buena fe como el criterio de reciprocidad, que, si por un lado amplía la posición obligatoria del deudor, ampliando las obligaciones literalmente asumidas con el contrato, por otro lado, la restringen eventualmente, excluyendo todos aquellos comportamientos frente a los cuales la pretensión del acreedor contrastaría con los principios de la solidaridad social[85]. Con el fin de

83 Osti: op. cit. ult., p. 222.

84 Mengoni: "Obbligazioni di "risultato" e obbligazioni di "mezzo", cit. p. 286, nota 19.

85 Cfr. Betti: op. cit. I, p. 93; También se adhiere a esta concepción Mengoni: op. ult. cit., p. 283.

determinar los efectos del estado de necesidad en este campo, se muestra muy útil el recurso a la figura de la no exigibilidad de la prestación, que resulta de la revisión efectuada por BETTI en el concepto de imposibilidad sobrevenida, y según la cual desaparece la distinción entre imposibilidad absoluta y relativa, bien que permaneciendo firme el carácter de objetividad[86].

Por tanto, según el criterio de la no exigibilidad, cuando el cumplimiento sea posible solamente mediante comportamientos que perjudiquen un interés reputado prevalente con relación a la pretensión del acreedor, tales comportamientos deben considerarse no exigibles. En particular, no puede ser exigido absolutamente al deudor el que ponga en peligro atributos de su personalidad como la vida, la salud, el honor[87]. En consecuencia, puede decirse que el deber del deudor "termina donde la actuación comprometa el cumplimiento de otro deber o el ejercicio de un derecho que según una indicación legislativa o de otros criterios de vez en cuando emergentes (...) se consideren incompatibles y prevalentes respecto al mismo"[88]. Aplicando este criterio al estado de necesidad es fácil darse cuenta que la pretensión será inexigible siempre que pueda obtenerse solamente mediante el sacrificio de un atributo de la personalidad del deudor que sea prevalente respecto de ella.

Esta conclusión ha sido negada, excluyéndose categóricamente que en caso alguno la inexigibilidad de la prestación pueda coincidir con el estado de necesidad[89]. Y aquí pienso que radique el equívoco. En efecto, mientras es evidente que el estado de necesidad debe ser diverso de aquellos supuestos en que se da un caso de imposibilidad absoluta, en sentido estricto, no es, en cambio, verdad que el estado de necesidad no pueda compadecerse con aquellos supuestos que, caracterizados por la colisión de la pretensión del acreedor con un interés prevalente sobre ella, que determinan la inexigibilidad del comportamiento, entendida como subespecie de la imposibilidad. Se ha puesto como ejemplo de la inexigibilidad de la prestación el caso de la mujer trabajadora que en las últimas fases de la gestación y del sucesivo período de puerperio no se encuentra en forma de prestar las obras a que está obligada. La inexigibilidad en este caso, conviene subrayarlo, se refiere a comportamientos determinados que en una mujer joven producen normalmente "aquellos obstáculos específicos que se conectan con un derecho no limitable en vía contractual y, en todo caso, prevalente, sobre el deber de coherencia del agente"[90], es decir, el derecho a la libertad sexual. Si la misma mujer trabajadora, agredida por un "teppista", que pretende violarla y, con la finalidad de salvar el mismo atributo de la personalidad, entrega al "teppista" objetos preciosos recibidos en custodia del empresario a cambio de la salvación, ¿podrá negarse

86 Op. cit, pp. 48, 112 ss.

87 Sobre el concepto elaborado en la doctrina germánica de *Unzumtbarkeit* cfr. LARENZ: op. cit., I, p. 94 ss. y numerosa bibliografía allí citada: LEONHARD: "Allgemeines Schuldrecht des B. G. B.", I, München und Leipzig, 1929, en particular p. 293 ss.; STOLL: "Vertrag und Unrecht", II, Tübingen, 1936, p. 177.

88 MANCINO: op. cit., p. 159.

89 MENGONI: op. ult. cit., p. 286.

90 MANCINI: op. cit., p. 163.

que el estado de necesidad se cualifica en este caso como una causa típica de inexigibilidad?

No se quiere afirmar aquí con esto el principio de que el estado de necesidad se presente siempre como una causa de inexigibilidad. La opinión de que tal estado no goce en el campo contractual de una autonomía propia ha sido acogida plenamente en estas páginas, como se recordará: por tanto, resulta absolutamente imposible establecer una regla general. Corresponderá al intérprete el determinar en los casos concretos, mediante un examen fáctico de los elementos constitutivos de la especie *de qua*, si sea exigible o no en el caso concreto la pretensión del acreedor, aun cuando sea posible solo mediante un comportamiento lesivo de un derecho de la personalidad del deudor; lo que equivale a decir que se remite al intérprete, con referencia a la realidad, el juicio de prevalencia de los intereses en conflicto. Un ejemplo seguro de exigibilidad de la prestación es el de la doctor que encontrándose frente al desconocido que la había fotografiado de sorpresa mientras tomaba un baño levemente vestida, se retrasa mientras intenta quitarle la película lesiva de su pudor, y olvide de llegar, como debía, hasta el enfermo que necesita una transfusión diaria de sangre, provocando con ello su muerte. Del examen realizado, creo resulte claramente la inaplicabilidad de artículo 2.045 al campo de la responsabilidad contractual[91].

91 De opinión contraria a la sostenida en el texto se ha manifestado BARASSI: "Teoria generale", cit. II, p. 365 ss.; cuyo pensamiento no aparece muy claro. De la formulación misma de su discurso se deduce claramente, además con una cierta evidencia, la consciencia del ilustre autor, de la oponibilidad a la opinión expuesta. Enfocado el problema del estado de necesidad en materia contractual en términos de posibilidad de la prestación, es decir, de responsabilidad del deudor, mediante una argumentación a contrario, basada sobre el art. 1.085 (que sanciona la responsabilidad del comodatario si la cosa perece por un caso fortuito al cual podía sustraer sustituyéndola con la cosa propia o, si pudiendo salvar una de las dos, ha preferido salvar la propia), parecería que quisiera excluirse por la irresponsabilidad del deudor. Pero quizás sensible a una exigencia de equidad, pero que no encuentra base en la disciplina contractual y de la cual no se da demostración alguna, el autor se pronuncia apodícticamente por la extensión del artículo 2.045 incluso al incumplimiento de obligaciones de origen contractual. También AULETTA, en Giur. it., 1948, I, 1, c. 80, el cual, con una breve indicación, avanza la posibilidad de la extensión a la hipótesis en examen de la norma del art. 2.045, manifiesta una cierta perplejidad calificando tal procedimiento interpretativo como audaz sin duda alguna.

Sensible a la dificultad de que implica la aplicación del art. 2.045 a la materia contractual, se manifiesta también RUBINO: ("Observaciones en tema de estado de necesidad y concurso de personas en el hecho culposo", en Riv. Circ. e transp., 1953, c. 208), para el cual, no obstante, "aparecería inadmisible, especialmente si se pudiese presentar como simple interpretación extensiva mejor que como verdadera y propia extensión analógica, la última de las cuales encontraría cierta dificultad en la naturaleza excepcional de la norma".

Finalmente, defendiendo la aplicabilidad del art. 2.045 al campo contractual se pronuncia también PFISTER: "Einige Bemerkungen der Putativnotwehr und zur Nichterfüllung infolge Notstands im italienischen Zivilrecht", en Studi giur e soc. in memoria de E. VANNONI, Pavía, 1961, p. 331 ss.

La escasa jurisprudencia existente sobre esta materia no se ha empeñado a fondo en la resolución de nuestro problema. En efecto, o valiéndose de las resultantes fácticas ha resuelto en términos diversos el problema de hecho ignorando así la *vessata questio* (Cfr.

22. — d) El comportamiento necesario realizado por el agente tiende a evitar el peligro que la norma indica en la fórmula "salvarse así mismo o a otro"[92].

Este fin merece la más atenta consideración: precisamente en orden al mismo, el ordenamiento jurídico deroga la severidad de sus preceptos y de sus sanciones excluyendo la punibilidad en el campo penal y atenuando en el campo civil los efectos consiguientes al daño cometido, sustituyendo la medida sancionadora del resarcimiento integral del daño por la más blanda forma reparadora de la indemnización equitativa.

Este elemento constitutivo del hecho necesario debe considerarse como un dato objetivo y típico, habiéndolo indicado expresa y señaladamente la ley. A propósito de este elemento se ha hablado de "motivo del comportamiento necesario"[93].

Pero en mi opinion en el derecho italiano los motivos en sentido técnico encuentran relevancia para sus efectos sobre la volición y solamente en el ámbito puramente negocial: es decir, siempre que el motivo ilícito ha estado a la base —o el determinante único— del negocio jurídico (arts. 626, 788 y 345). Estos entran en la esfera personal, en la esfera sicológica interna del sujeto agente, que no se exterioriza, pero que aun cuando lo fuese no tendría relevancia alguna en nuestro caso en orden a la aplicación del artículo 2.045.

Apelación Turin, 3 julio 1951 en Banca Borsa tit. cred., 1951, II, p. 352; Cassazione, 28 abril 1951, n. 1.032, ivi, 1951, II, p. 161); o ha recurrido a argumentos simplistas como el que la norma del art. 2.045 está situado entre las que regulan la responsabilidad aquiliana (en este sentido véase, además, de la ya citada sentencia del Tribunal de Nápoles de 23 febrero 1951, en Foro it., 1951, I, c. 1.273; Tribunal de Génova, 26 marzo 1948, en Banca Borsa, tit. cred., 1949, II, p. 52).

92 Este elemento finalistico, el cual actúa como causa teleologica que justifica la acción del que obra en estado de necesidad, viene señalado expresamente en el artículo 8.7.° del Código penal español. En efecto, se dice allí textualmente: «para evitar un mal propio o ajeno». Semejante elemento teleológico, que sirve para tipificar objetivamente el estado de necesidad, es recogido también por la jurisprudencia del Tribunal Supremo, entre otras sentencias en la de 17 de enero de 1957, cuando declara que «el motivo impulsor de ciertas conductas con apariencia antijurídica, habrá de buscarse en un estado de necesidad, o sea en un movimiento instintivo del ser humano *cuando para rehuir del mal propio, de otra forma inevitable*, no exista camino diferente que el de lesionar en proporciones menos graves los bienes ajenos, respetados siempre de no hallarse en este trance».

Como dice el autor en el párrafo siguiente del texto, el hecho de que se hable de «motivo» por nuestra doctrina, no debe inducir a error el término «motivo» no viene utilizado técnicamente, como motivo del negocio jurídico; en primer lugar, porque no estamos en el campo negocial, sino que nos hallamos ante un simple acto jurídico, en el cual los motivos, como móviles impulsores de la conducta jurídica, no tienen sentido; y, en segundo término, es irrelevante aun en el propio negocio jurídico.

Concluyendo, debemos decir que se trata del fin objetivo y típico, previsto por el legislador como causa justificadora de la autorización reconocida al particular por el ordenamiento jurídico para producir un daño a un tercero.

93 S. PIRAS: op. cit., p. 54 ss. Según este autor el legislador "se conforma con prever un motivo en sentido genérico (salvarse a sí o a otro, etc.), que normalmente es el que induce al agente al comportamiento en cuestión, p. 55.

Lo que aquí cuenta es el fin objetivo de conseguir o procurar la salvación[94], así es que es indiferente que el agente haya sido impulsado por un motivo o por otro. En suma, basta que el hecho tenga la inidoneidad objetiva para producir el efecto típico previsto por el legislador[95].

En otras palabras, mientras la salvación propia o de otro se pone por la ley objetivamente como fin reconocido[96] para la concesión de la disciplina particular del estado de necesidad, poniéndose, por ello, como dato típico e inmutable; en cambio, los motivos del caso concreto, variables según las diversas hipótesis, permanecen circunscritos a la esfera sicológica interna del agente y como tales datos puramente subjetivos no tienen relevancia para las consecuencias del fenómeno jurídico. Por tanto, es fruto de un equívoco creer que "frente a la regla deducida de la reglamentación del Código civil derogado y atenuada ahora por el Código civil vigente, según el cual los motivos no tienen relevancia (...) se ha añadido a los casos excepcionalmente previstos en sede legislativa, este otro caso en el cual, ciertamente en línea de principio, el motivo de un comportamiento humano se toma en consideración para el reconocimiento y para la regulación de determinados efectos jurídicos (...)"[97].

En efecto, cuando el legislador toma un motivo como función de una determinada figura, éste se objetiza convirtiéndose en el fin, el único fin reconocido y no es, como se afirma, un motivo "que el legislador se ha contentado con prever en sentido genérico" y "normalmente es el que induce al comportamiento"[98].

Debe rechazarse, en consecuencia, la afirmación según la cual el fin del acto sería exclusivamente el de producir un daño para los otros, mientras el "motivo normal" es el de procurar la eliminación del peligro[99].

---

94 En este sentido cfr. Mezger: "Strafrecht. Ein Lehrbuch", Berlín, 1949, p. 369, cfr. ahora del mismo autor "straftrecht. —Ein Studienbuch—, cit. p. 197, donde, después de haber escrito "Die Notstandshandlung muss zur Rettung aus der Gefahr begangen werden. Diese Wendung deuttet zunächts auf den objetiven Zweck, das objektive Ziel der Handlung", continúa precisando que "aber wie bei Notwehr des § 53 St. G. B. und ihre Verteidigung ist auch hier eine entsprechende subjektive Einstellung zu fordern; nur der kann sich auf § 54 St. G. B. berufen, der mit seiner Handlung aus der Gefahr retten will, nicht aber der, der mit seiner Handlung nur andere zu schädigen trachtet". Cfr. también Schönke: "Strafgesetzbuch. Kommentar, cit. sub § 54, V, p. 317.

95 Cfr. Contieri: op. cir., p. 125.

96 Solamente bajo este aspecto se podría hablar de motivo típico del comportamiento necesario, es decir, como el único motivo que la ley reconoce relevante. Pero prefiero, para evitar equívocos terminológicos, la expresión "fin". Por lo demás, tanto en el campo negocial, como en el lenguaje legislativo y en el de la doctrina se ha preferido el término "causa" al de motivo típico del negocio igualmente admisible, y ello para distinguirla de los motivos entendidos normalmente e indiferentes por lo general al mecanismo negocial. Cfr. sobre este punto Santoro-Passarelli: op. cit., p. 176.

97 S. Piras: op. cit., p. 55 ss. Cfr. también Deiana: "I motivi nel diritto privato", Turin,, 1939, p. 181.

98 S. Piras: op. cit., p. 155.

99 S. Piras: op. cit., p. 56 ss.

Pero en realidad este enfoque depende de una sustitución conceptual entre medio y fin. En efecto, la producción de un daño no es el fin a que mira el sujeto agente, sino el medio, el único medio para conseguir la salvación; en cambio, esta constituye el fin y no el motivo, como se ha sostenido. Por lo demás es fácil constatar que los motivos, sean los más nobles o los más abyectos, no pueden tener en esta sede relevancia jurídica.

Se piense en el caso de Caio que haya comprado un sicario para que cometa un delito y, viéndolo el día antes gesticular en el remolino de un río en inminente peligro de vida lo salva (ayuda necesaria) con daño de otra persona o de su patrimonio. Aquí no tiene relevancia el motivo por el cual Caio ha realizado el hecho dañoso para salvar al que se encontraba en peligro —motivo por lo demás bien comprensible—; en cambio, tiene relevancia el fin objetivo perseguido de salvar a una persona en peligro —típicamente reconocido por la norma—.

Otro problema es que el juez pueda tener en justa consideración las particularidades del caso en la determinación de la indemnización, habida cuenta de la naturaleza equitativa del juicio y si se da de ello la prueba: aquí interesa demostrar cómo una vez adquirida la irrelevancia de los motivos, sea aplicable la disciplina del artículo 2.045.

23. —Un problema de relevancia indudable en el examen de nuestra figura es el de la relación de proporcionalidad entre el hecho realizado por el sujeto agente y el peligro que se ha evitado. Problema éste que presenta una solución menos fácil entre otras razones, porque la ley civil guarda silencio al respecto. Por el contrario, el Código penal exige en el artículo 54 "que el hecho sea proporcional al peligro". Por tanto, se trata de averiguar preliminarmente si semejante requisito pueda encontrar carta de ciudadanía en la ley civil, y, una vez aclarado este punto, determinar su alcance exacto[100].

Por una rara casualidad sucede en nuestro ordenamiento lo contrario de lo que ocurre en el alemán, donde, mientras el artículo 54 del St. G. B. guarda silencio al respecto, en cambio, las dos normas relativas al estado de necesidad contenidas en el B. G. B. requieren expresamente la existencia de

100 Contrariamente al Código civil italiano, nuestro Código penal prevé expresamente el requisito de la proporcionalidad. En efecto, el artículo 8.7.° I, dispone que ha de concurrir —para que pueda apreciarse el estado de necesidad— el requisito de que «el mal causado no sea mayor que el que se trata de evitar».

Esta redacción se debe a la reforma de 1944; pues anteriormente el estado de necesidad se apreciaba tan solo en el caso de que el daño evitado fuese mayor que el causado (redacciones de 1870 y también la de 1932); pero después de 1944 el estado de necesidad tiene relevancia jurídica tanto en el caso de que el daño evitado sea mayor como en el que sea igual al daño causado: tanto en uno como en otro supuesto se cumple el requisito de que el mal causado no es mayor que el que se trata de evitar.

La jurisprudencia del Tribunal Supremo aprecia igualmente este requisito; pero de las sentencias que conocemos sobre este punto, solamente se habla del supuesto en que el daño evitado sea mayor que el causado —así las sentencias de 8 de junio de 1943 y la de 17 de enero de 1957, ya citadas—.

En doctrina cons. Jiménez de Asúa: «Tratado de Derecho penal». Buenos Aires, 1952, IV, p. 383, d), donde se exige como nota esencial del estado de necesidad «la proporción debida entre el bien que se salva y el bien que se sacrifica».

dicho elemento[101]. Pero este estado de la legislación ha ocasionado mayores contrastes en Alemania[102], con relación a la doctrina penalista que los causados entre nosotros en el campo civil, donde puede decirse dominante la opinión de aquellos autores que exigen el requisito de la proporcionalidad entre hecho y peligro.

Ya bajo el imperio del Código previgente, en ausencia de una disciplina del estado de necesidad en la legislación civil, las polémicas entre nuestros escritores fueron acaloradísimas y puede decirse que el requisito de la proporcionalidad haya estado uno de los puntos de mayor contraste en el pensamiento jurídico de entonces. A decir verdad, aquel violento contraste de opiniones se justificaba, puesto que se daba una importancia fundamental al requisito en cuestión, mucho mayor por supuesto de la que se le concede hoy: en efecto, según numerosos autores[103] de aquel tiempo, se concedía relevancia al estado de necesidad solamente si la salvación del derecho amenazado implicaba el sacrificio de un derecho de menor relieve. Para esta corriente doctrinal, a la cual no se le ahorraron críticas[104], la proporcionalidad asumía el valor fundamental de criterio en base al cual era posible determinar si el comportamiento necesario podía considerarse justificado en concreto, cuando se ponían en balanza los derechos en conflicto.

En mi opinión, no puede prescindirse del requisito de la proporcionalidad aun en el silencio del Código vigente: desconocer tal exigencia significaría realmente contradecir al concepto que inspira la institución, puesto que al sobrepasarse una proporción justa se cae en el exceso culposo[105].

---

101 Cfr. el § 228 del B. G. B.: "und der Schaden nicht "ausser Verhältnis zu der Gefahr steht"; y el § 904 B. G. B.: "und der drohende Schaden gegenüber dem aus der Einwirkung dem Eigentümer entstehenden Schaden unverhältmissmässig gross ist".

102 Sostienen la necesidad de una relación de proporcionalidad: MEZGER: "Straf recht. Ein Lehrbuch", cit., p. 269 y ahora en "Strafrecht. Ein Studienbuch", cit., p. 196; SCHÖNKE: "Strafgesetzbuch Kommentar", cit., sub § 54; BINDING: "Handbuch des Strafrechts", cit., p. 744 ss.; en sentido contrario v. HIPPEL: "Deutsches Strafrecht", cit. II, p. 222. Para citas ulteriores de doctrina, penal alemana, cfr. CONTIERI: op. cit., p. 91.

103 Defensor apasionado de esta teoría fue COVIELLO: "Lo stato di necssità", cit., p. 11. En el mismo sentido ver también GALANTE: "La tutela giuridica", cit., p. 168; FERRINI: voz "Delitti e quasi delitti", cit., n. 108, p. 788 y voz "Azione de damni", cit., n. 90; SELETTI: "Sullo stato di neccessità, cit. 691 ss.; BUSCAINO: "Sul risarcimento dei danni da atti necessitatti., cit., p. 41.

104 Cfr. por todos JAPOCE: voz "Necessità (stato di)", cit., nn. 34-40, al cual "parece que el principio de la proporcionalidad y del interés preponderante no sea otra cosa que el reconocimiento del instinto de conservación del principio egoístico del propio bienestar (...), pero no un principio moral" (n. 36).

105 CANDÍAN: "Nozioni istituzionali di diritto privato, cit., p. 168. La doctrina civilista alemana nos es de escasa ayuda para resolver la presente cuestión. En efecto, aparte el hecho de que la ley civil alemana, al contrario de la nuestra, requiere expresamente el elemento de la proporcionalidad debe recordarse que el B. G. B., sea en la norma del § 228, sea en la del 904, admite el comportamiento necesario incluso para evitar un daño que no se refiere a un derecho de la personalidad, lo que hace mucho más delicado establecer que una relación de proporcionalidad exista. Pero en las dos normas mencionadas el requisito de la proporcionalidad no se ha entendido en sentido uniforme en orden a su medida. En

Pero se ha objetado que "frente a un peligro (...) que amenaza uno de los intereses cuya tutela se contiene en la regulación de la categoría de los llamados derechos de la personalidad, una proporción ni puede ni debe pretenderse"[106]. No obstante, me parece necesario hacer algunas consideraciones a propósito de semejante planteamiento teórico. Es verdad que habiendo indicado el legislador expresamente que solo respecto de los derechos de la personalidad y para su conservación se admite el comportamiento necesario, y habiendo especificado además que el peligro que amenaza al titular de aquellos derechos debe ser un peligro de daño grave, uno de los términos es ya conocido[107]; y es también evidente que éste, por su propia naturaleza, está destinado en general a prevalecer sobre el otro término de la relación[108]. Lo que, en cambio, no se ha demostrado es que éste *deba prevalecer siempre.*

En verdad, puede ocurrir la hipótesis que los dos derechos en conflicto pertenezcan a la misma categoría, a saber a la de los derechos de la personalidad. A este respecto se ha dicho[109] que en un caso semejante se tendrá una situación de necesidad, con paridad de tratamiento; pero tampoco es válida siempre esta afirmación. Y, en efecto, dicha opinión se puede condividir cuando la colisión se caracterice por dos derechos a los cuales se atribuya la misma relevancia por la conciencia social: se piense en la hipótesis, ya formulada en estas páginas, de dos náufragos que se disputen el único salvavidas disponible. Es evidente que en este caso los dos sujetos en peligro se encuentran recíprocamente en estado de necesidad y que su comportamiento entra en la disciplina del artículo 2.045.

Pero tal afirmación puede no ser exacta cuando los dos derechos en conflicto se configuren en modo diferente, aun cuando pertenezcan a la misma categoría. Como resulta del examen hecho en su momento, la expresión daño grave a la

---

efecto, mientras la primera exige que "der Schaden nicht ausser Verhältnis zu der Gefahr steht", la segunda requiere más, exigiendo que "der drohende Schaden gegenüber dem aus der Einwirkung dem Eigentümer entstehenden Schaden *unverhältnismässig gross its*". Tal diversidad de medida depende de que el legislador alemán ha distinguido dos formas de estados de necesidad, el *Verteidigungs-Notstand* y el *Agressiv-Notstand*, según que el comportamiento necesario se dirija contra la cosa de la cual proviene la amenaza o, en cambio, contra una cosa extraña a la producción del peligro. En este segundo caso, como se ha visto, la relación de proporcionalidad entendida con extremo rigor exigiéndose que el daño evitado fuese mucho mayor que el provocado. Para un examen diferencial bajo el aspecto que aquí interesa, de las normas de los §§ 228 y 904 del B. G. B., cfr. FABIAN: "Die Notstandpfiicht des Eigentümers", cit., p. 22.

Para la doctrina francesa, que considera la necesidad de una proporción, cfr. supra nota (9) y PALLARD: "L'exception de necessitè en droit civil", París, 1949, p. 216ss., quien concluye en sentido negativo.

106 Cfr. S. PIRAS: op. cit., p. 41 ss.

107 S. PIRAS: op. cit., p. 43.

108 Así BAUR in SOERGEL-SIEBERT: "B. G. B., cit. III, p. 136: "Die Rettung der von Leben und Gesundheit geht grundsätzlich der Erhaltung materieller Güter vor"; FABIAN: "Die Notstandspflicht des Eigentümers", cit., p. 23; KOEPCHEN: "Die Nothilfe des § 904, B. G. B., cit., p. 28; WEBER: "Das Notstandsproblem", cit., p. 25.

109 Cfr. S. PIRAS: op. cit., p. 44 y nota 93.

persona se entiende referida a cualquier derecho de la personalidad; por tanto, los dos términos de la situación en conflicto pueden ser dos derechos que pertenezcan genéricamente a la misma categoría, pero relativos a atributos de la personalidad diversos. Se piense en el caso de un sujeto titular de un derecho personalísimo, como, por ejemplo, el derecho moral de autor, y que un peligro amenace esta posición jurídica, como requiere el artículo 2.045.

Será lícito al sujeto en peligro sacrificar una vida humana para salvar y reafirmar la paternidad intelectual de una obra, cuando no haya otra solución. Evidentemente no. Pero creo que incluso se pueda llegar más lejos.

Por cuanto un derecho de la personalidad, por su misma naturaleza, se sitúe normalmente en una posición de supremacía respecto a derechos de otra clase, de tal forma que en línea de principio un daño causado por la violación de cualquiera otro derecho se califica en este caso como proporcionado, pueden verificarse hipótesis en las que el daño realizado resulte realmente desproporcionado, aun cuando el derecho que se pretenda salvar se refiera a un atributo de la personalidad.

Se piense, por ejemplo, en uno de los derechos mencionados que se refieren a la persona (pero no relativos propiamente a la vida o a la integridad física) que venga a encontrarse en colisión con un derecho patrimonial sobre un bien de valor inestimable, por ejemplo un cuadro de Leonardo[110].

Estas consideraciones hacen pensar que la relación de proporción entre daño producido y peligro evitado es siempre necesaria. Solo que la proporción entre daño y peligro resulta muchas veces implícita, habiendo indicado el legislador uno de los términos de tal relación, identificándolo con un derecho al que va reconocido un valor elevado. Esto no quita que la relación debe existir aun cuando éste derive —como ocurre con frecuencia— automáticamente por haber indicado el legislador el primer término de parangón en un valor demasiado elevado. Pero hay hipótesis en las que el término prefijado por el legislador se presenta desprovisto de esta supremacía por la que normalmente se caracteriza frente a los otros derechos: en tales hipótesis la existencia de una relación de proporcionalidad entre hecho y peligro se manifiesta con extrema claridad, como un requisito indispensable de nuestra figura. Por otra parte, creer que el silencio legislativo al respecto deba explicarse en base a consideraciones relativas al "mayor peso y valor atribuido en el nuevo Código civil al principio fundamental de la integridad y de la dignidad de la persona humana"[111] es absolutamente infundado. Ante

110 Pero, por otra parte, me parece que deba rechazarse igualmente la formulación opuesta que ve en la relación de proporcionalidad un criterio de medida no unívoco, llega a la conclusión que "el mismo y supremo bien de la vida puede ser sacrificado por la necesidad de salvar una insigne obra del arte, tesoro de toda la humanidad"; cfr. Scarano: "La non esigibilità nel diritto penale", cit., p. 129; quien cita a Oetker: "Notwehr und Notstand", cit., p. 354.

Acerca de la valoración de los bienes, debe hacerse desde un punto de vista objetivo, sin que pueda tenerse cuenta del valor afectivo que subjetivamente pueda tenerse en una cosa. Cfr. sobre este punto Titze: "Die Notstandsrechte", cit., p. 106 ss. Véase recientemente, en sentido contrario, Siebert, en Soergel-Siebert: B. G. B., cit. I, p. 779.

111 S. Piras: op. cit., p. 41.

todo, como creo haber demostrado, la disciplina del estado de necesidad no se refiere a la persona física solamente, sino también a la persona jurídica; en segundo lugar, no se explicaría por qué el criterio de la proporcionalidad haya encontrado mención explícita en el Código penal, donde el artículo 54, que se refiere a un supuesto idéntico al del artículo 2.045, haciendo también referencia a los derechos de la personalidad.

En el silencio de la ley civil, por tanto, no debe olvidarse la clara fórmula del artículo 54 del Código penal, que refiriéndose a una figura idéntica a la del artículo 2.045 —como a su tiempo se ha observado—, no puede dejar de tener una segura relevancia también a efectos civilísticos, siquiera sea en vía analógica.

SEGUNDA PARTE

NATURALEZA Y EFECTOS

CAPÍTULO III

LA NATURALEZA JURÍDICA DEL ESTADO DE NECESIDAD

SUMARIO: 1. Indicaciones introductivas.—2. Las diversas teorías formuladas en ausencia de una norma en el Código civil.—3. Aspecto penalístico del problema: límites de utilización del mismo a efectos civilísticos.—4. El estado de necesidad como actividad de expropiación: crítica.—5. ¿Existe una categoría de «derechos de necesidad»?. Respuesta negativa.—6. Necesidad de profundizar en la investigación.—7. El ilícito civil.—8. La injusticia del daño. La lesión de un derecho subjetivo.—9. (Sigue): La lesión de un interés legítimo expresamente protegido.—10. (Sigue): El problema bajo el aspecto histórico y comparativo.—11. (Sigue): La teoría que excluye el daño y la culpa de la noción de ilícito.— 12. (Sigue): El artículo 2.043 como norma preceptiva.—13. El concepto de daño justo.—14. Reconstrucción teórica de la figura del «daño justo» en nuestro ordenamiento civil.—15. a) Las normas de los artículos 843, 924, 925.—16. b) Las figuras particulares de los artículos 1.038, 1.053, 1.093, 1.328, 81.—17. c) La hipótesis del artículo 2.047. 2.°.—18. d) La norma del artículo 2.045.—19. Estructura del hecho lícito del cual deriva el daño justo. Sus características peculiares: la ausencia de una obligación preexistente violada y de la presencia de culpa.—20. Diversidad de la disciplina del artículo 2.045 respecto a la esfera de la responsabilidad objetiva.—21. Conclusiones.

1.—La naturaleza jurídica del estado de necesidad ha suscitado siempre y continúa suscitando vivas discusiones doctrinales tanto en Italia como en el extranjero. Por lo que se refiere a Italia, la disparidad de las opiniones se vio favorecida especialmente por la ausencia de una norma que regulase expresamente la materia en el Código civil derogado; semejante estado de la legislación civil, en contraposición a las vivas exigencias de la práctica de la vida jurídica, estimuló la atención de los autores, que se empeñaron celosamente en la construcción teórica de la figura.

La fisonomía particular del problema, especialmente a causa de la referida falta de una disciplina en los textos positivos y en el que influían también motivos metajurídicos contribuyó a incrementar las más encendidas polémicas. Por lo demás, dichas polémicas no pueden considerarse superadas ni siquiera hoy, como ya hemos indicado, no obstante la introducción de la norma del artículo 2.045[1].

---

1 Si la doctrina española se ha ocupado poco del problema del estado de necesidad, menos atención ha dedicado aún al punto concreto de su naturaleza jurídica. No obstante, se han emitido algunas opiniones al respecto, aunque no del todo exactas en nuestra opinión.

Según PASCUAL MARÍN y ALVAREZ DE MIRANDA, en el «Comentario al Código civil», de M. SCAEVOLA, Madrid, 1961, vol. XXXI, p. 282, «es dudoso si el estado de necesidad pueda considerarse como una causa de inimputabilidad o como una causa de exclusión del injusto... Más que de un caso de exclusión de responsabilidad lo es de modalización de la misma, introduciendo en la apreciación del daño el temperamento del arbitrio judicial».

A nuestro parecer, no es acertado semejante enfoque del problema de la naturaleza jurídica del estado de necesidad en cuanto a la responsabilidad civil, si tenemos en cuenta el Derecho positivo español —único, por lo demás, sobre el que se puede teorizar en nuestro ordenamiento jurídico—. En primer lugar, el estado de necesidad no es seguramente una causa de inimputabilidad de la responsabilidad civil, precisamente porque se le atribuye, porque se le imputa al beneficiado una responsabilidad, un deber de indemnizar; en segundo término, más que de una causa de exclusión del injusto se trata de un acto autorizado por el derecho positivo, de un acto permitido por el ordenamiento jurídico, y, por tanto, lícito; en todo caso, el acto realizado en estado de necesidad es un acto justo, en el sentido de que se conforma a la norma, de que se ajusta a la regla jurídica, la cual, en efecto, autoriza semejante conducta dañosa y lesiva de los bienes jurídicos de un tercero. Por lo demás, es evidente que se trata de una modalización de la responsabilidad civil; pero no como quieren los autores antes citados, por la circunstancia de que el Juez atempere dicha responsabilidad, sino por la causa de atribución o criterio de imputación de la responsabilidad y por el obligado a prestarla: en efecto, dicha responsabilidad no se basa en la culpa, como la responsabilidad extracontractual o delictual normal, sino en el principio del interés; además, el obligado a pagar los daños indemnizables es el beneficiado con el acto necesario, es decir, el titular del derecho salvado, y no, en cambio, el autor de dicho acto (art. 20.2.ª I del Código penal). Por lo demás, la cuantía de la indemnización viene determinada igualmente en todos los casos de responsabilidad civil derivada de delitos o faltas, con gran discrecionalidad por parte del Juez, y no solo en el caso del estado de necesidad como parece ser la opinión de los autores citados; cuando únicamente interviene el Juez especialmente es en el caso de pluralidad de beneficiados y a los solos efectos de la distribución pasiva de la indemnización entre los diversos beneficiados, no en cuanto a la cantidad total a distribuir (art. 20.2.ª II del Código penal). Más aún, semejante arbitrio judicial viene condicionado por el principio establecido en el artículo 20.2.ª I del citado cuerpo legal, es decir, por la proporcionalidad del beneficio reportado. Por todo ello, debemos concluir que el arbitrio judicial apenas tiene relevancia en el ordenamiento español a efectos de fijar la responsabilidad por los actos ejecutados en estado de necesidad.

Por su parte, LA ORDEN: «El estado de necesidad en el Derecho privado», Murcia, 1933, p. 72, considera al acto dañoso realizado en estado de necesidad como un acto ilícito. Para él un acto será lícito o ilícito «según se trate de que la ley misma exima al agente de responsabilidad o le exija indemnización. En el segundo caso —continúa el autor— cuando se declara lícito el acto necesitado pero se le sujeta a indemnización, a nuestro entender no habría más que una imprecisión técnica. Desde el momento en que se exige jurídicamente un resarcimiento es que se reconoce jurídicamente un daño. Y esto, en definitiva, no es más que aceptar una ilicitud»; añadiendo en la página 89 que el «acto necesitado tiene culpa o imputabilidad subjetiva».

A nuestro entender, la construcción del estado de necesidad propuesta por LA ORDEN ofrece serias dudas. En primer lugar, su punto de partida a tenor del cual todo acto que implica la obligación de indemnizar es ilícito, constituye un postulado que necesita demostración; pero aun admitiendo su afirmación como exacta, resulta que en el estado de necesidad regulado por el ordenamiento español no responde el agente, es decir, el autor del acto necesario, sino el beneficiado con el mismo (art. 20.2.ª del Código penal). En segundo término, el daño causado en estado de necesidad es efectivamente imputable; pero no utilizando el criterio de la culpa como causa de atribución de la responsabilidad, sino el del beneficio o interés; y ello no solo porque la acción que causa el daño se ejecuta por una persona distinta de la responsable, sino también porque no puede sostenerse que hay culpa en el sentido del artículo 1.902 del Código civil: en efecto, no basta consciencia y voluntad de causar daño para que la culpa exista, sino una cualificación especial de los mismos: a saber, la infracción de un precepto legal que protege un determinado bien; y justamente esto falta en el estado de necesidad, pues la violación del derecho ajeno no solo no está prohibida por el derecho positivo, sino que está expresamente permitida; y si el ordenamiento jurídico permite la realización de semejante acto dañoso, el perjuicio causado no puede calificarse de ilícito, pues ilícito jurídico es lo ilegal; ahora bien, el acto necesario no solo va contra la ley sino que se acomoda a ella, utilizando el autor del hecho necesario el poder que la propia ley le confiere y sin que por ello tenga que responder a nadie. Nuestro Tribunal Supremo dice al respecto en la sentencia de 17 de enero de 1957 que «...el motivo impulsor de ciertas conductas con *apariencia* antijurídica habrá de buscarse en el estado de necesidad». En el mismo sentido, un conocido autor como DE DUPIS: «I fatti giuridici», 1961, p. 24, ha escrito que «il fatto giuridico compiuto in stato di neccessitá e il danno che ne deriva, permangono non antigiuridici».

En nuestra opinion, la tesis formulada por BRIGUGLIO en el texto relativamente al Derecho italiano se puede y se debe mantener también para el Derecho español: a saber, la teoría según la cual el acto realizado en estado de necesidad se configura como un *hecho licito dañoso*, del cual nace una responsabilidad no para el autor —y aquí se separa el Derecho positivo español del italiano—, sino para quien de tal acto resulta beneficiado, es decir, para el titular o titulares del derecho o derechos salvados. Por tanto, estamos en presencia de una responsabilidad especial, que es distinta de la responsabilidad basada en la culpa como criterio de imputación; no se trata de responder por la presencia de la culpa en la acción evitadora y causante a la vez de los daños; ni siquiera se identifica el criterio de atribución de la responsabilidad con la relación de causalidad material de la acción a prescindir de toda culpabilidad: en efecto, ni hay culpa en el estado de necesidad —aunque haya intencionalidad—, ni hay relación de causalidad entre los daños producidos y el titular de la obligación de indemnizar —ya que responsable es el beneficiario y no el autor material de los daños que se indemnizan—.

Es otro el principio en que esta responsabilidad se fundamenta: este principio, en nuestra opinión, es el del interés puro y simple, es decir, que el criterio de atribución o de imputación de la responsabilidad está constituido por la unión teleologica entre el beneficio y el daño causados por el acto necesario, apreciados y valorados por el ordenamiento jurídico, con todas las consecuencias que dicha valoración legislativa implica.

A reforzar nuestra interpretación del Derecho positivo español contribuye el requisito de la proporcionalidad entre el daño causado y el bien salvado, debiendo éste ser

2.—Una teoría que tuvo algunos seguidores, bajo el imperio del viejo Código, fue la de la no imputabilidad subjetiva[2]. Según esta posición, el hecho realizado en estado de necesidad debía considerarse ilícito, pero teniendo en cuenta que la acción era realizada bajo el impulso de fuerza mayor o de caso fortuito, venía a faltar el elemento de la imputabilidad y, por consiguiente, la obligación de resarcimiento.

Pero se sostenía por algunos autores[3] la admisibilidad de la *actio in rem verso* a favor del perjudicado, con la finalidad de limar la injusticia de que la víctima debiese soportar enteramente el daño para procurar la salvación de quien estaba en peligro.

Otra corriente de pensamiento, sostenida autorizadamente por la doctrina alemana[4], y que tuvo alguna adhesión entre nosotros[5], afirmaba apodícticamente la irrelevancia jurídica del estado de necesidad. Los actos realizados en tal situación no se caracterizarían ni por la conformidad, ni por la contrariedad al ordenamiento jurídico, por estar fuera de su previsión. Se objetó victoriosamente que en casos excepcionales, como el del estado de necesidad, no es verdad que el ordenamiento se abstenga de realizar su función normativa sino que recurre a un derecho particular en sustitución de las disposiciones relativas a las relaciones normales[6].

Siempre buscando una solución al espinoso problema se propuso por algunos[7], bien que admitiendo la licitud del hecho necesario, el recurso a la *negotiorum*

---

siempre mayor o igual que aquél; y fuera de esta proporción no concurre el estado de necesidad, debiendo responder el agente según el artículo 1.902 del Código civil.

Se trata, en todo caso, de una proporción, de una relación daño causado, bien salvado; relación tomada como base por el ordenamiento jurídico, haciéndola suya, esto es, convirtiéndola en jurídica; y sobre esta base monta la responsabilidad, determinando dicha proporción no solo la existencia misma de la figura del estado de necesidad —ya que fuera de dicha proporción el estado de necesidad desaparece—, sino también como criterio de la responsabilidad —en cuanto se atribuye la responsabilidad al titular del bien salvado—, e incluso como medida para determinar el *quantum* de la responsabilidad —pues cada beneficiado debe responder en proporción al beneficio obtenido—.

2 Cfr. CHIRONI: "Colpa extracontrattuale", cit. II, p. 513 ss.; NATTINI: "Appunti sulla natura giuridica dell' atto necessitato, cit., p. 702; BRUNETTI: "Contributo allo studio del risarcimento del danno", cit. p. 481 ss.

3 Cfr. CHIRONI: Op. y loc. ult. cit.; BRUNETTI: Op. y loc. ult. cit.; Contra: NATTINT: "Appunti sulla natura giuridica dell'atto necessitato", cit. p. 70.

4 BINDING: "Handbuch", cit., p. 675; UNGER: "Handeln auf eigener und Handeln auf fremder Gefahr", Jena, 1893, p. 27.

5 SCATURRO: "I casi di collisione giuridica", Turín, 1909, pp. 133 ss. y 227, citado por JAPOCE: op. cit., p. 286 ss.; según este autor, del hecho necesario se seguiría entre quien causa el daño y el perjudicado una obligación natural.

6 Cfr. COVIELLO: "Lo stato di necessità", cit., p. 3; FERRINI: voz cit., p. 286; JAPOCE: voz, cit., p. 286; MERKEL: "Die Kollision rechtsmässiger Interessen und die Schadensersatzpflicht bei rechtsmässiger Handlungen", Estrasburgo, 1895, p. 33, nota.

7 LEHMANN: "Über die rechtlichen Wirkungen des Notstandes", cit., pp. 215, 249.

gestio, en orden a la cual el perjudicado asumiría el puesto de gestor forzoso del interés en la salvación del agente; por otros[8] se afirmaba la licitud del acto necesario cuando el bien salvado fuese de mayor o igual valor que el sacrificado, pero se consideraba que la indemnización de daños se debía siempre.

Incluso bajo el viejo Código, no faltaron autores que se declararon abiertamente a favor de la licitud del comportamiento necesario.

Pero no todos llegaron a las mismas conclusiones, aunque partiesen de una premisa única. En efecto, de una parte se sostenía[9] que al faltar el ilícito no podía existir un derecho al resarcimiento a favor del perjudicado, mientras que de otra, tal derecho venía reconocido[10] —ciertamente con mayor sensibilidad para el aspecto equitativo, pero con escasa coherencia, de *iure condito*, en orden al planteamiento que se le daba—. Por último debemos recordar también una corriente de pensamiento que tuvo un éxito notable, según la cual se debía distinguir el estado de necesidad defensivo del estado de necesidad agresivo[11]. El resarcimiento se excluía en la primera hipótesis, que tiene lugar siempre que el hecho necesario se dirige contra el autor del peligro o contra la cosa de la cual proviene éste; en cambio, se afirmaba el resarcimiento en la segunda hipótesis, es decir cuando el hecho necesario se realiza contra un tercero extraño[12].

Pero habiendo sido defendidas tales teorías bajo el imperio del Código derogado tienen un interés prevalentemente histórico para el presente estudio. En efecto, su importancia se circunscribe ahora a su contribución respecto del problema general de la licitud o ilicitud del comportamiento necesario, pues han sido superadas por el artículo 2.045 del Código vigente por lo que

---

8 Cfr. GALANTE: "La tutela giuridica", cit., p. 150 ss.

9 Cfr. FERRINI: voz "Delitti e quasi delitti", cit., loc. cit. y "Azione di danni", cit., loc. cit.; GIORGI: "Teoria delle obbligazioni", cit., p. 277 ss.; L. COVIELLO: "Los stato di necessità", cit., pp. 1 y 99.

10 Cfr. C. CONSOLO: "Trattato del risarcimento del danno", cit., números 9-10; BUSCAINO: "Sul risarcimento del danno derivato da atti necessitati", cit., p. c. 39; SELETTI: "Sullo stato di necessità", cit., p. 691.

11 Cfr. T. BRASIELLO: "Ancora sull'obbligo del risarcimento in tema di atti necessitati", en *Riv. crit. dir. giur.*, 1906, p. 59; JAPOCE: VOZ cit., p. 314 ss.; PERGOLA: "Risarcibilità del danno derivante dal fatto giustificato per lo stato di necessità", en *Riv. pen.*, LXXI (1910), p. 453 ss.

12 Pero según CHIRONI: "Lo stato di necessità", cit., p. 168, este criterio debía derogarse en la sola hipótesis en que "la ocasión antes de la amenaza consistía en un animal o en una cosa inanimada", y tal amenaza se dirigiese al bien supremo de la vida. Continúa el autor que en tales circunstancias el daño no debería resarcirse, aun cuando se causare a un tercero inocente. Sobre los posibles efectos de dicha distinción de acuerdo con el código vigente remito el cap. IV.

Según DATTINO: en Sinossi giur, 1921, fasc. 396, sub art. 1.151, p. 99 ss., los actos necesarios agresivos contra la propiedad constituían un ejercicio de las funciones de la asistencia pública permitido a los particulares en el caso de imposibilidad del Estado para proveer directamente. En efecto, a este último se atribuía el resarcimiento del daño, argumentando ex art. 29 del Estatuto y 9 de la Ley de lo contencioso administrativo, en los cuales se sancionaba la obligación del Estado de resarcir los daños producidos en el ejercicio de tal función pública.

respecta a la cuestión, entonces absorbente, de la resarcibilidad del daño y del ámbito de aplicación de la figura.

3. — Más interés presentan los estudios realizados por la doctrina penalista, ya que basándose sobre bases legislativas no diferentes de las que ofrece el artículo 2.045, ofrecen al civilista numerosos elementos, utilizables con frecuencia a los efectos de una reconstrucción teórica de la figura en sede privada[13].

Así, puede afirmarse, por ejemplo, relativamente a la imputabilidad del sujeto que actúa en estado de necesidad, no puesta en duda por nadie, y cuya ausencia viene considerada por el contrario como incompatible con la figura en examen[14].

Es evidente que algunos problemas, presentándose en los mismos términos en el campo penal y en el civil, permiten aplicar satisfactoriamente las soluciones del primero al segundo. Ahora bien, no puede decirse que la doctrina penal sea concorde respecto de la figura que nos ocupa.

Mientras para algunos el estado de necesidad debe considerarse como causa de exclusión de la culpabilidad[15], para otros elimina únicamente la punibilidad del acto. En el estado de necesidad al igual que en la legítima defensa, no habría delito, solamente porque el legislador declara inaplicable la sanción, no porque falte la ilicitud objetiva en general.

De ello deriva que en el estado de necesidad "el ilícito civil permanece, porque la salvación del propio derecho se obtiene ocasionando un daño injusto a otros"[16].

Pero tal argumentación se manifiesta como una evidente petición de principio, ya que no se examina en absoluto el alcance y valor de la norma civil relativa al problema de la pretendida ilicitud del comportamiento necesario.

---

13 Como se ha dicho en la p. 15 y ss., las figuras previstas en las normas 2.045 C. c. y 54 C. p. coinciden. No difieren mucho de las normas citadas de nuestro ordenamiento jurídico es las del art. 54 del St. G. B. alemán, lo que nos permite servirnos de los estudios penalistas alemanes.

14 Cfr. CONTIERI: "Lo stato di necessità", cit., p. 105, quien certeramente pone de relieve que "si una situación de necesidad determina en el agente la incapacidad de entender y de querer, la figura del estado de necesidad no se aplica, sino que más bien la situación de necesidad actúa como cualquier causa que excluye la imputabilidad". Así también MANZINI: "Trattato diritto penale", cit. II, p. 401 ss.

15 Cfr. G. GOLDSCHMIDT: "Der Notstand, ein Schuldproblem", cit., p. 133 ss.; CARRARA: "Programma del corso di diritto criminale", cit. I, p. 220 ss.; MEZGER: "Strafrecht. Ein Studienbuch", cit. I, p. 195 ss. Para abundantes citas bibliográficas y para una crítica de tal teoría bajo el aspecto penal, examinando la tesis con referencia a las diversas corrientes que en ella confluyen, ver CONTIERI: "Lo stato di necessità", cit., p. 102 ss.

16 BATTAGLINI: "Diritto panale. Parte generale", cit., p. 337. También CAVALLO: "Diritto penale. Parte generale", II, Nápoles, 1955, p. 687, basándose precisamente sobre el art. 2.045 C. c., sostiene que el estado de necesidad hace desaparecer la antijuricidad penal y no la antijuricidad en general. Pero tales conclusiones, en lo que respecta al problema civil, eran, en cambio, justificadas bajo el imperio del código abrogado: a esto llegaba, bien que reconociendo la no antijuricidad de la acción necesaria, ALTAVILLA: voz "Necessità (stato di)", cit.

Por último, otra corriente de pensamiento sostiene que nuestra figura constituye una causa de exclusión de la antijuridicidad en general, en cuanto "la norma que declara no punible a quien ha actuado en estado de necesidad le reconoce una facultad legítima a todos los efectos"[17], de tal forma que "el hecho realizado en tales condiciones no es subjetivamente injusto (contrario al derecho) ni siquiera en el caso de que perjudique a un inocente"[18]. Por lo demás, la doctrina penal ha mostrado una gran sensibilidad que pone de relieve cómo la presencia de la indemnización del artículo 2.045 del Código civil no puede autorizar simplísticamente la conclusión de que el hecho necesario sea civilmente ilícito: en efecto, se ha advertido agudamente que "no se trata de una verdadera y propia reparación del perjuicio sufrido por la víctima", pues en el contenido de dicha norma se presentan elementos como el de su naturaleza equitativa, que es diferente de los meramente dirigidos al resarcimiento[19]; cosa que lejos de permitir deducciones apresuradas con relación al punto que nos ocupa, indica, por el contrario, con clara evidencia, que se abre precisamente aquí un nuevo y grave problema no estudiado hasta ahora suficientemente por la ciencia civilista, y que, por ello merece un profundo y ulterior examen.

4. — Recientemente[20] se ha formulado de nuevo una teoría, sobre la base de una antigua y autorizada doctrina alemana[21], y que tuvo defensores tenaces también en otras partes[22] [23]. Esta dirección doctrinal se basa en la pretendida existencia de una forma de expropiación por causa de utilidad o necesidad privada, que, al lado de la expropiación por causa de utilidad pública, constituiría la figura más amplia y general de la expropiación sin calificativo[24]. Pero así como la expropiación por causa de utilidad pública está expresamente prevista en la ley[25], no puede decirse lo mismo de la expropiación privada,

17 Manzini: "Trattato di diritto penale", cit. III, p. 399; Contieri: "Lo stato di necessità", cit., p. 125 y bibliografía allí citada.

18 Manzini: op. cit., p. 402.

19 Antolisei: "Manuale di diritto penale", cir., p. 221.

20 Cfr. S. Piras: "Saggio sul comportamente necessitato", cit, p. 101 ss.

21 Cfr. Lehmann: "Über die civilrechtliche Wirkungen des Notstandes", cit., p. 215 ss.

22 Demogue: "Traitè des obligations", III, Paris, 1928, p. 396 ss.; Moriaud: "Du delit necesaire et de l'etat de necessitè", Paris 1889, p. 30 ss.

23 Contra tal teoría ver una indicación en Nattini: "Appunti...", cit., p. 708, y G. Chironi: "Los stato di necessità", cit., p. 175 ss.

24 S. Piras: op. cit., p. 105. Afirma este autor que "respecto al derecho de propiedad ambas figuras se cualifican no (según una común e impropia dicción) como límites o limitaciones de este derecho, sino como contraprestaciones que, en vía temporal o definitivamente, total o parcial, se sobreponen, para la tutela de intereses considerados de mayor valor, a la pretensión genérica de no injerencia del propietario correspondiente"; pero tales afirmaciones confunden evidentemente las razones que justifican la existencia de servidumbres coactivas con el instrumento técnico (la figura jurídica formal) que viene creada y disciplinada bajo el impulso de tales razones.

25 Art. 43, 2° de la Constitución y art. 843 ss. del C. c.

cuya existencia debe probarse: cosa que se ha pretendido hacer conexionando diversas disposiciones normativas concretas, las cuales constituirían precisamente otras tantas aplicaciones de ella. Pero los argumentos aducidos no me parece que ofrezcan pruebas dignas de atención a favor de dicha tesis.

Ante todo debemos hacer una objeción de fondo que ha de considerarse previamente al examen crítico de las normas citadas como prueba de la extensión de dicha figura; y ello porque se basa en la *ratio legis* de la única forma de expropiación expresamente prevista por nuestro ordenamiento jurídico.

En tema de expropiación, la norma fundamental que regula genéricamente sus formas y sus límites es el artículo 42.3.° de la Constitución, el cual dice textualmente: "La propiedad privada puede ser expropiada por motivos de *interés general* en los casos previstos en la ley y salvo indemnización", repitiendo el artículo 834 del Código civil: "Nadie puede ser privado ni en todo ni en parte de los bienes de su propiedad, *a no ser por causa de interés público*, declarada legalmente y contra el pago de una indemnización justa"[26]. Una enunciación categórica semejante no se concilia con la pretendida existencia en nuestro ordenamiento jurídico de normas que admitan formas de expropiación en interés privado en abierta contradicción con aquella formulación[27]. Pero habiendo sido juzgada insuficiente esta observación, "de frente a la realidad normativa existente"[28], se hace necesario y útil el examen de las disposiciones concretas en las que se fundamenta la tesis criticada.

Se ha creído identificar una aplicación de la expropiación privada en la hipótesis de servidumbre forzosa de paso a favor de un fundo cerrado. Pero en el caso indicado no se entiende en qué consista la expropiación: en efecto, aquí no se priva de la propiedad, sino que se la comprime. Por tanto, probado que el contenido de esta pretendida expropiación no es el derecho de propiedad, ya que el titular del fundo sirviente permanece realmente propietario, dicha expropiación afectaría necesariamente a una de las facultades del dominio,

---

26 En el ordenamiento español la norma fundamental relativa a la expropiación está constituida por el artículo 32.2.° del Fuero de los Españoles de 17 de julio de 1945, donde se dispone que «nadie puede ser expropiado sino por causa de utilidad pública o interés social, previa la correspondiente indemnización y de conformidad con lo dispuesto en las leyes». Este precepto amplia considerablemente el ámbito de aplicación de la expropiación con referencia el artículo 349 del Código civil, donde solamente se prevé la utilidad pública como causa justificante de la expropiación, en los términos siguientes: «nadie podrá ser privado de su propiedad sino por autoridad competente y por causa justificada de utilidad pública, previa siempre la correspondiente indemnización».

El principio contenido en el artículo 32 del Fuero de los Españoles ha sido articulado en la Ley de expropiación forzosa de 16 de diciembre de 1956 y su Reglamento de ejecución de 26 de abril de 1957 que la desarrolla y complementa; otras disposiciones vigentes sobre la expropiación forzosa se determinan en el Decreto de 23 de diciembre de 1955.

A la vista de las normas contenidas en las disposiciones que preceden, podemos afirmar también para el ordenamiento jurídico español las mismas conclusiones a que llega el autor en el texto, es decir, a negar la posibilidad de la expropiación por causa privada.

27 A conclusiones semejantes llegaba bajo el antiguo código Nattini: "Appunti sulla natura giuridica dell'atto necessitato", cit.

28 S. Piras: op. cit., p. 104.

la cual se transformaría en servidumbre al independizarse del derecho de que formaba parte. Pero, además de que el derecho de propiedad es síntesis y no simple suma de facultades, semejante construcción es inútil además de infundada. Efectivamente, es cierto que el legislador consiente que se sacrifique la plenitud del derecho del propietario vecino frente a las exigencias vitales del fundo cerrado; pero la "composición" de dicho conflicto del interés se efectúa precisamente mediante la *limitación* de la propiedad del fundo sirviente; cosa que niega la teoría criticada considerando la servidumbre como una forma de expropiación[29] [30].

Los argumentos traídos del artículo 875 del Código civil tampoco tienen mayor valor. En efecto, en este caso es siempre necesario el consentimiento, aunque sea tácito, del propietario contiguo para que el vecino pueda adquirir la franja de suelo, inferior a la medida mínima que separa el confín del muro; además, el propietario contiguo tiene la facultad de paralizar toda iniciativa del titular del fundo limítrofe, sea extendiendo su muro hasta el confín, sea demoliéndolo. Por lo demás, no se ve cómo pueda hablarse de expropiación en las hipótesis de los artículos 843 (acceso a un fundo ajeno), 913 (desagües), 925 (seguimiento de los enjambres de abejas y de animales amansados en el fundo ajeno), ya que en tales casos el hecho lesivo del derecho vecino implica una limitación del mismo casi siempre momentánea y no necesariamente dañosa. Así, por ejemplo, quien entra en el fundo ajeno para recoger un perrito propio no produce daños en la mayoría de los casos. Más fuerza tienen, en cambio, las hipótesis de los artículos 851 y 912, al menos a primera vista.

En el primero se prevé la posibilidad de expropiación y transferencia

29 S. Piras: op. cit., p. 105.

30 El Código civil español prevé la servidumbre de paso forzoso en interés de la explotación y el aprovechamiento económico-agrícola de la finca cerrada totalmente por otras fincas, en el artículo 564, a tenor del cual «el propietario de una finca o heredad, enclavada entre otras ajenas y sin salida a camino público, tiene derecho a exigir paso por las heredades vecinas, previa la correspondiente indemnización. Si esta servidumbre se constituye de manera que pueda ser continuo su uso para todas las necesidades del predio dominante estableciendo una vía permanente, la indemnización consistirá en el valor del terreno que se ocupe y en el importe de los perjuicios que se causen en el predio sirviente. Cuando se limite al paso necesario para el cultivo de la finca enclavada entre otras y para la extracción de sus cosechas a través del predio sirviente sin vía permanente, la indemnización consistirá en el abono del perjuicio que ocasione este gravamen».

Aunque pudiera inducir a pensar lo contrario, ni siquiera el supuesto de servidumbre permanente previsto en el párrafo segundo del artículo 564 configura una forma de expropiación por causa de utilidad privada: primero, porque la servidumbre a tenor del propio Código civil, es un «gravamen impuesto sobre (la propiedad de) un inmueble en beneficio de otro» (art. 530 del Código civil), con lo cual se quiere decir que el derecho de propiedad del trozo de fundo sirviente sobre que recae la servidumbre de paso continúa perteneciendo al mismo dueño; en segundo término, la expropiación produce su eficacia para siempre —el expropiado no recupera jamás su propiedad perdida—, mientras que el titular del predio sirviente recupera su propiedad plena de forma automática al momento de extinguirse el gravamen que la servidumbre representa por cualquiera de las causas previstas en el artículo 546 del Código civil (carácter de elasticidad del concepto de propiedad, en virtud del cual el derecho del propietario tiende a ser absoluto y total sobre el objeto, nada más que cesa la causa que a ello se oponía y que justificaba la limitación).

coactiva, a iniciativa del consorcio constituido por varios propietarios; el segundo, con referencia a la regulación del destino de agua no pública, prevé la posibilidad de una indemnización al propietario que haya sufrido una disminución en su derecho. Pero tal interpretación de los artículos citados se revela infundada cuando se hace con mayor rigor el examen de su contenido[31].

Por lo que respecta al artículo 851, viene considerado en el cuadro más amplio de la disciplina introducida por la nueva codificación relativa a la reordenación de la propiedad. Y bajo este aspecto no hay duda de que toda la regulación prevista en las secciones II, III, IV, capítulo segundo, título segundo del libro de la propiedad, determina vínculos de naturaleza pública[32]. Como consecuencia de estas consideraciones. la expropiación y las transferencias coactivas a que alude el artículo 851 no pueden entenderse como precio, sino en el interés general de la economía nacional. Que además pueda el propietario particular recabar de reflejo una ventaja económica no autoriza ciertamente la conclusión de que estemos en presencia de un caso de expropiación por utilidad privada.

Observaciones similares pueden hacerse a propósito del artículo 912, en donde se dice que el agua no pública se regula teniendo en cuenta no solamente el interés de los propietarios, sino también "teniendo en cuenta las ventajas que puedan derivar para la agricultura y para la industria".

En consecuencia, la tesis de la existencia en nuestro ordenamiento jurídico de una forma de expropiación semejante no parece encontrar un fundamento positivo; sin decir, por otra parte, que las disposiciones aducidas para sostener tal tesis se refieren exclusivamente a derechos de naturaleza real, mientras el derecho sacrificado por el comportamiento necesario puede ser también la vida o la integridad física. Esta consideración confirma ulteriormente la carencia de fundamento de la tesis que se rechaza, ya que es fácil notar cómo ni siquiera se llega a tanto en la hipótesis legislativamente prevista de expropiación por causa de utilidad pública[33].

---

31 No hay en el Código civil español preceptos semejantes a los artículos 851 y 912 del Código civil italiano; obedeciendo a móviles similares podría mencionarse la ley de concentración parcelaria de 10 de agosto de 1955, la ley de 15 de julio de 1954 sobre acceso a la propiedad de los colonos de fincas rústicas con arrendamientos prorrogados por la ley de 4 de mayo de 1948, la ley de permuta forzosa de fincas rústicas de 11 de mayo de 1959, etc.; es evidente en la primera y tercera la finalidad económica, y en la segunda se persigue claramente un fin social. Pero en todos estos casos, si es cierto que la expropiación existe, no lo es menos que el matiz económico y social son predominantes; siquiera haya también un reflejo privatista como agudamente señala el autor en el texto, relativamente a los artículos 851 y 912 del Código civil de su país.

Por todo ello, no podría traerse un argumento válido de las leyes antes mencionadas para afirmar la existencia de la figura de la expropiación forzosa por causa de utilidad privada. Por lo demás, sería contrario al concepto mismo de propiedad privada el que pudiera expropiarse al dueño en favor de otro sujeto de igual categoría jurídica que él, pues sería situar al no propietario por encima del propietario.

32 Sobre la naturaleza jurídica de las disposiciones en examen, cfr. Trabucchi: "Instituzioni", cit., p. 394; Branca: "Instituzioni", cit., p. 220.

33 Una posibilidad, semejante no podría considerarse existente en nuestro ordenamiento jurídico ni siquiera queriendo seguir la enunciación teórica, según la cual la pena de

Por otra parte, aun queriendo considerar la expropiación como una causa productora de daños en sentido jurídico, no es concebible que pueda faltar un incremento correspondiente a favor de quien expropia, como se tendría en el caso del estado de necesidad. Pensando así, incluso la legítima defensa debería considerarse como un caso de expropiación; pero aceptadas estas premisas, se llegaría inevitablemente a la conclusión de que todo hecho productor de daños se podría cualificar como una expropiación, la cual sería justa o injusta según que tal daño fuese lícito o ilícito. Lo que demuestra *ad abundantiam* que tal enfoque llevaría demasiado lejos de la realidad normativa.

5. No pienso que merezca mejor acogida la opinión de aquellos autores que afirman la existencia de una categoría especial de *derechos de necesidad*[34].

Estos derechos se caracterizarían por ser absolutos, por faltarles un objeto, por la irrenunciabilidad y por la imposibilidad de hacerse valer en juicio.

Serían absolutos porque su sujeto pasivo puede ser un tercero cualquiera; serían *objektlose*, privados de objeto, porque no hacen referencia a la prestación de una persona, sino "que contienen solamente la autorización (...) a una injerencia arbitraria en la esfera jurídica de terceras personas"[35].

En cuanto a la irrenunciabilidad, se explica por el hecho de que tales derechos "tienden a la protección de la personalidad jurídica en su plena integridad y se sancionan para la seguridad de un bien jurídico inalienable"[36]. Por último, su falta de acción sería connatural a esta clase de derechos particulares concedidos limitadamente al momento en que el peligro se presenta como actual; tal limitación cronológica impediría que se hiciesen valer en juicio en un momento diverso[37].

Pero la construcción mencionada, aparte su originalidad y el interés bajo el aspecto dogmático, se presta a graves críticas, que la doctrina ha señalado. En efecto, se ha puesto justamente de relieve[38] que el concepto de

muerte habría de considerarse como la expropiación por utilidad pública de la vida del reo, y ello porque la pena capital ha sido abolida.

34 Cfr. en particular, Titze: "Die Notstandsrechte im deutschen bürgerlichen Gesetzsbuches und ihre geschichtliche Entwicklung", Leipzig, 1897; v. Tuhr: "Der allgemeine Teil des B. G. B.", cit. II, p. 599; Fabian: "Die Notstansdpflicht des Eigentümers", cit., p. 72 ss.; y bibliografía citada. Para indicaciones bibliográficas sobre este punto también Neufecker: "Zwang und Notstand in rechtsvergleichender Darstellung", I, Leipzig, 1910, p. 211, nota 1.

35 Cfr. Titze: "Die Notstandsrechte", cit., p. 34, quien precisamente afirma entre otras cosas: "Sie enthalten nur die Befugnis zu eienem Handeln und zwar zu einem eigenmächtige Eingriff in die Rechtssphäre dritter Personen, falls eine bestimmte Lage, welche die Voraussetzung dieser Rechte bildet, gegeben ist". Cfr. también la nota 101, pág. 34 donde el autor ofrece numerosos ejemplos de derechos de necesidad fuera del derecho privado.

36 Cfr. Titze: op. cit., p. 35.

37 Cfr. Titze: op. y loc., ult. cit., el cual, a propósito de la imposibilidad de fundamentar la acción de los derechos en examen, dice que tales derechos "nur für einen kritischen Augenblick gegeben und für den Moment der Gefahr berechtnet sind".

38 Cfr. S. Piras: "Saggio", cit., p. 85 ss. Según Titze: op. y loc. ult. cit., en cambio, la imposibilidad de hacer valer tal género de derecho en juicio "ist aber eine Folge davon, dass sie keine Rechte sind, sondern dass sie Rechte sind die nur für einen kritischen

derecho subjetivo y la falta absoluta de acción son incompatibles, ya que la accionabilidad es un atributo esencial del derecho subjetivo. En mi opinión, el valor de esta objeción no desaparece con la precisión avanzada por los defensores de la teoría en cuestión, según la cual, aun cuando tales derechos no pueden constituir el fundamento de una acción, sin embargo, pueden hacerse valer en el proceso en forma de excepción[39].

En efecto, es fácil observar que las excepciones procesales no requieren necesariamente la existencia de un derecho como fundamento de las mismas. Igualmente se revela inaceptable la concepción de un derecho que carezca de objeto, es decir, que no se dirija a una persona o a una cosa. Por tanto, no parece que la *necesitas* pueda valer como título constitutivo de derechos[40]. Por otra parte, si bien en el derecho alemán se encuentran disposiciones que podrían aparentemente ofrecer un cierto apoyo positivo[41], no obstante, tal teoría se rechaza[42], a mayor razón deberá rechazarse en el ordenamiento italiano, donde tales disposiciones faltan. En efecto, parece más justificado hablar de ejercicio de una facultad legítima en el caso de quien actúa en estado de necesidad[43]; solución que no encuentra los serios obstáculos más arriba señalados con respecto a los pretendidos derechos de necesidad y que se armoniza perfectamente en nuestro sistema con el precepto legislativo.

6. También bajo el imperio del Código vigente se continúa sosteniendo la

---

Augen gegeben und für den Moment der Gefahr berochtnet sind".

39 Cfr. TITZE: op. cit., p. 85, "Sie können aber sehr wohl einredeweise in den Prozess eingeführt werden". El autor pone el ejemplo de quien, demandado por los herederos de una persona a la que ha matado para que les indemnize, excepcione el haber matado en legítima defensa.

40 Cfr. en este sentido G. CHIRONI: "Lo stato di necessità", cit., p. 171 ss., quien recuerda, citando varias fuentes, como el concepto de derecho de necesidad no es nuevo en la doctrina, sino que, por el contrario, se encontraba no raramente un derecho sancionado a favor de quien fuese gravemente herido, especialmente por el influjo de principios éticos y religiosos o en aplicación de las viejas construcciones políticas".

41 Una de las disposiciones sobre las cuales se basa es la del artículo 904 B. G. B. el cual, privando al propietario de una cosa de la facultad de impedir la injerencia de otro, autoriza al que se encuentra en peligro la injerencia misma. Otras normas recordadas son la del artículo 227 (Not-wehr) y la del art. 229 (Selbsthilfe), según el cual quien toma, destruye o daña una cosa a fin de hacerse justicia a sí o a otro o quien con la misma finalidad detiene a un deudor que se sospecha que huye, o elimina la resistencia del deudor a un acto que éste debe soportar, no actúa antijurídicamente en el caso de que no sea posible obtener la intervención oportuna de la autoridad y haya peligro, de no actuarse rápidamente, que la realización del derecho sea útil o esencialmente más difícil.

42 Cfr. NEUBECKER: "Zwang und Notstand", cit., p. 211, quien después de haber afirmado al respecto que "das B. G. B. hat kein Notrecht in subjektiven Sinne mit dem 904 statuirt", niega que la codificación civil alemana haya aportado, ni siquiera bajo este aspecto, modificaciones relativas al derecho penal, llegando a la conclusión "dass das B. G. B. am Strafrecht nicht geändert hat, dass die Probleme für das Strafrecht dieselben sind noch wie vor dem Inkraftreten des B. G. B. auf 904 kann man, auf 228 und 859 braucht man sich nicht bewerfen", p. 213.

43 En este sentido cfr. MANZINI: "Trattato di diritto penale, cit. II, p. 399; CONTIERI: "Lo stato di necessità", cit., pp. 124 y 128; PIRAS: Saggio, cit., p. 86.

ilicitud del comportamiento necesario por parte de algunos escritores. Así se ha afirmado la naturaleza de delito civil del hecho realizado en estado de necesidad, sosteniendo con cierta simplicidad la imputabilidad del hecho mismo y de la indemnización equitativa a tenor del artículo 2.045[44]. Pero si el problema fuese tan fácil, es decir, si la norma del artículo 2.045 no fuese más que un corolario del principio generai del artículo 2.043, desaparecería la razón de ser de toda investigación sobre la naturaleza jurídica del estado de necesidad. Pero no solo esto, sino que de tal solución del problema derivarían consecuencias de alcance general, ya que se llegaría a la conclusión de que estamos en presencia de un ilícito civil siempre que en el sistema de nuestro Código civil se prevé el pago de una indemnización equitativa por causa de un hecho consciente y voluntario.

Pero de esto no se ha dado la prueba.

En contraposición a la tesis antes expuesta se ha sostenido por otros autores la no antijuridicidad del estado de necesidad[45]. Y no falta quien después de afirmar la ilicitud del hecho necesario no se muestra firme de tal convicción —aun sin darse cuenta[46]—, o quien considera incluso el comportamiento necesario como "un quid medium entre el acto lícito y el ilícito"[47].

Creo que tal estado de la doctrina, caracterizado por una disparidad tan radical de opiniones y frecuentemente por una confusión manifiesta de ideas se deba a la falta de examinar detenidamente la naturaleza de la institución por parte de los estudiosos.

En efecto, no es posible resolver los graves problemas relativos al estado de necesidad sino a través de un cuidado examen sobre la norma del artículo 2.045, de acuerdo con el encuadramiento que al mismo corresponde en nuestro sistema. Efectivamente, si alguna cosa se puede criticar a la doctrina que bajo diversos aspectos se ha ocupado del estado de necesidad en derecho privado, es precisamente el haber enfocado siempre el problema en la perspectiva de la responsabilidad aquiliana, es decir, a la luz de la norma del artículo 2.043, y esto tanto con la finalidad de afirmar la licitud del hecho necesario como, indiferentemente, para perseguir el fin opuesto de sostener la antijuridicidad.

---

44 Cfr. T. Brasiello: "I limiti della responsabilità per danni", cit., p. 272.

45 De Cupis: "Il danno", cit., p. 15 ss.

46 Cfr. Gentile: "L'indemnità moderata per l'atto necessitato", en Rep. civ. prev., 1953, p. 315, quien, después de haber sostenido, adhiriéndose a la tesis de Brasiello, que "el acto es, por tanto, siempre un ilícito, bien que penalmente no punible, porque lesiona un derecho de otro", habla de "hecho no antijurídico", p. 316.

47 Así Tabet: "L'inadempimento contrattuale per stato di necessità", cit., c. 196; para una crítica de esta tesis inaceptable cfr. Pfister: "Einige Bermerkungen zur Putativnotwher und zur Nichterfüllung infolge Nostands im italianischen Zivilrecht", cit., p. 333 ss. Según Tabet: "Se puede considerar al sujeto como inculpable, pero obligado a indemnizar (responsabilidad sin culpa) como culpable, pero con responsabilidad atenuada". Hay que observar, además, como este autor, después de haber afirmado que el conflicto entre las dos posiciones opuestas que se crean en el estado de necesidad es disciplinado en el derecho penal "como causa objetiva de no punibilidad", continúa diciendo que "cuando se pasa al campo civil de la responsabilidad aquiliana el principio de la no imputabilidad viene quebrantado por la obligación de indemnizar, bien que en forma atenuada".

Reduciendo de tal forma el ángulo visual, es evidente que no puede tenerse más que una visión incompleta del problema y de sus caracteres peculiares.

Por tanto, se hace necesario un examen de más envergadura, que consienta la reconstrucción teórica de la figura de acuerdo con nuestro ordenamiento jurídico, en particular por lo que respecta a su discutida naturaleza jurídica.

7. La norma fundamental que regula la responsabilidad extracontractual en nuestro Código civil es el artículo 2.043. Dice así: "Cualquier hecho doloso o culposo que ocasiona un daño injusto a otro obliga a quien ha cometido el hecho a resarcir el daño"[48].

A excepción de alguna diferencia terminológica irrelevante, la doctrina[49] considera generalmente que los elementos esenciales del supuesto típico del ilícito son: un hecho dañoso, la responsabilidad subjetiva de la persona a quien sea atribuible el hecho culposo mediante el criterio de la culpa y la injusticia del daño.

Comparando la norma del artículo 2.043 con la del artículo 1.151 de Código derogado, que regulaba la responsabilidad aquiliana, se nota que la figura descrita en ambas normas es idéntica, salvo en esto: la referencia a la injusticia del daño en la norma vigente[50]. Y este requisito, tal como resulta formulado, constituye un punto poco claro en la disciplina del ilícito; por lo menos, muy discutido. En efecto, bajo la perspectiva civilista, ningún comportamiento[51] puede decirse injusto si no produce daño, aunque sea doloso o culposo[52].

---

48 Correspondiendo al artículo 2.045 del Código civil italiano dispone el articulo 1.902 del Código civil español: «el que por acción u omisión causa daño a otro, interviniendo culpa o negligencia, está obligado a reparar el daño causado».

También en Derecho español la responsabilidad aquiliana exige la concurrencia de una serie de requisitos. Según la jurisprudencia del Tribunal Supremo, «para que pueda ser estimada la responsabilidad civil extracontractual es necesaria la concurrencia de diversos requisitos o supuestos, integrados por la acción u omisión, la lesión o daño, la antijuridicidad o ilicitud, la culpa del agente y la relación de causalidad entre el daño y la falta» (sent. de 13 de junio de 1942).

También para el Código civil español puede y debe mantenerse la conclusión del autor, pues solo si se prueba la realidad del daño puede considerarse existente el ilícito: el daño es requisito *sine qua non* de la responsabilidad extracontractual. Así se desprende claramente del artículo 1.902 y de una infinidad de sentencias del Tribunal Supremo, similares a la anteriormente transcrita y de cuya cita hacemos gracia.

49 Cfr. BRANCA: "Istituzioni", cit., p. 580 ss.; ALESSI: "La responsabilità della Pubblica Amministrazione", cit., p. 7 ss.

50 Realmente, ya bajo el imperio del viejo código, se advertía la necesidad de una cualificación del daño y como expresión de esta exigencia se llegó a la formulación del actual precepto legislativo.

51 Cfr. A. FEDELE: "Il problema della responsabilitá del terzo per pregiudizio del credito", cit., p. 117. Según CASETTA: "L'illecito degli enti pubblici", cit., p. 21, en cambio, la injusticia no es propio ni de la conducta ni del daño, sino que se proyecta sobre ambos, es decir, sobre el hecho en todos sus elementos materiales.

52 Cfr. CARNELUTTI: "Il danno e il reato", cit., p. 20 ss., quien afirma con claridad de imágenes: "acto y daño son dos elementos que resultan del análisis del acto ilícito, como el oxígeno y el hidrógeno se combinan en el agua; pero fisiológicamente uno y otro coexisten en el

Podrá serlo bajo otros aspectos, por ejemplo, el penal, pero no para el derecho civil. Y puesto que de un mismo e idéntico comportamiento puede o no derivar un daño según que subsistan o no determinadas circunstancias, deriva la conclusión de que la conducta en sí y por sí no es injusta, sino que, por el contrario, es el daño lo que cuenta (cuando se realice) para cualificar el hecho como injusto.

En todo caso, la cualificación se extiende posteriormente a la conducta que ha causado el evento dañoso. En efecto, la ley civil prohíbe el ocasionar un daño, no el realizar un determinado comportamiento; y esto es así hasta el extremo de que la culpa se considera como criterio de imputación del hecho a su autor y no como objeto de la prohibición; todo lo más se podría decir que si es concebible una obligación de diligencia, tal obligación no se considera autónoma[53], sino como accesoria de otra obligación principal.

Estas son las únicas conclusiones que la norma del artículo 2.043 autoriza. Si se quisiese ir más allá habría que admitirse como seguro sin haberlo demostrado que las conductas culposas son injustas antes de producir los daños, y solamente en cuanto infringen particulares normas preexistentes, de forma que la injusticia consistiría precisamente en la contrariedad a tales normas.

Hecha esta premisa, conviene tornar al problema de fondo, cuya solución se presenta como indispensable a la continuación de nuestro estudio. Por tanto, ¿qué debe entenderse por injusticia del daño?

8. Una doctrina muy extendida y autorizada propende hoy a creer que el requisito de la injusticia del daño se haya previsto por el legislador no como un valor estatuido automáticamente, sino como simple criterio de reenvío formal a otras normas. En otros términos, según esta dirección doctrinal, de lo dispuesto en el artículo 2.043 no derivaría *directa y originariamente* un deber de conducta a cargo de los destinatarios, y, por tanto, dicho artículo no se calificaría como norma primaria, sino como norma de segundo grado; y, en consecuencia, tendría el cometido de conminar una sanción —el resarcimiento del daño— por la violación de preceptos contenidos en otras normas a cargo de quienes dolosa o culposamente las hayan violado[54]. Ahora bien, partiendo de una base idéntica, derivan dos corrientes doctrinales: según la primera[55], la norma violada debe proteger un derecho subjetivo

---

acto ilícito, el cual, cuando se desmembra, pierde su naturaleza. Precisamente el acto no se convierte en ilícito más que cuando lesiona un interés y produce así un daño, puesto que la ley no prohíbe el acto en sí sino en vista del daño que de él deriva".

53 En este sentido, cfr. Sibert: "Rechtssetzung im Schuldverhältnis", Leipzig, 1903, p. 171 ss.

54 Cfr. Carnelutti: "Il danno e il reato", cit., p. 62, quien afirma que en el art. 1.151 del viejo código (2.043 del actual) "no se contiene una norma completa, sino solamente una sanción, la cual forma cuerpo con todas las otras proposiciones que ordenan o prohíben determinados actos". Deiana: "La tutela del locatario per lo molestie di fatto", en Annali triestini, 1945, p. 248; Pugliatti: voz "Alterum non laedere", en Enciclopedia del diritto", II, Milán, 1958, p. 99; Casetta: "L'illecito degli enti pubblici", cit., p. 27.

55 G. P. Chironi: "Colpa extracontrattuale", cit. I, passim, specialmente pp. 1 y 81 y ss.; para amplias citas en pro y en contra de esta dirección, véase Casetta: "L'atto illecito", cit., p. 27.

absoluto; para la segunda, en cambio[56], basta que proteja un interés legítimo. De ello se deduce que para los autores de la primera tesis existe daño injusto solamente cuando haya lesión de un derecho subjetivo perfecto —lo que tiene por consecuencia una reducción considerable del ámbito de aplicación de la responsabilidad aquiliana, dada la mayor rigidez de los criterios aplicados—; para los defensores de la segunda tesis, es suficiente la lesión de un interés legítimo. Pero aun cuando se haya sostenido autorizadamente, este enfoque del problema no me parece satisfactorio, ni siquiera en la más comprensiva de ambas situaciones.

La teoría según la cual es necesaria la lesión de un derecho subjetivo no puede acogerse, no solo por los peligros puestos de relieve por un escritor[57] e ínsitos en la incertidumbre existente sobre la cualificación jurídica de la protección otorgada por el ordenamiento jurídico a determinados intereses, como, por ejemplo, los llamados *Lebensgüter*, de forma que la duda, en el caso citado, sobre la existencia o no de la categoría de los derechos de la personalidad se resolvería, de aceptar la teoría en cuestión, en la duda sobre el resarcimiento de la lesión de tales bienes; sino también por la razón más comprensiva y absorbente de que quedarían excluidas injustificadamente de la tutela reparadora todas las situaciones jurídicas —entre estas, en primer lugar, los intereses legítimos— que el ordenamiento reconoce y debe, en consecuencia, proteger.

A este propósito conviene recordar que en nuestro ordenamiento se encuentran numerosas bases positivas de las cuales resulta la previsión de la sanción de resarcimiento incluso en hipótesis en que no se reconozca la lesión de un derecho subjetivo perfecto. Me refiero a las hipótesis —por citar solamente algunas— del artículo 76 del Real Decreto-Ley de 16 de febrero de 1913, número 89, sobre el ordenamiento del notariado, el cual sanciona la responsabilidad del notario por los daños derivados de la nulidad de los actos autorizados por él; del artículo 872 del Código civil relativo al resarcimiento de daños consiguientes a la violación de las normas edilicias; del artículo 2.675 del Código civil sobre la responsabilidad del encargado de los registros inmobiliarios; del artículo 55 del Código penal citado, que regula la responsabilidad del juez; del artículo 185 del Código penal, que ordena el resarcimiento de los daños patrimoniales o no patrimoniales producidos por el delito; etc. La presencia de tales disposiciones en los ramos más dispares del Derecho, me parece que constituya un serio obstáculo para acoger integralmente la teoría criticada[58].

---

56 Cfr. SCADUTO-RUBINO: voz "Illecito (att)", en Nuovo Digesto italiano, VI, Turin, 1938, p. 703; GIUSIANA: "Il concetto di danno giuridico", cit., p. 24 ss.; SANTINI: "La vendita a prezzo imposto", en Riv. trim., 1952, p. 1.072; para numerosas citas cfr. CATTANEO: "La responsabilità del profesionista", Milán, 1958, p, 155, texto y nota 53.

57 SCHLESINGER: "L'igiustizia del danno nell'illecito civile", cit., p. 338.

58 También en el Derecho español se encuentran hipótesis semejantes a las citadas en el texto para el Derecho italiano. En efecto, según el artículo 22 de la ley hipotecaria vigente, «el Notario que cometiere alguna omisión que impida inscribir el acto o contrato, conforme a lo dispuesto en el artículo anterior, la subsanará extendiendo a su costa una nueva escritura, si fuere posible, e indemnizando, en su caso, a los interesados de los perjuicios que les ocasione su falta» (en el mismo sentido véanse los arts. 146 y

9. Y, en efecto, como ya hemos notado anteriormente, se ha afirmado por juristas famosos[59] la admisibilidad del resarcimiento del daño en los casos en que no se haya violado una obligación o no se haya lesionado un derecho subjetivo; pero con la condición de que los supuestos singulares hayan sido previstos legislativamente uno por uno. Según este planteamiento, las hipótesis mencionadas serían excepciones al principio general contrario[60]. Pero como se ha observado certeramente, existen situaciones análogas en otros muchos casos, siquiera no se hallen reguladas expresamente[61]. Se ha citado ya el ejemplo del perjuicio sufrido por el bloqueo en una carretera de las mercancías de un propietario transportadas en un vehículo ajeno, en el cual la responsabilidad del daño puede afirmarse si se considera tutelado por la norma penal también el interés a la libre circulación de las mercancías, mientras —como se ha dicho— sería realmente excesivo construir un correspondiente derecho subjetivo absoluto. Me parece ver otro ejemplo en la norma del artículo 139 del Código penal citado. Según esta disposición, si el oficial judicial no encuentra al destinatario de la notificación o en la casa o donde tiene su oficina o ejercita su industria o comercio, entrega copia del acta a una persona de la familia, o empleado de la casa, de la oficina o de la hacienda, y, a falta de tales personas, al portero o a un vecino de la casa que acepte recibirla.

---

249 del Reglamento de la organización y régimen del Notariado de 2 de junio de 1944, donde se disciplina la responsabilidad de los Notarios por el «dolo, culpa o ignorancia inexcusable» en la redacción de los documentos públicos, y por retraso en la expedición de copias respectivamente); así también la propia ley hipotecaria de 1946 dedica el título XII a regular la responsabilidad de los Registradores: artículos 296 a 313 (e igual título del Reglamento para la ejecución de la Ley hipotecaria de 1947: art. 563 y siguientes); también el Código civil determina la responsabilidad de los Jueces que rehúsen fallar a pretexto de silencio, oscuridad o insuficiencia de las leyes (art. 5.1.°), siendo regulada en general la responsabilidad judicial en el título VII del libro II de la ley de enjuiciamiento civil, bajo la rúbrica «del recurso de responsabilidad contra Jueces y Magistrados»: dicha responsabilidad puede demandarse a instancia de parte cuando «los Jueces y Magistrados infrinjan las leyes por negligencia o ignorancia inexcusables» (art. 903 de la ley de enjuiciamiento civil).

59 Cfr. DEIANA: "La tutela del locatario", cit., p. 235 y nota 22 bis, según el cual precisamente del art. 2.043 "aun admitiendo que el hecho ilícito presuponga necesariamente la violación de una obligación e incluso la lesión de un derecho, no se puede resumir: *a*) que no sea posible una obligación al resarcimiento de los daños, a cargo de quien ha violado un deber sin perjudicar un derecho subjetivo ajeno; *b*) o también que no sea posible una obligación al resarcimiento de los daños hacia una persona diversa a la que se ha lesionado un derecho subjetivo. Es de observar únicamente que cuanto se ha dicho en las dos afirmaciones precedentes es posible en cuanto haya normas legales que dispongan la obligación de resarcimiento"; CARRESSI: "Responsabilità del notaro per la nullità degli atti da lui rogati", en Riv. Dir. Civ., 1956, p. 56, según el cual, "cuando la ley ha querido tutelar un interés sin elevarlo por ello a derecho subjetivo, lo ha hecho expresamente".

60 CASETTA: "L'illecito degli enti pubblici", cit., p. 28. Según este autor "se trata de normas que regulan casos singulares y ello puede ocurrir sea en aplicación conforme a un principio general, cuanto, con mayor probabilidad, derogando conforme a la ley un principio general contrario".

61 SCHLESINGER: "L'ingiustizia del danno", cit,, p. 339 ss.

Ahora bien, si uno de tales sujetos omite el hacer llegar la notificación al interesado, causando de tal forma preclusiones por las cuales el interesado sufra un daño, dicho perjuicio económico será ciertamente fuente de una obligación de resarcimiento a cargo del que recibió la notificación, incluso aunque no se pueda configurar respecto de él un derecho subjetivo perfecto del destinatario de la notificación cuyo objeto es la entrega del acta. Estos aspectos autorizan una cierta perplejidad sobre el valor de las tesis examinadas incluso porque la adhesión a las mismas implica inevitablemente la afirmación según la cual el sistema legislativo ha alcanzado tal grado de plenitud y de perfección que prevé todo interés digno de tutela mediante una disposición expresa; principio, no obstante, con el que contrasta la naturaleza misma del derecho que, precisamente por su función, evoluciona con el cambiar de las condiciones económicas, políticas y sociales; de tal forma que puede afirmarse que se modifica siempre en un proceso continuo de adecuación a la realidad. Esta naturaleza dinámica del derecho contradice inevitablemente las teorías que ponen como presupuesto necesario una especie de cristalización de figuras prohibidas, fuera de las cuales no es admisible la injusticia del daño.

Semejante planteamiento del problema resulta exacto en el campo del derecho penal[62], donde domina el principio de "legalidad estricta" *nullum crimen, nulla pena sine lege.* Y, en efecto, como aplicación de este principio se manifiesta el enunciado del artículo 1 del Código penal: "nadie puede ser penado por un hecho que no esté expresamente previsto como delito por la ley, ni con penas que no estén en ella establecidas". En el mismo criterio se inspira también el artículo 25.2.° de la Constitución. Pero un principio semejante falta en el ordenamiento civil, precisamente porque el derecho privado no tiene la finalidad de prever y de infligir una pena, sino el de proteger e indemnizar al particular, de forma que no existe la necesidad de preceptos particulares, siendo único el mandato (no perjudicar) y única la reacción (resarcimiento). Junto con el rápido evolucionar de las condiciones de vida se presentan siempre nuevas situaciones que reflejan intereses y necesidades antes inexistentes, para las cuales el proceso de adaptación del derecho a la realidad —en verdad no siempre solícito— no consigue aprontar medios tempestivos de defensa[63], con la consecuencia de que, adhiriéndose a la dirección doctrinal examinada, se llegaría inevitablemente a la conclusión de que intereses dignos de tutela deban permanecer siempre —bien que provisionalmente— excluidos de toda protección.

10. A reforzar la opinión que aquí se sostiene me parece que puedan aducirse el argumento histórico y en algún modo también el comparativo, bien que este último solo indirectamente. Con relación al primero se observa que la responsabilidad extracontractual, nacida como reacción a hechos consagrados en fórmulas preceptivas rígidas y exactamente delimitadas, ha sufrido con el tiempo una radical metamorfosis,

62 Sobre el principio de estricta legalidad en nuestro ordenamiento penal (al igual que en los ordenamientos penales extranjeros) y sobre sus consecuencias cfr. Antolisei: "Manuale di diritto penale", cit., p. 32 ss.

63 Fórmula observaciones en este sentido Shlessinger: op. cit., ult., quien pone de manifiesto también las dificultades que presentaría la identificación del interés directamente protegido con la previsión de las singulares figuras de ilícito".

caracterizada por una continua tendencia hacia previsiones siempre más amplias y genéricas, culminando en la afirmación de un principio general en el *Code Napoleón*[64].

En cuanto al criterio comparativo, es de notar que la doctrina y jurisprudencia francesas, que parten de posiciones similares a las nuestras, son generosas en el reconocer una gama vastísima de casos en los que difícilmente se podría configurar la infracción de una norma específica que atribuya un derecho subjetivo particular y concreto[65]. También apoyan las críticas hechas en estas páginas el Código civil alemán, a contrario sensu, el cual ha adoptado en el artículo 823.1.° el criterio de indicar expresamente los bienes objeto de tutela, por contraposición al ordenamiento italiano[66]. Ahora bien, la adopción de tal criterio, sujeto, por lo demás, a duras críticas, no puede ser considerada, al parecer, tan cierta como la dicción taxativa del 823.1.° induciría a creer. En efecto, en el mismo título XXV del B. G. B. dedicado a las *Unerlaubte Handlungen* se encuentran disposiciones que autorizan algunas perplejidades sobre el valor absoluto de aquella enunciación. El propio & 823.2.° dulcifica notablemente la rigidez del criterio expuesto, extendiéndose la obligación de resarcimiento también a "quien actúa contra una ley cuyo fin es la tutela de otro". Extensión que se amplía con los §§ siguientes 826 y 839.2.° Según el primero, está obligado a responder "wer in einer gegen die guten Sitten verstössende Weise einem anderen vorsätzlich Schaden zufügt"; a tener del segundo, se sanciona a cargo del funcionario —el cual en la conducta o en la decisión de un negocio jurídico "verletzt seine Amtspflicht"— la responsabilidad por los daños producidos, si "(...) die Pflichtverletzung mit einer im Wege der gerichtlichen Strafverfahrens zu verhängenden öffentlichen Strafen bedroht ist".

Así, pues, con tal de que el daño se cause a través de la violación de un deber del propio cargo no parece que el resarcimiento debe limitarse a la hipótesis en que el perjuicio recaiga sobre uno de los bienes indicados en el 823.1.°

11. Se ha intentado valientemente plantear el problema que aquí nos interesa en una forma diversa. En efecto, se ha afirmado[67] que ni el daño ni la culpa son elementos constitutivos del ilícito. Estos cuentan exclusivamente a los fines del resarcimiento; pero, siendo tales requisitos ajenos a la noción de

64 Cfr. Scognamiglio: op. cit., p. 341. Para un penetrante examen de la evolución histórica de la responsabilidad extracontractual, véase el profundo y agudo estudio de G. Rotondi, ya mencionado: "Dalla lex aquilia all'art. 1.151, p. 236 ss.

65 Puede afirmarse que la doctrina francesa no se separa del principio de *neminem laedere*, puesto a la base de la responsabilidad extracontractual. Cfr. por todos Sabatier: "Traitè de la responsabilitè civile", I, París, 1951, p. 47. Para un cuidado examen de la doctrina del otro lado de los Alpes cfr. Sacco: "L'ingiustizia di cui l'art. 2.043", en Foro pad., 1960, I, c. 1.420.

66 II § 823, 1.° dice: "Quien intencionadamente o negligentemente lesiona injustamente la vida, el cuerpo, la libertad, la propiedad u otro ...derecho ajeno, está obligado para con éste al resarcimiento del daño que de ello deriva".

67 Cfr. Bonasi-Benucci: "Acto illecito e concorrenza sleale", en *Riv. trim.*, 1957, p. 563 ss.; A. Gualandi: "Spese e damni nel processo civile", Milán, 1962, p. 390 ss.

ilícito, éste existiría y sería perseguido prescindiendo de su existencia.

Base de la teoría indicada es la consideración de la existencia en nuestro ordenamiento civil de una serie de normas constitutivas de otros tantos remedios preventivos contra la posibilidad de verificarse un daño frente a un sujeto determinado. De esto se infiere "la existencia de una acción general de verificación a los fines de tutela preventiva del daño con efectos inhibitorios"[68]. Pero esta conclusión es palmariamente arbitraria en mi opinión. El hecho de que en nuestro Código civil se hayan previsto, con referencia a situaciones bien determinadas, instrumentos idóneos para prevenir el verificarse de un evento dañoso, es un hecho que nadie pone en duda. Pero, en cambio, son discutibles tanto el significado como el alcance que se les ha querido dar. A mi parecer, tales instrumentos no son otra cosa que una tutela anticipada contra un determinado comportamiento que, *plerumque accidit*, se revela como susceptible de producir un daño. Por tanto, esta forma particular de protección se presenta como un reforzamiento de la tutela ordinaria y se establece para aquellos casos determinados en que puede ser evitado o disminuido por el ejercicio tempestivo de la acción inhibitoria.

Así sucede en varias hipótesis: denuncia de daño temido (art. 1.172); tutela del nombre (art. 7); abuso de la imagen ajena (art. 10); perturbaciones o molestias a la propiedad (artículo 949); perturbaciones de las servidumbres prediales (art. 1.079); acción de manutención (art. 1.170); concurrencia desleal (art. 2.599); peligro de daño a las cosas hipotecadas (art. 2.813)[69].

Es cierto, por lo demás, que tales remedios preventivos tienen como único fin evitar la producción del daño y con ello impedir el ilícito. En otros términos, puede decirse que en tales casos particulares el ordenamiento jurídico no reacciona después de la producción del daño que integra el hecho ilícito, sino que concede una defensa preventiva, bajo la forma de acciones inhibitorias aptas para impedir la realización del evento dañoso y, por tanto, del ilícito. Por lo demás, es fácil observar que si tales remedios preventivos fuesen realmente instrumentos de defensa contra un ilícito actual, su actuación estaría subordinada a un mayor rigor en la verificación de tal ilícito, y no solamente a la apariencia de una situación que haga juzgar suficientemente fundado el temor de que la conducta pueda llevar a la realización de un hecho ilícito, como sucede en muchos de los ejemplos mencionados. Pero siendo la finalidad de dichos instrumentos la prevención del ilícito, es claro por qué la ley no pone a su ejercicio otra condición que la verificación de un *fumus boni iuris*, salva la aplicación de las consecuencias desfavorables para el agente en las hipótesis en que el temor resulte infundado.

Estos medios especiales de prevención se conceden en todo caso para supuestos concretos expresamente previstos en la ley, y son evidentemente excepciones a los principios generales. Por tanto, es doblemente erróneo hablar en nuestro sistema jurídico de la existencia de una acción general de verificación (accertamento) del ilícito, entendiendo este último como una figura a la que son extraños el dolo y la culpa: en primer lugar, porque afirmar

68 Cfr. BONASSI-BENUCCI: op. ult. cit., p. 574.

69 Para una amplia indicación de normas dirigidas en general a la tutela preventiva o tutelar de los derechos subjetivos, cfr. CANDÍAN: "Nozioni istituzionali di diritto privato", cit., p. 147.

la existencia de una acción general semejante es una verdadera petición de principio, ya que, como he precisado, las normas aducidas se presentan como otras tantas excepciones sobre las cuales no se puede evidentemente fundar un principio general; en segundo término, porque aun admitida (y no se ve cómo) la existencia de tal acción, esta no tendría la virtualidad de trastrocar el planteamiento tradicional dado al problema de la responsabilidad aquiliana, poniéndose en todo caso como un principio general de prevención del ilícito. Realmente, en el sistema de nuestro Código la existencia del daño es indispensable para configurar la noción de ilícito[70] que se realiza exclusivamente cuando una modificación perjudicial siga —y no solamente pueda seguir— a la realidad[71].

En apoyo de estas observaciones se ha notado[72] que si en derecho penal es verdad que algunos actos se prohíben en consideración a la sola conducta del agente, "sin embargo sería peligroso trasladar estas consideraciones al terreno privado", puesto que la "intervención del Estado (con fines preventivos o con fines punitivos" se refiere al campo de las sanciones penales y no puede extenderse fuera del terreno que le es propio. De aquí la consecuencia, para mí exacta, del error de la tesis que sostiene la posibilidad del mismo tipo de intervención y de sanción en los campos penal y privado.

12. Demostrada la inadecuación de las tesis examinadas para aclarar el problema de la injusticia del daño que nos hemos propuesto, se hace necesario seguir una vía diversa. En este sentido, pienso que debe acogerse la sugerencia hecha recientemente por un escritor nuestro[73], que ha sometido de nuevo a la atención de la doctrina la validez y la vitalidad de la tesis que ve en el artículo 2.043: "un principio general idóneo para representar un instrumento sensible a la necesidad de tutela de los más variados intereses, al margen de la rigidez formal de los esquemas apriorísticos de la antijuridicidad". A esta teoría, formulada por la ciencia jurídica menos reciente[74], pero que cuenta hoy con numerosos defensores[75], se le ha criticado

70 En este sentido, cfr. Carnelutti: "Il danno e il reato", cit., página 21.

71 Según Santini: "I diritti della personalità", cit., p. 119, el hecho de que "el código civil siguiendo una tradición antigua, encuadra los actos (civilmente) ilícitos entre las fuentes de las obligaciones (...) significa que el daño es un elemento constitutivo de la figura". Con referencia a la norma del art. 1173 no me parece convincente a los efectos de la demostración que se pretende. En efecto, siempre podría objetarse que la norma mencionada ha querido indicar aquellos hechos o aquellos actos de los cuales puede nacer una obligación, pero no se dice que necesariamente debe nacer. Barassi: "Teoria generale delle obbligazioni", cit., II, p. 248 ss., admite la existencia en nuestro ordenamiento jurídico de una acción general, pero a la que atribuye solamente la finalidad de prevención del ilícito.

72 Santini: op. cit., ult. cit.

73 Schlesinger: "L'ingiustizia del danno", cit., p. 342 ss.

74 Sourdat: "Traité general de la responsabilitè", París, 1882, n. 440.

75 Cfr. Santi Romano: "Frammenti, voz "Doveri". Obblighi", página 99 ss.; Mengoni: "L'oggetto dell'obbligazione", en *Jus.*, 1952, p. 185, texto y nota 1; Butera: "Cod. civ. it. Libro delle obbligazioni", II, Turin, 1943, p. 561; Trabucchi: "Istituzioni", cit., p. 207; Barbero: "Sistema", cit., I, p. 834. También entre los escritores de Derecho público son numerosos los defensores de la existencia del precepto en cuestión: cfr. Ranelletti:

por un insigne estudioso de querer presentar como un principio autónomo lo que en realidad no es más que la "síntesis de todos los deberes específicos, impuestos a cada uno para con los demás"[76]. Según esto, cuando la ley no pone una obligación de abstenerse de un determinado comportamiento, éste debe considerarse permitido: de esta premisa se deriva que la licitud o ilicitud de un acto está subordinada al verificarse o no de la violación de un deber concreto legislativamente sancionado. Pero mientras creo que la premisa puede compartirse, no pienso la mismo respecto de la consecuencia que se saca. Se considera que la obligación violada debe estar prevista caso por caso en la norma concreta; en cambio, yo creo que pueda ser invertido, y trataré de demostrarlo. Es cierto que lo que no está prohibido, por ello mismo está permitido. Aceptando la tesis que aquí se critica, el corolario de este principio es que cuando el artículo 2.043 no contiene algún precepto, es lícito realizar un comportamiento dañoso para con los demás, mientras que no se infrinja una norma que proteja al sujeto pasivo de tal comportamiento, prohibiendo la producción del daño. El producir daños a otros, por tanto, es justo hasta que se prohíbe caso por caso. Invirtamos ahora los términos del problema, partiendo de la misma premisa. Consideremos la norma del artículo 2.043 como fuente de un precepto bien preciso: no dañar. Enfocada la situación desde esta perspectiva, se deriva lógicamente esta conclusión: el ocasionar daño a otros es injusto mientras no esté autorizado expresamente caso por caso. Por tanto, la alternativa se presenta entre el considerar la norma como portadora de una sanción grave, pero desprovista de precepto, debiendo, en consecuencia, conexionarse con una serie imprecisa de preceptos contenidos en otras tantas figuras concretas esparcidas en todo el sistema y por esto mismo difíciles de examinarse con exactitud; y, viceversa, el concebirla como una norma reguladora del comportamiento de los destinatarios, entendida como portadora del principio fundamental *alterum non laedere*, indispensable para regular el desenvolvimiento de la vida en común. Ahora bien, me parece que responda mejor a un criterio lógico pensar que el legislador haya querido atribuir a la norma en examen la función insuprimible de principio general de comportamiento: incluso bajo una perspectiva puramente empírica responde mejor a un principio de lógica y de justicia concebir el mandato de la ley como dirigido a prohibir todo daño (el daño debe considerarse siempre, aparte toda consideración jurídica, como un efecto negativo en la producción de los

---

"Teoria degli atti amministrativi speciali", Milán, 1945, p. 34; CAMMEO: "Commentario delle leggi sulla giustizia amministrativa", s. p., p. 885; M. S. GIANNINI: "Lezioni di diritto amministrativo", Milán, 1954, p. 270 ss. Contra, últimamente SCOGNAMIGLIO: voz "Illecito", en *Novissimo Digesto it.*, VIII, Turín, 1962, p. 171.

También se sostiene por este escritor que "una obligación general de producir daños a otros no se deduce del derecho vigente": op. y loc. ult. cit. Pero es fácil contestar que, donde se niegue que el art. 2043 C. c. contenga un precepto tal, por la misma razón habrá de concluirse que en nuestro ordenamiento no está prohibido el homicidio. En efecto, el art. 575 C. p. prevé solamente la sanción para quien ocasione la muerte de un hombre sin sancionar expresamente la prohibición de matar. Pero la existencia de la prohibición del homicidio jamás se ha puesto en duda por nadie.

76 CARNELUTTI: "La distinzione tra colpa contrattuale e colpa extracontrattuele", en *Riv. dir. Comm.*, 1912, I, p. 744. Véase también en este sentido recientemente CASETTA: "L'illecito degli enti pubblici", cit., página 30.

fenómenos) hasta que no intervenga una específica autorización legislativa, que no dirigido a permitir la comisión de todos los hechos dañosos que no sean prohibidos por una norma dada para tutelar un derecho subjetivo. Pero aparte estas consideraciones y volviendo a un plano rigurosamente jurídico creo que merezca asentimiento la observación que el requisito de la *iniuria* no debe ser interpretado en el sentido de *contra ius*, es decir que significaría la contrariedad del comportamiento realizado por el agente a un derecho del perjudicado, sino en el sentido de *non iure*, esto es como el hecho realizado en ausencia de un derecho reconocido específicamente para tener un determinado comportamiento dañoso[77]. *Rebus sic stantibus*, no basta la ausencia de una prohibición específica del comportamiento productor de daños para excluir el elemento de la injusticia, sino que más bien es necesario que la ley, en reconocimiento de particulares exigencias sociales relativas a la tutela de valores considerados superiores, *autorice específicamente* un determinado comportamiento, susceptible incluso de causar daños. Se ha recordado a este respecto el artículo 51 del Código penal que excluye la ilicitud[78] del hecho realizado en el ejercicio de un derecho, afirmándose que en la misma dirección deba interpretarse el artículo 2.043[79]; esta opinión puede compartirse, aunque debiéndose notar que mientras en el campo del derecho penal nos encontramos con supuestos ilícitos típicos, en el civil, por el contrario, el ilícito se presenta bajo forma atipica. Tal diversidad de estructura no es un obstáculo, con tal de precisar que mientras en derecho penal las autorizaciones especiales concedidas al agente juegan en orden a los diversos preceptos, en el derecho privado se refieren al precepto único y fundamental contenido en el artículo 2.043.

Así como el ordenamiento jurídico puede prohibir un determinado comportamiento, puede también hacer excepciones al precepto, autorizando el mismo comportamiento prohibido en línea de principio en vista de fines superiores, particulares y dignos de la excepción; así que se hace necesario distinguir de los actos lícitos en cuanto no prohibidos los actos autorizados, que se corresponden con los actos que serían ilícitos en ausencia de la norma autorizante. Ahora bien, cuando el legislador interviene con normas singulares justificantes, el comportamiento dañoso pierde el requisito de la injusticia que le es peculiar. De esta premisa teórica se deduce el principio de que el daño es injusto siempre que sea realizado en ausencia de una causa permisiva.

13. —Precisado según mi opinión el concepto de injusticia como se deduce de los textos, creo que se deba proseguir el examen del elemento daño, al efecto de conseguir una caracterización más completa. En efecto, el daño antijurídico no es más que una especie *del género daño* en sentido jurídico, siquiera sea la más relevante. Pero antes de entrar en un análisis de este último, se hace necesario poner de relieve los caracteres distintivos de éste respecto al daño

---

77 Cfr. Schlesinger: op. cia., p. 343, el cual cita Ulpiano: D. 9, 2, 5, 1: "Iniuriam autem hic accipere nos oportet (...) quod non iure factum est", como prueba textual de su afirmación.

78 El art. 51 del C. p. habla de exclusión de la punibilidad, pero en todo caso se reconoce por la doctrina penalista que el ejercicio del derecho excluye no solamente la punibilidad, sino también la ilicitud.

79 Cfr. Schlesinger: op. cit,, p. 344.

meramente físico. Si yo destruyo o daño un objeto de mi propiedad y sobre el cual nadie más tiene derechos, no hay duda de que provoco un daño, puesto que elimino o disminuyo el valor de un bien apto a satisfacer una necesidad. En este caso se verifica sin más la lesión de un interés[80], pero del cual no pueden nacer obligaciones de resarcir sencillamente porque pertenecen a la misma esfera patrimonial.

Tal acción puede implicar asimismo la extinción de un derecho (por ejemplo, en el caso de la destrucción de un bien). Ello no obstante, no puede hablarse de daño en sentido jurídico, puesto que los efectos de mi acción (evento) no salen de mi esfera jurídica patrimonial.

A este propósito se sostiene con bastante difusión en la doctrina que no hay daño en sentido jurídico si éste no va acompañado de la transgresión de un vínculo jurídico[81].

Creo que este enfoque del problema no debe compartirse; y ello porque presupone la asimilación errónea de dos conceptos diversos: el daño jurídico y el daño resarcible[82]. En realidad, no todos los daños jurídicos se caracterizan por la transgresión de un vínculo jurídico. Se piense en la hipótesis del artículo 2.044; no cabe duda que en la hipótesis allí prevista se habla de daño en sentido jurídico; tanto es verdad que esta norma tiene como fin esencial autorizar el hecho y excluir el nacimiento de la responsabilidad a cargo de quien ha ocasionado un perjuicio a otro para defenderse de una agresión ilegítima. Tal daño sería evidentemente resarcible como injusto si el artículo 2.044 no existiese; la eximente contenida en esta norma ha excluido junto con la nota de la injusticia también el resarcimiento del daño. En este caso, por tanto, el daño se cualifica como justo y por ello no resarcible; pero no por eso deja de ser un daño en sentido jurídico. En consecuencia, y a los fines de la distinción entre daño simple y daño jurídico, creo que no se pueda fundadamente recurrir al concepto de transgresión de una obligación jurídica como nota característica del segundo, sino que deberá determinarse en qué esfera jurídica se verifica el daño; nos encontramos con un daño jurídico siempre que los efectos del hecho dañoso recaen en una esfera jurídica diversa a la del autor de la conducta. Una vez aclarado el concepto y el ámbito del daño en sentido jurídico, se advierte la necesidad de una ulterior distinción, por lo que se ha dicho antes.

El daño jurídico puede dar lugar al nacimiento de un deber de resarcimiento —y esta será la hipótesis más común, diré normal—; pero puede también no provocar esta reacción del ordenamiento jurídico. Ya se ha dicho que la norma del artículo 2.044 prevé la producción de un daño en la esfera jurídica de un sujeto diverso del autor de la conducta; por tanto, daño jurídico, pero que no obliga a resarcir al causante. Al lado de esta hipótesis —que podemos

80 Cfr. CARNELUTTI: "Il danno e il reato", cit., p. 14.

81 V., por ejemplo, ALESSI: "La responsabilità della pubblica Amministrazione", cit., p. 6.

82 En el texto se usa la expresión daño "resarcible" en el sentido de un daño que da lugar a resarcimiento, y no de daño que puede ser resarcido. Entendiendo la expresión en este último sentido, debería considerarse obviamente como resarcible —es decir, materialmente susceptible de resarcimiento— también el daño realizado en estado de legítima defensa, que, en cambio —y este es el significado dado a la expresión—, *no debe ser resarcido.*

denominar extrema— en la cual el daño jurídico no implica para su autor ni el más mínimo desplazamiento económico de su patrimonio al del perjudicado, hay en nuestro ordenamiento jurídico numerosas hipótesis más en las que el daño no determina el surgir de la obligación de resarcimiento para su autor, sino de una obligación diversa. En ellas se perfila precisamente con toda su relevancia, la distinción entre daños injustos y daños justos, los que juntos contribuyen a formar la figura más amplia de daño en sentido jurídico.

A la primera de estas categorías se ciñe exactamente la calificación de daños realizados mediante la transgresión de un vínculo jurídico; a la segunda la de daños realizados en el ejercicio de un derecho. Esta última expresión refleja sintéticamente la situación jurídica puesta en evidencia en el parágrafo precedente, y que resulta caracterizada por la presencia de una norma autorizante.

14.—En nuestro Código civil existen numerosas normas —que yo he llamado autorizantes— las cuales derogan al precepto general contenido en el artículo 2.043 y permiten realizar un comportamiento productor de daños para un tercero, siempre que concurran determinadas condiciones. Tales normas excluyen el carácter de injusticia al supuesto dañoso, de tal modo que el daño realizado se cualifica como no antijurídico, o simplemente justo.

Esto quiere decir que en tales casos contemplados por la norma quien realiza un comportamiento dañoso para los demás no comete un hecho ilícito, sino que actúa en el ejercicio de un derecho[83]. Efectivamente, en tales hipótesis sucede que la ley no reconoce prevalencia a un interés sacrificando el contrario[84], sino que más bien pretende contemperar la existencia de uno con la del otro. De ello deriva la ausencia de una reacción desfavorable y grave para quien está legalmente autorizado a comportarse en aquella forma: en efecto, la ley no sanciona el nacimiento de la obligación de resarcimiento —sanción típica del hecho ilícito—, sino que prevé una figura diversa, es decir la indemnización que tiende a establecer el equilibrio turbado entre los patrimonios y no a finalidades punitivas. Indudablemente se puede fundamentar la reconstrucción teórica de la figura del "daño justo"[85]

sobre la constatación de la presencia en nuestro ordenamiento jurídico de una serie de normas permisivas, caracterizadas todas ellas por las mismas notas —es decir por la autorización a realizar un determinado comportamiento aunque productor de daños, y de la correspondiente previsión de una medida "re-equilibradora"— y dirigidas todas ellas también a la resolución de dos intereses opuestos y ambos dignos de tutela. Sin pretender un estudio en

83 La expresión "ejercicio de un derecho" es una fórmula sintética que se refiere a todas las situaciones previstas por una norma permisiva, y debe entenderse en un sentido más general, que comprende también las hipótesis de ejercicio de una facultad legítima.

84 Cfr. De Cupis: "Il danno", cit., p. 13.

85 Los hechos que producen este tipo de daño se denominan en la doctrina como "hechos lícitos dañosos". Recientemente se ha intentado poner en duda la validez y el fundamento de esta figura, afirmando la subsistencia del requisito de la injusticia también en aquellas hipótesis concretas previstas en las particulares normas permisivas: cfr. Casetta: "Gli illeciti degli enti pubblici", cit., p. 49 ss. Para una crítica de esta configuración remito al lector a las páginas inmediatamente siguientes, en que los supuestos en cuestión se tratarán

todos sus aspectos dedicaremos en las páginas siguientes nuestro estudio de los ejemplos más notables de la figura antes descrita en sus líneas generales, con la finalidad de encontrar en los supuestos particulares la confirmación de la fisonomía típica que aquí se ha expuesto.

15. — a) Comenzaremos examinando las normas contenidas en los artículos 843, 924 y 925 del Código civil, que se refieren a supuestos prácticamente iguales. Las tres disposiciones prevén efectivamente la hipótesis en que se hace necesario el ingreso en un fundo ajeno para un fin que el legislador ha considerado digno de tutela.

Según el artículo 843 el propietario debe permitir el acceso al vecino para construir o reparar un muro u otra obra común o propia y, además a quienquiera que desee recobrar su cosa que se encuentre allí accidentalmente o al animal que haya entrado huyendo a la custodia. Según los artículos 924 y 925, el propietario de enjambres de abejas o de animales amansados podrá perseguirles (el artículo 924 dice textualmente "tendrá derecho") sobre el fundo ajeno a fin de recobrar su posesión material. Las tres normas citadas prevén la eventualidad de que el ingreso pueda provocar daños, y determinan tal eventualidad imponiendo al interesado la obligación de pagar una indemnización.

En cada uno de estos casos se observa la existencia de dos intereses opuestos, pero ambos dignos de tutela: de una parte el derecho del propietario del fundo a no ser perturbado en el goce pleno y absoluto de su bien; de otra parte, el derecho del propietario a recobrar las cosas o los animales perdidos. En esta colisión de intereses el legislador ha considerado prevalente el segundo, autorizando a su titular a realizar un comportamiento que en otro caso sería ilícito. Pero puesto que también el derecho del propietario se presenta como

---

particularmente. Cfr. en el sentido del texto: RUBINO: "La figura jurídica y los efectos jurídicos preliminares", Milán, 1939, p. 205; SCADUTO-RUBINO: voz "Illecito (atto)", cit., p. 705; DE CUPIS: "Il danno", cit., p. 13 ss., y bibliografía allí citada; ALESSI: "La responsabilità della Pubblica Amministrazione", cit., p. 18; QUAGLIARELLO: "Sulla responsabilità da illecito nel vigente codice civile", Nápoles, 1957, p. 47. Pero el problema había sido notado anteriormente: cfr. G. BRUNETTI: "Il delito civile", Florencia., 1906, p. 11 ss. y bibliografía allí citada; FERRINI: voz "Delitti e quasi delitti", cit., n. 14; CARNELUTTI: "Il danno e il reato", cit., p. 49, quien, subrayando la extrema delicadeza de la cuestión, afirmaba entre otras cosas: "no puedo desconocer que hay casos en que el resarcimiento por sí solo (entendido resarcimiento por este autor en sentido genérico, no como contrapuesto a indemnización) del daño supone no tanto el acto ilícito cuanto el daño resarcible simplemente y éstos son (...) dos nociones diferentes. La distinción no es fácil porque el juicio de los juristas se encuentra todavía bajo el peso de la tradición, que les impulsa contrariamente a la asimilación de ambos términos; pero poco a poco se abre camino; por ello conviene admitir que el resarcimiento puede suponer a veces la obligación de no realizar el acto dañoso, puede conciliarse otras veces con la licitud de éste. Cuál sea el efecto bajo esta segunda perspectiva, en cada caso concreto, es materia de un diagnóstico muy delicado". En la misma dirección, cfr. en la doctrina alemana TITZE: "Die Notstandsrechte" cit., p. 7 ss., quien textualmente afirma: "Indessen kann die Verpflichtung zum, Scha densersatz nicht das Kriterium für das Verbotensein und somit für das Rechtswidrigkeit einer Handlung *abgeben da ja auch die rechtsmässige Handlung* in zahlreichen Fällen, und zwar schon nach geltenden Recht, zum Schadensersatz verpflichtet". Véase, además, citado por TITZE: op. y loc. cit., MERKEL: "Die Kollision rechtsmässiger Interesen", cit., y v. TUHR: "Der Nostand im Zivilrecht", Heidelberg, 1888, p. 117.

digno de tutela, el legislador ha disciplinado la composición de los intereses regulando la incidencia de perjuicio y recurre a la medida de la indemnización, ya que sería injusto extender la limitación del derecho del propietario hasta el extremo de dejar los daños causados en el fundo mismo sin reparación alguna y siendo, por otra parte, inexplicable aplicar al otro sujeto la sanción del resarcimiento por un daño que ha realizado en el ejercicio de un derecho.

Ha sido negado por un escritor[86] que el daño a que se refieren los supuestos citados adolezca del requisito de la injusticia. Según esta doctrina no bastaría para eliminar el mencionado requisito el hecho de que la ley permita el acceso al fundo ajeno: "sucedería que la ley consintiese ejercitar aquel derecho en cualquier modo, incluso mediante comportamientos perjudiciales para el propietario". Pero tal autorización no se tendría "porque la ley misma, junto con la atribución del derecho, pone la obligación del resarcimiento, el cual, por definición, falta precisamente en todo caso de comportamiento conforme a la misma".

Esta argumentación no parece persuasiva. De momento, puede notarse que el consentir el ingreso en el fundo de un tercero constituye una considerable limitación de su derecho *excludendi erga omnes alios*: de tal forma que sería ilícita sin más, en ausencia de una particular disposición legislativa. Y que el ingreso de un extraño reduzca sensiblemente la libertad de goce del derecho del propietario se prueba, aparte de toda otra consideración deducible del contenido del dominio, por el hecho de que el mismo artículo 843, último párrafo, indica el modo de evitar la entrada de otro, mientras sea posible, "entregando la cosa o el animal". En segundo lugar, afirmar que la ley prohíbe el ejercicio del derecho de acceso que se realice mediante comportamientos dañosos, porque "junto con la atribución del derecho pone la obligación de resarcimiento, la cual por definición falta precisamente en todo caso de comportamiento conforme a ella", constituye una petición de principio evidente, basada por añadidura sobre una formulación terminológica y conceptual inexacta de la realidad.

En efecto, si es verdad (cosa que nadie duda), que el *resarcimiento* es la sanción que caracteriza los comportamientos dañosos contrarios a la ley, debe demostrarse que también la indemnización equitativa tenga la misma finalidad sancionadora y no. en cambio, una función diversa de naturaleza equitativa, es decir que tiende no a penar al autor de un hecho ilícito sino a restablecer una situación de equilibrio económico entre dos patrimonios, cuya perturbación no se compadezca con el comportamiento antijurídico de un sujeto. Como se verá mejor y más particularmente en su momento oportuno, en el sistema del Código vigente se está en realidad recurriendo constantemente a la medida de la indemnización precisamente en los casos en que el legislador ha considerado, por razones particulares, que el daño realizado en el ejercicio de un derecho debería ser reparado en algún modo. Ahora bien, en las hipótesis que examinamos la ley habla precisamente de indemnización y no de resarcimiento, como se ha afirmado[87].

---

86 Cfr. Casetta: "L'illecito degli enti pubblici", cit., p. 49 ss.

87 Es conveniente subrayar a este propósito que el uso de la expresión "resarcimiento", aun entendida en sentido genérico, se puede aceptar en otras circunstancias, no lo es

Por lo demás, no es cierto tampoco como se ha pretendido, que la prevalencia del interés del propietario de los animales o del confinante cese cuando coincide con el interés específico y concreto del propietario del fundo cuya lesión constituye un daño. Esto podría sostenerse si este último tuviese el poder de impedir el ejercicio dañoso del derecho del tercero, mientras según los textos que examinamos tiene derecho solamente a una indemnización adecuada.

16. —b) Otras hipótesis legislativas que nos interesan a este respecto son las previstas en los artículos 1.038 y 1.053, los cuales prevén en las servidumbres coactivas de acueducto y de paso la obligación de pagar una indemnización a cargo del propietario del fundo dominante por los daños provocados en el fundo sirviente. Se ha observado respecto de estas normas por parte de algunos estudiosos que el término "daño" estaría usado impropiamente[88] ya que en realidad en dichas disposiciones la indemnización prevista sería "una compensación por una utilidad ocasionada a otros, bien que coactivamente, los cuales podrían generalmente procurársela también por una vía diversa, pero siempre a título oneroso" (por ejemplo, mediante contrato: art. 1.058)[89]. Tal anfibiología derivaría de la insuficiencia de nuestro léxico, que constriñe a usar un mismo término para indicar dos conceptos diversos.

Pero en mi opinión esta doctrina no puede seguirse. Para simplificar el razonamiento examinemos solamente una de las hipótesis, puesto que las consideraciones que se hagan para una valen también para la otra. Tomemos el artículo 1.038: si es verdad que en la figura allí regulada subsiste una utilidad para el propietario a favor de cuyo fundo se constituye la servidumbre, no es menos cierto que la indemnización prevista en el mencionado artículo tiene también la finalidad de compensar el daño sufrido por el propietario del fundo sirviente.

Se lea atentamente el artículo 1.038: en la primera parte de su párrafo primero dice así: "antes de comenzar la construcción del acueducto, el que desee conducir el agua por el fundo ajeno debe *pagar el valor* según la estimación de los terrenos a ocupar" (y hasta aquí las afirmaciones de la doctrina son fundadas); pero el Código dice inmediatamente: "además de la indemnización de los daños, comprendidos los que se deriven de la separación en dos o más partes o de otro perjuicio del fundo que se atraviese". Ahora bien, es evidente que en esta última parte la norma contenida en el párrafo primero se refiere inequívocamente a eventos dañosos que no acompañan siempre de forma necesaria la construcción de las obras necesarias para disfrutar de la servidumbre; en efecto, no se ha dicho que para construir un acueducto se deba dividir inevitablemente el fundo en dos o más partes, o se deba dar lugar a una pérdida ulterior del valor del fundo mismo, causando "otros perjuicios". Esta observación basta para comprender que la totalidad de lo

ciertamente *in subjecta materia,* donde toda palabra tiene su significado particular y se confía a la precisión terminológica de posibilidad de diferenciación conceptual de figuras realmente diversas entre sí.

88 Cfr. Scaduto-Rubino: voz "Illecito (atto)", cit., n. 3; Alessi: "La responsabilità della pubblica Amministrazione", cit., p. 18; Casetta: "L'illecito degli enti publici", cit., p. 49.

89 Casetta: op. y loc. ult. cit.

debido por el propietario del fundo dominante no es una entidad económica equivalente a la utilidad conseguida por el mismo, sino a una suma resultante de la compensación por dicha utilidad (compensación debida siempre) más una indemnización por los daños causados (medida de carácter reparador, debida tan solo eventualmente), la cual no se diferencia en absoluto de la prevista en los artículos 843 y 924, en contra de lo que erróneamente se cree. Nada obsta a estas conclusiones la afirmación de que para demostrar la naturaleza de la compensación (de la utilidad obtenida) de la indemnización prevista en nuestro artículo bastaría el hecho de que el propietario del fundo dominante habría, podido procurarse tal utilidad "mediante otra vía diversa también, pero siempre a título oneroso (por ejemplo, mediante contrato: artículo 1.058)". Pero debe tenerse en cuenta sobre todo que normalmente se recurre a la constitución forzosa de la servidumbre precisamente cuando no ha sido posible llegar a un acuerdo; tan es así que el legislador ha concedido tal instrumento coactivo precisamente en vista de esta contingencia. Pero si de una parte la ley se ha mostrado sensible a las necesidades vitales del fundo poniendo a su tutela el instrumento de la constitución por sentencia de la servidumbre, de otra parte ha querido impedir que dicho instrumento fuese más allá de la finalidad asignada, justificando comportamientos que podrían dejar daños sin la adecuada reparación: precisamente para tal eventualidad se ha previsto la indemnización del artículo 1.038.

Todavía se puede hacer a la tesis que se critica una objeción más importante. Admitido que el propietario del fundo vecino esté dispuesto a conceder espontáneamente la servidumbre, aceptando la constitución en vía condicional a tenor del artículo 1.058, no se ha demostrado que el propietario del fundo dominante no esté obligado, además de la suma correspondiente a la utilidad proporcionada a su fundo, también a la reparación de los daños causados por la instalación de las obras relativas a la servidumbre, según los principios de la responsabilidad civil. Idénticas consideraciones pueden hacerse respecto de la norma contenida en el artículo 1.053 l.° En cambio, por lo que se refiere a la hipótesis prevista en el artículo 1.093, no debe confundirse, como trata de hacerse[90], con las precedentes, puesto que no puede hacerse entrar en el mismo encuadramiento conceptual. A la reducción de la servidumbre, que se hace necesaria por la disminución del agua "debida a hechos independientes de la voluntad del propietario" del fundo sirviente, se debe corresponder con una indemnización adecuada, calculada por referencia a la utilidad disminuida para el fundo dominante: sustancialmente no hay en estas hipótesis más que la restitución (y esto se manifiesta más claramente bajo el aspecto económico) de una parte de la suma pagada a su tiempo por el propietario del fundo dominante, y que ahora sería desproporcionada a las ventajas reales de su fundo.

En cambio, debe indudablemente comprenderse la norma del artículo 1.328 entre las hipótesis normativas caracterizadas por la presencia de un daño justo[91]. Según esta disposición, la propuesta puede ser revocada hasta que

90 Op. y loc. ult. cit.; ALESSI: op. y loc., cit.

91 En este sentido, pero con referencia al art. 36, 3° del C. de c. abrogado —el cual correspondía al actual art. 1.328 del C. c.—, cfr. RUBINO: "La fattispecie", cit., p. 204; PALADINI: "Fattori della responsabilità civile e penale", Milán, 1918, p. 98. Contra ALFREDO ROCCO: "Principi

el contrato no se ha concluido. Pero si el aceptante ha comenzado a ejecutar de buena fe antes de tener noticia de la revocación, el que hace la oferta debe indemnizar los gastos y las pérdidas sufridas por la ejecución iniciada del contrato. El legislador ha querido respetar aquí también, de acuerdo con la tradición, el derecho del proponente a la revocación hasta que no le haya llegado la aceptación, pero concediendo asimismo el instrumento idóneo para compensar los daños que puedan derivar para la otra parte por el ejercicio de tal derecho.

Otro ejemplo seguro, en mi opinión, de la figura que examinamos está constituido por la norma del artículo 81 del Código civil, referente a la ruptura de la promesa de matrimonio[92].

En efecto, no creo deba compartirse la opinión según la cual quien se niega a ejecutar la promesa sin justo motivo actuaría antijurídicamente estando el *ius paenitendi* fundado sobre la existencia de una justa causa[93].

17. c) En cuanto a la norma del artículo 2.047.2.°, a tenor de la cual incluso el incapaz puede ser condenado al pago de una indemnización adecuada cuando el perjudicado no haya podido obtener el resarcimiento del obligado a vigilarlo, es evidente que se fundamenta en motivos de equidad y de justicia distributiva. Más difícil es determinar si el daño a que se refiere dicha norma deba considerarse justo. En efecto, la respuesta a esta cuestión puede ser negativa o afirmativa, según que se considere a los incapaces como posibles destinatarios o no de la norma jurídica. Se ha sostenido, en cambio[94], que la norma en cuestión no se separa en absoluto de los principios generales. Según esta dirección, y prescindiendo, como quiere la mejor doctrina, de la consideración del elemento sicológico del incapaz al atribuirle la obligación de pagar a indemnización equitativa, éste "estaría obligado también al resarcimiento en todos los casos en que la persona sana de mente y jurídicamente desarrollada no estaría obligada por falta de dolo o de culpa por su parte (caso fortuito), a tenor del artículo 2.043. Lo que se resolvería en una incomprensible e inicua extensión de la obligación misma precisamente frente a un inimputable". De esto deriva, según la tesis en examen, la necesidad de la averiguación del elemento subjetivo también en

---

di diritto commerciale", Turin, 1928, p. 391.

Bajo el imperio del código vigente, cfr. DE CUPIS: "Il danno", cit., p. 14 ss.; QUAGLIARELLO: "Sulla responsabilità da illecito", cit., p. 48; ALESSI: "Sulla responsabilità della Pubblica Amministrazione", cit., página 18.

92 En este sentido, cfr. SANTORO-PASSARELLI: "Lineamenti della promessa di matrimonio secondo il nuovo codice civile", en *Riv. Dir. Civ.*, 1939, p. 13; GANGI: "Il matrimonio", Milano, 1945, p. 51; FERRARA sr.: "Diritto delle persone e della famiglia", cit., p. 260; PALADINI: "Fattori della responsabilità civile", cit., p. 98. Nótese que en la norma que examinamos se uso el termino *resarcimiento* en vez del término indemnización, reservado normalmente a los daños justos. Pero esta letra de la ley no autoriza alguna duda interpretativa, en consideración al claro contenido de la misma.

93 Así, DE RUGGIERO-MAROI: "Istituzioni di diritto privato", I, Milán-Messina, 1950, p. 265. Contra, en particular, Guido TEDESCHI: voz "Matrimonio (promesa di)", en *Nuovo Digesto it*, VIII, Turín, 1939, p. 328, al cual se adhiere DE CUPIS: "Il danno", cit., p. 204.

94 Cfr. CASETTA: "Líillecito degli enti publici", cit. p. 52 ss.

este caso. Formulada en estos términos, tal afirmación parece persuasiva; pero es necesario hacer alguna observación. Ante todo, si una investigación semejante debe realizarse en la hipótesis del artículo 2.047.2.°, deberá hacerse igualmente en la hipótesis del artículo 2.047.2.°, puesto que de otra forma sería verdaderamente inicuo, presuponiendo que la acción del incapaz sea susceptible de una valoración negativa respecto del dolo y de la culpa que el sujeto encargado de la vigilancia debiese responder de un daño del cual no respondería ni un sujeto incapaz. En efecto, incluso en la hipótesis del artículo 2.049, donde la disciplina legislativa se manifiesta más rígida, el comitente no responde si no nace una responsabilidad igual para el dependiente. Situado el problema en estos términos, se llegaría necesariamente a afirmar que el sujeto obligado a la vigilancia del incapaz responde del daño ocasionado por el hecho ilícito de éste, a no ser que pruebe no haber podido impedir el daño. Pero respecto de esta conclusión nos permitimos dudar. En efecto, mientras la norma del artículo 2.047 habla de *daño ocasionado* por hecho ilícito de los hijos menores y de las personas sujetas a tutela, la norma del artículo 2.047 habla simplemente de *daño ocasionado* por el incapaz de entender y de querer: si fuese válido el planteamiento examinado toda diferencia entre las dos normas desaparecería. En realidad, las cosas son diferentes. Supuesto que los incapaces no responden a tenor del artículo 2.046, del daño por ellos causado son responsables las personas obligadas a su vigilancia (2.047.1.°). Pero si la persona sometida a vigilancia es capaz de entender y de querer hasta el punto de que sus acciones son susceptibles de valoración en orden al dolo y a la culpa, estamos fuera de la previsión del artículo 2.047 para entrar en la del artículo 2.048[95] [96].

95 Para un examen profundo y claro de la diferencia entre la regulación del art. 2047 y el del art. 2048, cfr. BARBERO: "Criterio di nascita e criterio di propagazione della responsabilità", cit., p. 581 ss.

96 No hay en nuestro ordenamiento civil una norma semejante a la del artículo 2.047 del Código civil italiano. Para el Código civil español, el incapaz es inculpable y, en consecuencia, irresponsable: acentuación del principio subjetivista de la responsabilidad en el Código civil.

Y si bien en el artículo 32, *in fine*, se declara que «los que se hallaren en alguno de esos estados (de incapacidad) son susceptibles de derechos y aun de obligaciones cuando estas nacen de los hechos o de relaciones entre los bienes del incapacitado y un tercero» — concepto en el cual podrían encuadrarse una responsabilidad como la establecida por el artículo 2.047 del Código civil italiano—, sin embargo, no van incluidas las obligaciones de responder por los daños que cause el incapaz, porque el criterio de imputabilidad que haría responsable al incapaz, está excluido por el artículo 1.902 y siguientes del Código civil.

Ciertamente consideramos más justa y equitativa la postura del Código civil italiano al establecer la obligación de compensar a la víctima según las circunstancias. Se piense en el caso del autor del daño sea un menor millonario, mientras que su víctima sea un padre de familia numerosa que queda inválido sin otros ingresos que los que obtuviera de su trabajo; y, en tal supuesto, que el obligado a la vigilancia no deba —por haber empleado la diligencia de un buen padre de familia o sencillamente porque sea insolvente— responder de los daños causados por el menor (art. 1.903, *in fine*).

En cambio, encontramos la norma del artículo 2.047 del Código civil italiano, bien que un poco cambiada en el artículo 20. Primera. II del Código penal español; en efecto,

18. d) En la misma dirección de la norma antes examinada ha de considerarse también la del articulo 2.045. También aquí, bien que en términos mucho más graves, se presenta la misma situación típica, cuyas características hemos encontrado en las figuras examinadas: la presencia de un conflicto entre dos intereses merecedores ambos de tutela. Una prueba de la posibilidad de subsumir el comportamiento necesario en el arquetipo representado por la figura del hecho lícito dañoso viene dada por la clara analogía existente entre la fisonomía del artículo 2.045 y la de las diversas normas que se han examinado hasta ahora, Dicha analogía resulta en términos de notable evidencia si dirigimos nuestro estudio a considerar analíticamente las notas peculiares de las figuras en cuestión. Se piense en el artículo 843: examinando la figura allí descrita no es difícil entrever la existencia de una situación necesaria, pero no subsumible en la disciplina del estado de necesidad tal como es enunciado en el artículo 2.045. En efecto, dice el artículo 843 que "el propietario debe permitir el acceso y el paso por su fundo, siempre que haya una reconocida necesidad"; por tanto, debe haber una situación necesaria por la cual el comportamiento consiguiente debe presentarse como no evitable, aunque esto no se haya dicho precisamente en la ley; tan es verdad que el propietario puede impedir el acceso entregando la cosa o el animal, mientras que si el acceso es necesario para la construcción o reparación de un muro, la entrada no puede ser prohibida, precisamente porque no es posible proveer de otra forma. Continuando el examen particularizado de la figura nos damos cuenta que su regulación se inspira en los mismos principios que la del artículo 2.045; y, en efecto, las semejanzas concretas no faltan. Pero debe hacerse la advertencia que, estando en juego intereses más limitados, la regulación resulta mucho más blanda e informada por una menor escrupulosidad y severidad.

Ante todo no se trata de la necesidad de salvar una persona del peligro de un daño, sino solamente de la necesidad de construir o reparar un muro, o de recobrar una cosa o un animal propios.

La consecuencia inmediata de esto es el hecho de que tratándose de proteger un interés de escasa relevancia no puede corresponderle sino un daño proporcional. Fuera de estos límites, el daño consiguiente al comportamiento necesario permitido (y por tanto lícito) no sería justo. No encontraría ninguna justificación, por ejemplo, el hecho de aquel que para recobrar el propio galgo atacase al propietario del fundo hiriéndolo gravemente.

Por la escasa relevancia de los intereses del que se encuentra en estado de necesidad ex artículo 843 y por la consiguiente interferencia limitada que se le concede en la esfera de los intereses ajenos, no se requieren lógicamente las condiciones particulares indicadas por el artículo 2.045. Por ejemplo, no se requiere que sea grave el peligro de daño del dueño del perro huido al fundo del vecino, y mucho menos es necesario realizar una investigación para verificar que tal peligro ha sido "causado voluntariamente" por él, bastando el hecho de que el animal "se haya refugiado allí huyendo a la custodia", sin

---

según dicho precepto, «no habiendo persona que los tenga bajo su potestad o guarda legal, o siendo aquélla insolvente, responderán con sus bienes los mismos enajenados, menores o sordomudos dentro de los límites que para el embargo de bienes señala la ley de enjuiciamiento civil».

que se exija verificación alguna sobre la eventualidad de culpa o de dolo en quien lo guardaba. Si luego se exigen (bien que implícitamente) los requisitos de la inevitabilidad y de la actualidad es porque sin ellos desaparecería incluso la posibilidad de configurar el supuesto de hecho. En fin, el legislador ha concedido, como hemos visto, una figura de reparación distinta al resarcimiento para los daños producidos al entrar o pasar por un fundo el sujeto que a ello tenía derecho[97]. El legislador concede la indemnización para compensar los daños "justos" producidos en el fundo, como medida que equilibre nuevamente los intereses opuestos.

Por tanto, el daño causado en estado de necesidad es también un ejemplo de daño justo, puesto que el artículo 2.045, configurándose como norma permisiva, excluye el requisito de la injusticia. El problema de la colisión de situaciones jurídicas contrapuestas y protegidas ambas por el ordenamiento no habría podido resolverse según los principios del *ius strictum*. Era necesario un elemento que mitigase la disciplina de la compleja figura: tal elemento ha sido introducido en la norma del artículo 2.045 mediante el recurso a la equidad[98].

Los motivos que han impulsado a los compiladores de la nueva codificación a conceder al perjudicado la indemnización equitativa por el daño sufrido no han sido razones de justicia conmutativa, sino razones de justicia distributiva, las cuales postulan únicamente la finalidad de restablecer el equilibrio económico entre los patrimonios afectados, en el reparto de las consecuencias no injustas derivadas de una situación no querida.

19. Agotado el examen analítico de los ejemplos más notables de hecho lícito dañoso que se encuentran en nuestro ordenamiento jurídico, se nos permita ahora una visión sintética de las notas peculiares de la figura a que pertenece también, como hemos visto, la institución objeto de nuestro estudio.

A este respecto resultan fundamentales los principios enunciados por un civilista italiano[99], a quien se debe también la observación según la cual el mantener la postura rígida en la argumentación de que siempre que se haya admitido un resarcimiento[100] deben preexistir una obligación y un derecho subjetivos (o un interés legítimo) significaría caer en una petición de principio y excluir a priori la categoría del hecho lícito dañoso por falsos preconceptos: figura que, por lo demás, se induce rigurosamente de los elementos de derecho positivo, frente a la imposibilidad de encontrar en algunos supuestos una obligación preexistente al resarcimiento y violada con la conducta dañosa[101].

---

97 Para un examen de la noción de indemnización en contraposición a la de resarcimiento, remito al cap. IV.

98 Para un examen profundo de la noción de equidad, en particular con referencia a la indemnización tal como se entiende en el artículo 2045, remito al cap. IV, dedicado a los efectos del comportamiento necesario.

99 RUBINO: "La fattispecie e gli effetti giuridici preliminari", cit., página 205.

100 El termino resarcimiento se utiliza aquí en sentido genérico, como medida económica establecida a cargo del autor del daño y no en el sentido específico que puede asumir cuando se contrapone a indemnización.

101 RUBINO: loc. cit.

El examen realizado precedentemente de las figuras típicas productivas del efecto obligatorio de la indemnización y que hemos subsumido en la figura más general del hecho lícito dañoso nos permite constatar la nota común de la ausencia de violación de un deber y de la presencia de un daño y de un nexo jurídico de causalidad. En estas figuras legislativas —que deben ser consideradas como excepcionales en cuanto se presentan como una derogación al principio general del artículo 2.043— la compensación económica prevista a cargo del autor del daño no puede conexionarse con la violación de un deber de comportamiento, ya que la presencia de las correspondientes normas permisivas contenidas en el Código autoriza aquel determinado comportamiento dañoso y excluye al mismo tiempo la antijuridicidad. Por tanto, es visible en tales figuras el intento del legislador de "componer" el conflicto de intereses merecedores ambos de tutela, evitando que la salvación de uno lleve consigo el sacrificio total del otro: en esos supuestos un sujeto está autorizado para realizar una determinada conducta dañosa, a la cual se conecta el nacimiento de una obligación de indemnizar por el hecho solo de la autorización. Este es un efecto que acompaña siempre a la norma permisiva, la cual excluye, de una parte, la tutela implícita en la obligación del *neminem laedere*, y, de otra —he aquí la función equitativa—, apronta el instrumento para una reparación del equilibrio turbado. Pero si no hay violación de una obligación preexistente a la producción del efecto de indemnización es necesario, por lo menos, que haya un nexo causal entre comportamiento y evento dañoso.

Se ha dicho[102] que este nexo se identifica con la culpa. Esta afirmación podría aceptarse si se acoge la noción de culpa como elemento metajurídico "en el sentido de elemento que el ordenamiento jurídico no crea (como crea, en cambio, la obligación), sino que la toma de la realidad que le preexiste", y la utiliza determinando que "se convierta en jurídicamente relevante solo cuando reúna determinados caracteres"[103]. Se ha dicho que pueda hablarse efectivamente de culpa en sentido metajurídico: se piense que en el lenguaje popular se utiliza esta palabra en hipótesis en que está excluida toda relevancia y significado jurídicos, como, por ejemplo, cuando se trate de un daño imputable a la misma persona que lo causa y lo padece. Entendida en este sentido, la culpa es indudablemente un elemento prejurídico; pero se trata de ver si el ordenamiento, al utilizar este elemento tomado de la esfera social, no lo ha modificado o, más exactamente, no lo haya juzgado utilizable para sus propios fines solamente en algunos de sus modos de ser determinados y posibles, de tal forma que el concepto de culpa en sentido jurídico sea diferente del concepto de culpa en sentido empírico, caracterizado el primero por la presencia de algunas notas peculiares indispensables. Y que esto sea así en la realidad me parece demostrado por el hecho de que la ley exige, para imputar un evento al sujeto que lo haya causado, que sea capaz de entender y de querer y que el evento fuese previsible, aun cuando en el caso concreto no se haya previsto[104].

102 RUBINO: "La fattispecie", cit., p. 206.

103 RUBINO: "La fattispecie", cit., p. 210.

104 RUBINO: "La fattispecie", cit., p. 209.

En mi opinión es en todo caso evidente —en contra de lo que han afirmado muchos[105]— deba excluirse una obligación general de diligencia, cuya ausencia o presencia (en sus diversos grados) tiene relevancia solamente cuando se haya producido un daño injusto. Y ello porque en tal caso se ha violado efectivamente un deber, precisamente el deber del *neminem laedare*. La sola conducta no improntada de diligencia no lleva en sí misma nada de antijurídica, porque no implica la violación del deber correspondiente. Y la prueba de esto se encuentra en los mismos textos, ya que el 2.043 refiere efectivamente la injusticia al daño y no a la conducta. En efecto, no hay duda de que la misma conducta, signada por el mismo elemento sicológico, puede ser productora de un daño justo o injusto, según que en el caso concreto implique la violación o no de un deber. El mismo disparo realizado contra las ruedas de un automóvil puede causar un daño injusto o justo, según que constituya delito de daños o un acto ejecutado en estado de legítima defensa; y sin que para ello deba cambiar en lo más mínimo el elemento sicológico del actor en ambas hipótesis, quien puede ignorar que la máquina que ve partir y sobre la cual dispara sea efectivamente la de los ladrones en fuga. El elemento de la diligencia (y de sus grados) podrá tener relevancia después, cuando se compruebe que efectivamente se ha producido un daño, asumiendo en tal supuesto la función de parámetro para medir la responsabilidad del autor —donde se haya violado efectivamente un deber—, y todo ello, en definitiva, relacionándolo con la mayor o menor previsibilidad del evento dañoso. Peor incluso fuera del campo de la responsabilidad aquiliana, es decir, en materia contractual —campo en el cual existe una norma que impone al deudor un deber de diligencia—, es fácil notar que la violación de tal deber no tiene realmente consecuencia alguna si no produce el incumplimiento o el retardo, y la medida de la diligencia usada termina por cumplir las funciones de medida del incumplimiento[106]. En todo caso, en materia extracontractual no se sanciona un deber de diligencia y su falta tiene relevancia únicamente cuando el sujeto agente haya violado el deber del *neminem laedare*; en este caso la diligencia cumple la función de parámetro de la previsibilidad del evento.

---

105 De Cupis: "Il danno", cit., p. 63 ss. y bibliografía allí citada, italianos y extranjeros, que siguen la misma dirección. Contra, Rubino: "La fattispecie", cit., p. 221; Schlesinger: "L'ingiustizia del danno", cit., p. 342, nota 18 y, por último, P. Forchielli: "La colpa lievissima", en *Riv. Dir. Civ.*, 1963, I, p. 184, texto y nota 14, según el cual "se puede estar de acuerdo sobre lo superfluo y quizá también sobre lo artificioso de la configuración de un auténtico deber de diligencia".

106 Sobre este punto, cfr. Mengoni: "Obbligazioni "di risultato" e obbligazioni "di mezzi", cit., p. 199, según el cual el art. 1.176 tiene una función instrumental con relación al art. 1.218, ya que sirve para aclarar la noción de imputabilidad contenida en el mismo, en el sentido de que la imposibilidad de la prestación lleva a la liberación del deudor solamente si éste no hubiera podido impedirla haciendo uso de la diligencia. Cuanto se afirma en el texto encuentra, por lo demás, confirmación en la afirmación sostenida por algunos de nuestros juristas, según los cuales no de todo incumplimiento deriva necesariamente un daño. cfr. Giorgiani: "L'obbligazione", Catania, 1945, p. 26; Auletta: "La risoluzione per inadempimento", Milán, 1942, p. 148; Polacco: "L'obbligacioni, cit., p. 184. Efectivamente esto demuestra, en definitiva, también que la violación del deber de diligencia sancionado expresamente en materia contractual no implica por sí mismo sanción alguna, si no se verifica el daño a cuya exclusión mira el legislador; cosa que, en mi opinión, hace perder mucho de la importancia que se reconoce generalmente a esta obligación.

Por tanto, entendida la culpa como nexo jurídico causal cuya finalidad es la imputación de un hecho dañoso a su autor, es evidente la posibilidad de su utilización como criterio de atribución de un daño a un sujeto jurídico incluso en el caso de hecho lícito dañoso. En este caso, en que falta precisamente la violación de un deber, puesto que la presencia de la norma permisiva ha excluido previamente tal deber, y en el que, por tanto, el daño se presenta como justo, la culpa se manifiesta como el único criterio idóneo para atribuir la obligación de indemnizar por el daño causado a su autor. Por ello, continuar hablando de ausencia de culpa —como se hace por muchos en la hipótesis de acto lícito dañoso y en particular de comportamiento necesario[107], es manifiestamente ilógico, además de erróneo. Basta pensar que el sujeto en peligro es consciente en tal grado del evento que confía a su realización la propia salvación. Más aún: aquí más que previsibilidad, hay previsión, puesto que a tener del artículo 2.045, el hecho necesario debe ser la única alternativa al peligro que amenaza, existiendo la voluntad de realzarlo. En consecuencia, el hecho necesario es manifiestamente *intencional*[108 109].

20. Esto basta para demostrar lo errado de la convicción, tan extendida en la doctrina[110], de que la indemnización prevista en el artículo 2.045 es una aplicación de los principios de la responsabilidad objetiva. En efecto, en esta forma de responsabilidad falta precisamente la culpa: tan es verdad que el criterio a que se recurre para atribuir al sujeto responsable las consecuencias económicas de un determinado daño prescinde de ella[111].

---

107 Cfr. por todos BOCCA: "LO stato di necessità (art. 2.045, C. c.), en Resp. civ. e prev., 1954, p. 98 ss.

108 Podría considerarse también doloso si esta expresión no se entendiera en lenguaje jurídico como referida a la conducta de quien persigue la finalidad depravada de causar un perjuicio ilícito a otros. En efecto, se ha notado bien que en otra perspectiva, que el término dolo es reservado en la ley penal a los delitos, así es que de considerarse como impropio un uso diferente: Cfr. CONTIERI: "LO stato di necessità", cit., p. 58.

109 A una conclusión semejante llegaba, ya bajo el viejo código, JAPOCE: voz "Necessità (Stato di)", cit., n. 49, según el cual "si el hecho se ha realizado verdaderamente en estado de necesidad, éste no puede ser previsto más que como consciente y voluntario, es decir, genéricamente doloso".

110 Cfr. DISTASO: "Stato di necessità e fatti del terzo", en Foro Pad., 1952, I, c. 1.098; E. VALSECCHI: "Responsabilità aquiliana oggettiva", cit., p. 160; MESSINEO: "Manuale", cit. V, § 169, n. 5, especialmente p. 539. Contra: S. PIRAS: "Saggio sul comportamento necessitato", cit., p. 92 ss., quien, como se ha visto anteriormeente, explica el hecho necesario como actividad de expropiación (p. 114 ss.).

111 Sobre los principios informadores de la responsabilidad objetiva y sobre las notas diferenciales respecto al tradicional criterio de la culpa como se entiende generalmente, además de la bibliografía citada en la p. 70 ss., cfr. FEIHT: "Haftung ohne Vershulden im kommenden Recht", Mennhein-Berlín-Leipzig, 1936, y más recientemente J. von GIEIRKE: "Grundfragen der Reform des Schadensersatzrechts", en Zeitschrift für das gesamte Handels und Konkursrecht", 1940, p. 140 ss,; ESSER: "Grundfragen der Reform des Schadensersatzrechts", en Archiv für die civilistischen Praxis", 1942, p. 12:1 ss.; EHRENZWEIG: "Negligence without fault", Berkeley-Los Angeles (non vidi) y "Versicherung als Haftungsgrund" en Juristische Blätter, 1950, p. 253 ss.; MINER VINI: "Orientamenti verso la responsabilità senza colpa nella più recente dottrina straniera", en Giust., civ., 1952, p. 626 ss. y bibliografia allí citada muy numerosa.

Y una prueba ulterior del hecho que la culpa quede al margen de la responsabilidad objetiva viene dada por la observación de que la culpa, como criterio de atribución de un hecho a un sujeto jurídico al efecto de aplicar la sanción del resarcimiento, sería inadecuada para atribuir el resarcimiento a una persona que no sea el autor del hecho y al cual la ley se lo ha atribuido por razones de orden político, social y económico.

Por el contrario, se ha puesto de relieve[112] que si bien es verdad que en la responsabilidad objetiva falta la culpa, preexiste, en cambio, un deber cuya violación produce el nacimiento de la obligación de resarcir. Pero esta afirmación, cuya exactitud parece encontrarse en la generalidad de los casos, pienso que no puede compartirse en todo su rigor, ya que puede haber hipótesis en que no corresponde la violación de un deber al nacimiento de una responsabilidad objetiva. Me refiero a la posibilidad —cuidadosamente examinada a su tiempo[113]— de que al sujeto objetivamente responsable le venga atribuida la responsabilidad derivante de la realización de un hecho lícito dañoso, como por ejemplo el comportamiento necesario de un dependiente. En tales hipótesis no se encuentra la violación de un deber preexistente, pero se halla, en cambio, presente la culpa —según el concepto aceptado en estas páginas— en el hecho de un sujeto diverso (por ejemplo, el doméstico o el dependiente).

Por tanto, creo que debe prescindirse de la existencia necesaria de la nota constituida por la violación de un deber anterior en la formulación de un principio relativo a la estructura de la responsabilidad objetiva que tenga valor y aplicación general; y ello porque el hecho de que tal violación existe normalmente en la práctica no autoriza a reconocer la esencialidad de tal elemento. Por lo tanto, la existencia de normas que establecen formas de responsabilidad objetiva en nuestro ordenamiento se justifica fácilmente, incluso sin tener que recurrir al requisito de la violación de un deber, si se aceptan, como lo hacemos nosotros, las teorías que ven en la base de tal responsabilidad el principio del interés[114].

21. Sentadas estas premisas, el hecho realizado en estado de necesidad —al igual que todo otro hecho lícito dañoso— se presenta como productor de una responsabilidad *subjetiva*, basada sobre la culpa, cuyas características peculiares sirven para conferirle su fisonomía peculiar en relación a la finalidad equitativa que persigue; lo que sirve, por otra parte, para diferenciarla de la responsabilidad por hecho ilícito y de la contractual. Ello nos permite afirmar respecto del encuadramiento dogmático como fuente de responsabilidad, que la obligación relativa al pago de una indemnización equitativa prevista en el artículo 2.045 —habida cuenta de la licitud del comportamiento necesario— debe reconducirse al *tertium genus* de las fuentes, distinto del contrato y del hecho lícito, que el artículo 1.173 identifica en "todo otro acto o hecho idóneo a producirlas en conformidad con el ordenamiento jurídico".

---

112 Rubino: "La fattispecie", cit., p. 208 ss.

113 Véase *supra*, p. 69 ss.

114 Sobre este punto véase amplius supra, loc. ulti. cit.

CAPITULO IV

EFECTOS DEL ESTADO DE NECESIDAD

SUMARIO: 22. El nacimiento de la obligación de pagar una indemnización equitativa. — 23. La figura de la indemnización en nuestro ordenamiento jurídico. — 24. La equidad. Su función en general. — 25. Y en particular en la norma del artículo 2.045 relativa a la determinación de la medida de la indemnización. — 26. El sujeto pasivo de la obligación en examen: generalidades. — 27. (Sigue): La hipótesis del daño causado por una persona incapaz de entender y de querer. — 28. (Sigue): La hipótesis del daño causado por el hijo menor, por la persona sujeta a tutela, por el alumno y por el aprendiz. — 29. (Sigue): La hipótesis del daño por el conductor de vehículo ajeno. — 30. La ayuda necesaria. — 31. El estado de necesidad causado por el hecho culposo de un tercero. — 32. Estado de necesidad y legítima defensa. — 33. (Sigue): El peligro ocasionado por las cosas. — 34. (Sigue): La legítima defensa contra el sujeto obligado a la vigilancia del autor del peligro. — 35. Daño ocasionado en estado de necesidad y seguro de responsabilidad civil. — 36. Efectos del estado de necesidad en materia de prescripción, de sucesión «mortis causa» y de donación.

22. Una vez examinados en los capítulos precedentes los elementos que integran la figura del artículo 2.045 y su naturaleza jurídica, se hace necesario ahora volver la atención a los efectos que la ley atribuye a la misma. Este estudio se presenta particularmente interesante, habida cuenta de la excepcionalidad del hecho lícito dañoso y de la disciplina correspondiente

Normalmente el ordenamiento jurídico reacciona ante la lesión de un interés imponiendo al autor de la lesión la sanción del resarcimiento. A la transgresión de la obligación o del deber sigue inmediatamente el efecto de la producción de una consecuencia desfavorable a cargo de la persona a la que se imputa el daño; dicho efecto jurídico tiene la función de repristinar la situación bajo el aspecto económico puramente, eliminando la disminución patrimonial que se deriva de la violación del deber.

Pero es posible que la lesión de un interés se verifique sin que concurra la violación de una obligación, aun cuando sea a consecuencia de un acto humano[1]: hemos visto que esto sucede cuando el perjuicio del patrimonio de la víctima se produzca por un hecho lícito dañoso. En tal caso, el ordenamiento jurídico no puede aplicar a la lesión del interés la sanción del resarcimiento a cargo del causante del daño, puesto que éste no ha violado precepto alguno; mas, por otra parte, como sería injusto que el daño incidiese íntegramente sobre un inocente para asegurar la salvación de quien intencionalmente —aunque no ilícitamente— ha causado el daño, el legislador recurre a la figura de la compensación, a la cual se ha atribuido la función de equilibrar nuevamente los patrimonios del autor del daño (justo) y del perjudicado inocente. Por tanto, el efecto principal del comportamiento necesario es el nacimiento de la obligación de pagar la indemnización equitativa a cargo de quien causó el daño.

Se ha afirmado al respecto que tal eficacia se manifiesta solamente como eventual, mientras que el efecto esencial sería únicamente la producción del daño[2]. Pero como dije en su lugar[3], no creo que el daño pueda considerarse extraño al supuesto de hecho del artículo 2.045, para ser clasificado entre los efectos que dicha norma atribuye a tal supuesto. Es cierto que el daño puede considerarse (como cualquiera otro evento bajo el aspecto etiológico) como un efecto de la conducta de quien se encuentra en estado de necesidad; pero con ello no quiere decirse que sea también un efecto de la figura del "estado de necesidad", precisamente porque forma parte de la misma como elemento esencial. Como efecto podrá verse la consideración que del daño hace la ley; pero esto es una cosa totalmente diversa. En consecuencia, el efecto principal derivante del hecho necesario es el nacimiento de la obligación de pagar una indemnización equitativa a cargo del que causa daño. Ya he recordado que se niega el carácter de esencialidad a este efecto. Ahora bien, es necesario entenderse.

Si al hablar de efecto "eventual" se ha querido indicar una nota característica del estado de necesidad, de tal forma que la eventualidad se pondría como un dato peculiar de nuestra institución, que se circunscribe únicamente a ella y no se encuentra en otras figuras que provocan también una reacción jurídica

---

1 Son exactas las observaciones al respecto de BARASSI: "Teoría generale delle obbligazioni", cit. II, p. 432, quien insiste sobre la importancia de la distinción conceptual entre "lesión" y "violación", criticando a la doctrina el uso indiscriminado de los dos vocables. Para que haya violación de un derecho es necesario que haya una acción humana que implique la transgresión de un deber; para que haya lesión de un derecho, por el contrario, esto no es necesario, de forma que la lesión puede suceder por obra de las fuerzas de la naturaleza (el rayo que destroza una planta). Ahora bien, la lesión puede tener lugar por hecho del hombre, pero sin que sea necesario que concurra la transgresión de un deber. Esto sucederá siempre que el comportamiento del sujeto agente sea legítimo, es decir, cuando estemos en presencia de un hecho lícito dañoso. En cambio, según algunos, cuando el acto es legítimo no puede haber ni lesión ni daño jurídico. Cfr. G. MIELE: "Le situazioni di necessità dello Stato. Osservazioni generali", en Arch. Dir. Pubbli., 1936, p. 446, alcual se adhiere PIRAS: op. cit., p. 65 Dichas observaciones son, en mi opinión, la consecuencia del cambio conceptual, bastante difundido en doctrina, entre las nociones de daño jurídico y daño resarcible; véase a este respecto *supra*, p. 135 ss.

2 Cfr. S. PIRAS: "Saggio", cit., p. 64 ss.

3 Véase *supra*, p. 17 ss.

desfavorable de carácter económico (como, por ejemplo, tiene un significado genérico —queriendo significar simplemente la posibilidad de que existan casos concretos en los que tal obligación puede no surgir por la aplicación de los principios generales de causalidad y de responsabilidad—, no hay motivo para disentir; si bien debe notarse que la observación es superflua.

En todo caso, esta última significación se presenta en los casos mencionados[4] como el más recomendable, pues los ejemplos citados, susceptibles de configurarse exclusivamente con referencia al estado de necesidad, no son obstáculo al nacimiento de la obligación de indemnizar. Así, por ejemplo, el caso en que no haya obtenido beneficio alguno el sujeto en estado de necesidad, o el caso en que el daño haya sido enormemente superior a la ventaja producido por el hecho necesario; en mi opinión, estos casos producen indudablemente el nacimiento de la obligación de indemnizar, puesto que la inexistencia o la pequeñez del beneficio no excluye que el sujeto pasivo haya sufrido un daño, de forma que esta situación especial podrá condicionar la medida (la apreciación equitativa por parte del Juez), pero no la existencia de la indemnización equitativa[5].

Por lo demás, los otros casos citados hacen referencia a. un ámbito más amplio que la figura del artículo 2.045, capaces de comprender también la responsabilidad normal por hecho ilícito, y, en todo caso, no son ciertamente decisivos para sacar conclusiones respecto de la eventualidad absoluta de la obligación de indemnizar: así, por ejemplo, la hipótesis en que el hecho necesario haya determinado un daño que se habría verificado igualmente aun en ausencia del mismo, porque aquí hay una interrupción del nexo causal capaz de impedir que el evento dañoso sea atribuible a la conducta necesaria[6]; así también la hipótesis en que el daño producido por quien se encuentra en estado de necesidad sea indemnizado por una sociedad aseguradora —estando cubierto el riesgo correspondiente por el seguro—, porque esto no impide el nacimiento de la obligación, sino que modifica solamente el sujeto activo; igualmente el supuesto en que la negligencia del perjudicado haya provocado o concurrido a provocar la situación de necesidad, porque en tal caso la presencia de la culpa del perjudicado excluye (en el caso de concurso disminuye solamente) la responsabilidad de quien causó el perjuicio; así, finalmente, el caso en que el sujeto agente se encuentre en la imposibilidad absoluta de realizar el pago de la indemnización, pues esto no tiene, evidentemente, relevancia alguna sobre el nacimiento de la obligación, sino solamente en su cumplimiento.

4 Cfr. S. Piras: op. cit., 68 ss. Tales casos se presentan como "de solución en parte segura y en parte dudosa", pero sin que se precise cuáles pertenezcan a una u otra categoría.

5 Solamente identificando la figura legislativa del estado de necesidad con la del enriquecimiento sin causa serían válidas las conclusiones criticadas. Pero, si bien es verdad, como se verá dentro de poco en el texto, que puede encontrarse una posibilidad de referencia útil a los principios del enriquecimiento, sin embargo, la equiparación absoluta debe excluirse.

6 El problema es bastante antiguo y ya resuelto en derecho romano en lo que se refiere a la hipótesis más natural, es decir, del hecho ilícito. Sobre este punto, cfr. Pacchioni: "Causa e concausa in alcuni testi romani", en Riv. Crit. inf., 1933, p. 145 ss. Véase recientemente Forchielli: "Il rapporto di causalità nell'illecito civile", Padua, 1960, p. 45 ss.

Por lo demás, la letra de la ley resulta extremadamente clara al respecto, afirmando categóricamente que "al perjudicado le es *debida* una indemnización", de la cual tan solo la medida se remite a la apreciación del Juez[7].

Y esta fórmula se manifiesta más expresiva aún si se la confronta con la utilizada por el artículo 1.447, donde se dice que "el Juez puede asignar una compensación adecuada a la otra parte según las circunstancias cuando pronuncie la rescisión..."[8].

23. Delimitado sumariamente el efecto constituido por el nacimiento de la obligación indemnizatoria, conviene profundizar su conocimiento, fijándose esencialmente en el esclarecimiento de su naturaleza y alcance. Un examen de la figura de la indemnización, dirigido a poner en claro su peculiar fisionomía, debe partir de la consideración de que el término indemnización no tiene un sentido unívoco, sino que es utilizado en nuestros textos legislativos con varios significados, diversos entre sí.

En efecto, hay veces en que se refiere a hipótesis donde asume claramente la función de reembolso, como, por ejemplo, sucede en el caso de la accesión, respecto de la cual el artículo 937 establece que el propietario del fundo en mala fe y el tercero que ha hecho uso de materiales ajenos "están obligados solidariamente al pago de una indemnización *igual al valor* de los materiales mismos"[9].

---

7 También es meridiana la afirmación del Código penal español al respecto. Efectivamente, el artículo 20 dispone que «la exención de responsabilidad criminal (efecto jurídico penal del estado de necesidad) declarada en los números 1.°, 2.°, 3°, 7° y 10.° del artículo 8.°, no comprende la de la responsabilidad civil».

El daño no es efecto del estado de necesidad, sino constitutivo del supuesto de hecho: elemento integrante de la figura del estado de necesidad sin cuya concurrencia no hay tal estado de necesidad. El efecto civil es el nacimiento de la obligación de indemnizar los daños causados; obligación que, por lo demás, tiene como titular pasivo el beneficiario del comportamiento del agente, no el agente mismo; y cuya cuantía no se deja al arbitrio del Juez, sino que viene determinada por el artículo 101 del Código penal. Lo que queda al arbitrio —relativamente tan solo— es la distribución de esa responsabilidad entre los beneficiarios del acto realizado en estado de necesidad cuando éstos son varios.

8 Es evidente el error de DURANTE: "L'assicurazione di responsabilità civile", cit., p. 115, cuando habla de "indemnización equitativa que el Juez *puede* fijar".

9 La misma norma se sanciona por el artículo 360 del Código civil español; pero solo en el caso de que no haya mala fe por parte del propietario del suelo: si hay mala fe responde por dolo de los daños y perjuicios, de acuerdo con la norma general establecida en el artículo 1.107 del propio cuerpo legal, para el caso de incumplimiento de las obligaciones.

Dice literalmente el artículo 360: «el propietario del suelo que hiciere en él, por sí o por otro, plantaciones, construcciones u obras con materiales ajenos, debe abonar su valor; y, si hubiere obrado de mala fe, estará además obligado al resarcimiento de daños y perjuicios. El dueño de los materiales tendrá derecho a retirarlos solo en el caso de que pueda hacerlo sin menoscabo de la obra construida, o sin que por ello perezcan las plantaciones, construcciones u obras ejecutadas».

Es evidente la finalidad de reembolso que está a la base de dicho precepto; pero que se agrava con la indemnización de perjuicios de concurrir la mala fe del dueño del fundo. La idea de reembolso y de reparación llega a permitir al dueño de los materiales la facultad

En cambio, otras veces se habla de indemnización en supuestos en que se produce un daño (incluso justo), el cual debe ser compensado por la indemnización (por ejemplo, el artículo 924). Otras veces (véase el artículo 1.038) la figura de la indemnización tiene un alcance más amplio sobre el plano causal, en cuanto une al mismo tiempo las dos funciones antes indicadas, asumiendo la fisionomía de una entidad económica equivalente a la suma correspondiente a la utilidad obtenida y del daño causado[10] [11].

Pero que en estos significados deformes la indemnización tenga por lo menos algunas de sus características constantes parece demostrarlo el hecho de que en todas las acepciones indicadas realiza siempre una función equilibradora entre dos patrimonios[12]: relieve que permite suponer la existencia de una figura general de indemnización, en la cual todas las subespecies pueden ser comprendidas o, si se prefiere, en la cual se reúnen todas sus manifestaciones.

En todo caso, a los fines del presente estudio, interesa especialmente la indemnización como medida equilibradora en favor de un patrimonio al cual se haya causado una disminución como consecuencia de un hecho lícito dañoso.

A este respecto es evidente la necesidad de examinar la figura que nos ocupa en relación con la del resarcimiento, también en consideración a la opinión doctrinal[13], según la cual el legislador utiliza promiscuamente las dos expresiones, haciendo imposible la atribución a la primera de un significado valorable autónomamente en el plano de la terminología técnica y conceptual. Pero esta opinión se ve resguardada —al menos por lo que se refiere al Código civil —[14]— por el examen atento de los textos, de los cuales resulta claramente, por el contrario, la posibilidad y la necesidad de una distinción.

---

de reparación mediante el reintegro de los mismos materiales de que se le privó, siempre que ello sea posible.

10 La demostración de la veracidad de esta afirmación se ha dado ya anteriormente: cfr. *supra*, cap. II, n. 16.

11 En un sentido totalmente particular el término indemnización se utiliza en el art. 1.017, donde se dice que "si el perecimiento de la cosa no es consecuencia del caso fortuito, el usufructo se transfiere sobre la *indemnización* debida por el responsable del daño". Esta acepción podría parecer una confirmación de la opinión de DE CUPIS sobre su defendido uso promiscuo hecho por el legislador de los términos indemnización y resarcimiento: cfr. *infra*, texto y nota 117; sobre su defendido uso promiscuo hecho por el legislador de los también MESSINEO: "Manuale", cit. I, p. 440) —al menos en el ámbito del Código civil— me parece más fundado pensar en un uso impropio y extensivo de la expresión como referida genéricamente a todo tipo de consecuencia económica que pueda surgir de la realización del hecho dañoso (lícito o ilícito) a cargo de su autor. Con un uso impropio del verbo "resarcir" se explica igualmente la fórmula del art. 81, relativa a la obligación que nace de la ruptura de los esponsales.

12 Reconoce esta función particular MESSINEO: "Manuale", cit. I, p. 438 ss.

13 Cfr. DE CUPIS: "Il danno", cit., p. 331. En contra, ALESSI: "La responsabilità della Pubblica Amministrazione", cit. I, pp. 33 y 246 ss.

14 El hecho de que se encuentre en leyes especiales un uso promiscuo de los términos indemnización y resarcimiento no me parece decisivo frente a la constatación contraria, es decir, en el C. c. la distinción es casi siempre respetada.

No se puede desconocer que se encuentran algunas afinidades entre las dos figuras:[15]: —especialmente bajo el aspecto de los medios a través de los cuales se realizan ambas y de sus efectos (bien que diversos en su alcance)—; pero esto no debe engañarnos, induciendo a juicios presurosos de asimilación. En efecto, un examen riguroso de las dos obligaciones es suficiente para evidenciar las profundas diferencias. El elemento que se presta a semejanzas más intensas es evidentemente el contenido, el cual, resolviéndose en una prestación pecuniaria, puede no ser muy diferente según los casos. Pero esta posible semejanza no es la regla, ya que, al contrario, el contenido difiere frecuentemente en las dos obligaciones, por cuanto la indemnización no cubre siempre el valor total del daño[16] —aparte la consideración de que en la indemnización parece que deba excluirse la realización de la prestación en forma específica[17].

En cambio, menos segura se presenta la afirmación basada sobre el examen de los dos parágrafos del artículo 2.047, según el cual con la indemnización se tiende a compensar el daño emergente, mientras con el resarcimiento se repararía también el lucro cesante[18]. En efecto, esta característica, probablemente válida con relación a la figura legislativa citada —que, por lo demás, se presenta con una fisionomía peculiar—, es insuficiente para inferir la conclusión de una regla general que llevaría consigo una tal limitación y haría referencia a todas las hipótesis de indemnización que se encuentren en el ordenamiento jurídico.

En todo caso, aun admitida en supuestos concretos una coincidencia del contenido de ambas obligaciones, estas difieren radicalmente en orden a su función. En efecto, debe resaltarse particularmente que el concepto de indemnización, aun cuando presupone la existencia de un daño, no es jamás correlativo del concepto de *injuria*, o de acto ilícito, mientras se corresponde con este último el concepto de resarcimiento[19]. En todo caso, puede observarse desde un punto de vista más general que en todas las diversas acepciones en que hemos encontrado utilizado por la ley el término indemnización, aun prescindiendo de las hipótesis de daño justo que nos interesan más, dicha expresión está indiscutiblemente al margen del concepto de *injuria*, pudiendo encontrarse, por el contrario, la nota constante de una función reequilibradora entre dos patrimonios, la cual se dirige a la eliminación de un enriquecimiento

15 Cfr. MESSINEO: "Manuale", cit. I, p. 439.

16 En este sentido, NUTI: "La garanzia della responsabilità patrimoniale", Milán, 1954, p. 85.

17 Esto puede suceder o porque las partes lo habían convenido así, como en el contrato de seguro, o porque lo haya establecido así la ley, como en el caso de revocación de la propuesta (art. 1.328) o, en fin, porque se haya pronunciado en este sentido el Juez, a cuya apreciación equitativa haya remitido la ley la medida de la indemnización, como se prevé en los arts. 2.045 y 2.047, cfr. sobre este punto NUTI: loc. cit.

18 Cfr. MESSINEO: "Manuale", cit. loc., cit., quien no obstante, presenta tal opinión solamente como probable.

19 Cfr. MESSINEO: loc. cit. Según NUTTI: op. cit., p. 86, las causas de la obligación de resarcimiento y de la obligación de indemnizar se diferencian por "dirigirse respectivamente a realizar el resarcimiento del daño y la garantía del daño que no sea resarcible".

(en sentido genérico)[20] que se presenta como indebido[21], Por lo demás, existen en nuestro ordenamiento civil varias normas que —previendo en el mismo texto la posibilidad de una u otra figura— ponen de relieve su diversidad con toda evidencia: se piense en el artículo 937.3.°, relativo a la accesión, según el cual el propietario de los materiales, además "del pago de la indemnización, igual al valor de los materiales mismos, puede exigir el resarcimiento del daño"; y también el artículo 2.047.2.°, a tenor del cual "en el caso de que el perjudicado no haya podido obtener el resarcimiento de quien esté obligado a la vigilancia, el juez puede condenar al autor del daño a una indemnización equitativa, en consideración a las condiciones económicas de las partes". Lo que, por otra parte, caracteriza a la figura es una cierta elasticidad que hace más difícil al intérprete delinear con claridad los contornos, a fin de darle una fisionomía y una dimensión seguira. Dicha cualidad —que se presenta como una característica peculiar suya—, lejos de ser un elemento negativo, responde plenamente a las exigencias de la vida jurídica para las cuales se ha creado, habida cuenta de la pluralidad de los fines que requieren su aplicación; aunque, ciertamente, no ayuda a conseguir una definición de la figura.

En otros términos, mientras el resarcimiento es correlativo únicamente del hecho ilícito, la indemnización, en cambio, no tiene un presupuesto único que condicione su nacimiento; pero su característica de ductilidad extremada le permite adaptarse a las exigencias de varias figuras diversas entre sí, bien que todas ellas sean subsumibles bajo el común denominador de una mutación patrimonial indebida.

---

20 He hablado de enriquecimiento en sentido genérico, puesto que en rigor no siempre se tiene un enriquecimiento en sentido verdadero y propio *strictu sensu*: en efecto, se piense en la hipótesis del comportamiento necesario, donde en realidad no hay un incremento patrimonial para el que se encuentra en estado de necesidad, sino que se ha evitado un empobrecimiento mediante el sacrificio de un tercero.

21 En el Código civil español no se utilizan técnicamente las expresiones indemnización y resarcimiento en el sentido indicado por el autor en el texto; en realidad, se usan indistintamente.

Ello no obstante, es evidente en el Código civil dos tipos de indemnización, diferenciados en base a la cuantía y a la presencia o no de la mala fe: en realidad, la cuantía de la indemnización viene condicionada por la presencia o no de la mala fe. En efecto, cuando hay mala fe la indemnización comprende no solo la reparación del daño causado, sino además el resarcimiento de todos los posibles perjuicios que puedan producirse; en cambio, si no hay mala fe, la responsabilidad se reduce a la simple indemnización de los daños producidos.

Esta idea de diferenciar ambos tipos de indemnización domina en todo el campo del Derecho civil: en efecto, para el ámbito de los derechos reales la encontramos, entre otros, en el artículo 360 (accesión de muebles a inmuebles), artículos 375 y 379 (accesión de mueble a mueble); para el campo del derecho de obligaciones la distinción se sanciona en el artículo 1.107, aplicable a todas las obligaciones dada su posición en la teoría general de las mismas; y para el campo del derecho de sucesiones, por ejemplo, el supuesto del articulo 1.063 (abono de perjuicios culposos entre coherederos en caso de partición).

Por lo demás, la idea de reequilibrio entre los patrimonios afectados, aparte los supuestos antes citados en ausencia de la mala fe, pueden verse otros, como, por ejemplo, los artículos 562 (construcción de parada o partidor: si bien aquí se habla de «abono de daños y perjuicios»), 564 (servidumbre de paso), etc.

Prescindiendo de consideraciones relativas a la causa y con referencia únicamente al plano efectual, podría quizás decirse que se adapta, restringiéndose o ampliándose según las necesidades, a la infinita variedad de casos que la fenomenología de la realidad transfiere al campo jurídico, para sanar o mitigar aquellos trastornos económicos que no derivan de un hecho ilícito, pero que, no obstante, el ordenamiento jurídico regula por motivos morales y políticos, además de jurídicos. Evidentemente este es un intento de definición en sentido negativo o por exclusión, pero que se justifica por el descontento evidenciado por la doctrina en la investigación de una noción exacta.

Por lo demás, la abundancia de atributos con los que el legislador ha querido cualificar caso por caso la indemnización en sus diversas aplicaciones, apoya estas consideraciones mías. Efectivamente, la indemnización se define según los casos "justa" (art. 834); "adecuada" (art. 843); "debida" (art. 921); "congrua" (art. 997); "proporcionada al daño ocasionado" (art. 1.053); "equitativa" (art. 2.047)[22]. Estas diversas concreciones, que tienden precisamente a modelar el remedio económico según las diferentes exigencias, restringiéndola, ampliándola, proporcionando el contenido[23], constituyen la mejor prueba del aspecto poliédrico de la figura en examen, cuya nota más característica se sustancia en la ya mencionada función equilibradora, dirigida a eliminar el incremento indebido de un patrimonio en perjuicio de otro; incremento cuyo origen no debe buscarse en un acto ilícito.

24. En el parágrafo precedente he intentado delimitar y aclarar la fisonomía de la figura de la indemnización, subrayando la nota de elasticidad que la caracteriza. Se ha visto también la concesión que la ley le hace de los más variados atributos, que, evocando nociones, conceptos, principios diversos, sirvan para darle un colorido diferente en cada caso, confiriéndole alcance y efectos diferentes. En algunos casos, el legislador ha avecinado los conceptos de indemnización y de equidad para llegar a situaciones en que la aplicación del *summum ius* sería realmente *summa injuria*; de esta manera ha creado fórmulas legislativas como "indemnización equitativa" (artículo 2.047) o también como en la norma objeto del presente estudio, circunlocuciones en que se recurre "al apreciamiento equitativo del Juez". En tales normas, la indemnización se condiciona, por lo que respecta a su existencia y medida, por la unión con los principios equitativos que le permiten acoplarse con más sensibilidad y adecuación a las particularidades del caso concreto. La equidad desempeña en ellas la función de vinculación y adecuación de la norma abstracta al caso específico, proporcionándole los efectos: y este fin se consigue gracias a la valoración de elementos de naturaleza económica y sociológica, además de jurídicos, precisamente porque la equidad lo consiente.

22 A veces indica la ley expresamente el criterio para la determinación concreta de la medida de la indemnización; véanse, por ejemplo, los arts. 937, 944, 1.034, 1.127, 2.118, 2.121, 2.122, 2.245.

En cambio, otras veces, indica solamente la obligación de pagar "una indemnización": véanse los arts. 876, 913, 9.124, 1.032, 1.038, 1.039, 1.044, 1.049; o utiliza perífrasis como "tener indemne".

23 Sería imposible atribuir tales características al resarcimiento, cuya amplitud no es susceptible de ser ampliada o restringida teniendo como nota rígida la de correlación la entidad completa del daño.

De esta forma se amplía el campo de observación del Juez y aumentan los factores que condicionarán su decisión, a fin de que esta pueda ser justa, además de exacta jurídicamente.

Tratar de la equidad, de su función, de sus límites en el ordenamiento jurídico, de sus relaciones con la norma jurídica, con la pretensión de aportar una contribución a su debatida teoría general[24], sería imposible en esta sede, y en todo caso desproporcionado con las finalidades del libro.

Por ello, me limitaré al examen de aquellos aspectos del problema directamente ligados con el estudio de mi tema: es decir, los que se muestren útiles al fin de aclarar la particular obligación indemnizatoria prevista por el artículo 2.045.

Según una opinión —que ha permanecido aislada[25]—, el problema de la naturaleza y de la función de la equidad no sería susceptible de solución mientras se permanezca en el campo del derecho positivo puro, pues su esencia es de carácter metajurídico. Semejante afirmación puede considerarse refutada victoriosamente por la observación de que no existe un problema de equidad, sino diversos problemas que implican consiguientemente conclusiones distintas, de las cuales, si bien es cierto que algunas pueden recaer en el campo de las investigaciones metajurídicas, las demás —relativas a los límites y a la función de concepto de la equidad en el sistema de nuestro ordenamiento— se refieren indudablemente a un problema jurídico puro, que no implicaría un desbordamiento del campo de la investigación jurídica[26].

El problema de la equidad es un probelma jurídico. Observación que, si bien es cierto que sirve para reconocer a la figura ciudadanía en el campo del derecho y, en consecuencia, a justificar un examen por parte de los juristas, no dice todavía nada sobre sus funciones y acerca de sus límites de aplicación. Es notoria la vieja disputa relativa al problema de si puede reconocerse a la equidad la categoría de fuente del derecho o si, por añadidura, deba

24 Las citas podrían ser infinitas, puesto que de los problemas relativos a la equidad se han ocupado, bien que con perspectivas diferentes, los escritores de todas las disciplinas y, particularmente, los estudiosos del proceso civil y penal, los civilistas, los romanistas. En todo caso, entre las obras que interesan más directamente nuestra materia, cfr., además de las que se citan más adelante, las siguientes: Bülow: "Gesetz und Richteramt", Leipzig, 1885, en particular el capítulo V; Carnelutti: "In tema di interpretazione y de applicazione della legge", en Riv. Dir. Proc., 1958, p. 22 ss.: De Marini: "Il giudizio di equità nel processo civile", Padua, 1959; D. Donati: "Il problema delle lacune nell'ordinamento giuridico", Milán, 1910; Gorla: "L'interpretazione del diritto", Milán, 1941; López de Oñate: "La certezza del dirrito", Roma, 1950; Perris: voz "Equità", en Nuov Dig. it. V, Turin, 1938, p. 446 ss.; Redenti: "Diritto processuale civile", II, Milán, 1953, p. 38; V. Scialoia: "Del diritto positivo e dell'equità", Camerino, 1880; Saltelli: "L'analogia e i principi generali del diritto in materia penale", en Annali Dir. e Proc. pen., 1934, I, p. 125 ss.; Vecchione: voz "Equità (giudizzio di)", en Novissimo Dig. it. VI, Turin, 1960, p. 626 ss.; Xirau: "La funzione giurisdizionale e l'equità", en Studi di diritto processuale in onore di G. Chiovenda, Padua, 1927, p. 837.

25 G. Maggiore: "L'equità e il suo valore nel diritto", en Riv. intemaz, fil. Dir., 1923, p. 256.

26 M. Rotondi: "Equità e Principii generali del diritto", en Riv. dir. civ., 1924, p. 267.

identificarse con los principios generales del derecho[27]. Sobre este punto me basta con observar —como ya se ha dicho certeramente[28]— que no es sostenible la equiparación, precisamente porque ambos conceptos son radicalmente opuestos; los principios generales son lo más abstracto que exista en un ordenamiento jurídico, mientras que la equidad representa lo más concreto. En consecuencia, creo más fundado ver en la equidad el criterio correctivo de la interpretación y, sobre todo, de la aplicación de la norma[29].

Para comprender a fondo dicha función se debe partir de la intuición "carneluttiana", que encierra una profunda verdad: el derecho vale tanto cuanta es la moralidad que logra contener.

Precisamente por esto, el insigne jurista amonesta al legislador de que "su obra, aun cuando esté bien construida desde el punto de vista lógico, físico, económico, es más frágil que el cristal si el metal que utiliza no se ha extraído de las vísceras de la justicia"[30].

Ahora bien, la equidad encuentra fundamento teórico precisamente en la obligación del legislador de adecuar la norma a la moral corriente, la cual, como se ha observado[31], "se reacciona con lo que el hombre de a calle (el hombre medio) estima necesario al *honeste vivere* en un determinado momento de su historia". Efectivamente, el ordenamiento jurídico, que tiende con preferencia a conseguir este objetivo a través de la promulgación de la norma abstracta (a la que se le reconoce la ventaja de asegurar la "certeza del derecho" en grado máximo), recurre en hipótesis particulares —delante a la inadecuación de la norma abstracta para alcanzar aquel fin— a la equidad como instrumento que pueda favorecer la realización de la justicia en el caso concreto, mitigando el rigor del derecho[32].

En estas hipótesis la ley pide al Juez que prescinda de los principios generales y que aplique al caso particular las mitigaciones que no encontrarían base en una disposición expresa, ni podrían referirse a un principio informador del ordenamiento, pero que la conciencia social no reprobaría y que juzgaría más bien conformes a la regla moral.

En este poder conferido al Juez se ha visto el peligro de que éste acabe por

---

27 Cfr. Maggiore: op. cit., ult.; Osilia: "L'equità nel diritto privato", cit. y otras indicaciones bibliográficas en Rotondi: "Equità e principi generali di diritto", cit., p. 226, nota 1.

28 Rotondi: op. cit., p. 271 ss.; Según De Marini: op. cit., a quien se adhiere; Vecchione: op. cit., la parificación conceptual entre equidad como la entiende nuestro código civil y la *aequitas* del *pretor* romano constituye un error histórico. Queriendo establecer una conexión conceptual sobre el plano histórico con sistemas jurídicos lejanos en el tiempo, me parece válida la observación de Elia ("In tema di equità", en Giur. Compì. Cass. Civ., 1950, II, p. 112), según el cual la equidad recuerda el juicio originario, donde las partes delegaban en el Juez la decisión, comprometiéndose recíprocamente a respetarla, y el Juez era absolutamente libre, porque no había una ley escrita.

29 Así Messineo: "Manuale", cit. I, § 6, n. 13, p. 105.

30 Carnelutti: "Metodologia del diritto", Padua, 1939, p. 31.

31 Cfr. Elia: "In tema di equità", cit., quien se refiere a la sent. de la Cass., 11 abril 1949, ivi. cit.

32 Cfr. en este sentido adda y Bensa: "Note alle pandette del winscheid", I, 1, Turín 1902. p. 136, a los cuales se adhieren Rotondi: op. cit., p. 270 y Elia: op. cit y loc. cit.

confundir la apreciación común de la sociedad con el propio juicio personal, considerado por él como justo; de tal forma que esta concepción de la equidad habría de considerarse subjetiva, transformando al Juez en legislador[33]. Pero este temor resulta infundado cuando se considera que la obra del intérprete es siempre subjetiva, pues incluso en el procedimiento de aplicación de una norma legal explícita, "repiensa la norma para obtener la solución del caso concreto, haciendo en sentido inverso la obra de abstracción progresiva del legislador: fenómeno interesante y fuerza que hace del Juez el instrumento inconsciente del progreso técnico"[34].

En cambio, en la hipótesis en que se recurre a la equidad, la ley, juzgando la particularidad del caso tal que no puede conciliarse con la rigidez y abstracción de la norma explícita, prefiere delegar en el Juez el poder de valorar directamente el hecho concreto, evitándole el procedimiento lógico dirigido a llevar la norma desde la abstracción de la previsión legal a la concreción de su aplicación: procedimiento que no aseguraría los fines de la justicia precisamente en los casos concretos. Ciertamente que la llave del problema está en saber poner legislativamente límites precisos al Juez que permitan, de un lado, realizar —sobre el plano de la adecuación de la norma al caso particular— resultados imposibles de otra manera, y, de otro, impidan que el poder concedido al Juez se transforme en una posibilidad de verdadero y propio arbitrio, lo que conduciría, en definitiva, a la negación de la equidad[35].

Estos conceptos se confirman en toda su evidencia si damos crédito a la opinión —que se sostiene eficazmente[36]— que ve en el derecho un instrumento

---

33 Cfr. Osilia: "L'equità nel diritto privato", cit., p. 68.

34 Cfr. Rotondi: op. ult., cit., p. 270 ss., en cuyas palabras se encuentra el eco de la opinión de Miceli: "Sul principio di equità", en Studi in onore di V. Scialoia, II, Milán, 1905, p. 90 ss. y del Rümelin: "Werturteile und Willensentscheidungen im Civilrecht", cit. por Rotondi, loc. cit.

35 Bajo este aspecto la oportunidad de la norma del art. 1 del C. c. suizo sería discutible: cfr. Rotondi: loc. cit., quien recuerda además el ejemplo de la disposición preliminar de las normas complementarias del ordenamiento judicial de Trípoli, aprobadas con el Decreto del lugarteniente de 15 abril 1917, n. 937, que daban al Juez el poder de aportar "a las leyes las modificaciones que, si él hubiese sido legislador habría establecido para regular las mismas relaciones jurídicas".

36 Esta verdad ha sido repetida por Carnelutti en sus obras, en cuyo pensamiento la justicia es una condición de la paz: "sólo cuando *pax et iustitia osculatae sunt*, se conforman los hombres, las clases, los pueblos". Para un penetrante examen de este concepto carneluttiano y de su evolución hacia la teoría de la caridad en el derecho cfr. Olgati: "Il concetto di giuridicità nella scienza moderna del diritto", Milán, 1950, p. 482.

Cfr. al respecto también Bonfante: "Storia del diritto romano", I, Milán, 1958, según el cual "en la época de su formación es muy poco probable que el Estado haya atendido a la formación del derecho" y, en todo caso, "no es el interés de la justicia lo que lo anima, sino precisamente el de la paz".

No obstante, aun siguiendo esta teoría, según Elia: op. cit., ult., "es evidente que la paz se mantiene evitando las reacciones de la conciencia moral ofendida, viniendo a depender siempre del respeto de la moralidad corriente. Y puesto que el mismo interés económico ofendido no reacciona si su titular no tiene conciencia del mismo, aun queriendo reducir el derecho a la economía, el *minimum* ético adquiere siempre relevancia, al menos como para la realización de la paz. Precisamente en consideración a la reconocida imposibilidad de alcanzar esta finalidad de la paz social solamente a través de la aplicación de la norma general y abstracta se justifica el recurrir a la equidad. Podría decirse que esto implica en el fondo una valoración pesimista de la eficiencia y de la adecuación de la previsión abstracta a la realidad de la vida social; pero no hay que olvidar que las hipótesis en que se recurre a la equidad se presentan como excepcionales, precisamente porque los supuestos que la norma debe regular son también peculiares y a los cuales consigue adecuarse más exactamente con la mitigación equitativa.

La equidad sirve para infundir a la norma — con referencia al caso concreto — aquel tanto de eticidad que en la previsión abstracta le faltaba (impidiéndole que se adaptase a las necesidades) y que el Juez adquiere con su intuición humana, tomándolo de la conciencia social y aplicándolo en el caso concreto. En efecto, no se ha dicho que recurrir a la equidad signifique esencialmente sacrificio de la norma abstracta; sino que, por el contrario, confiere a esta un valor mayor, atemperándola y añadiéndole la esencia moralizadora que puede faltarle. La equidad no es jamás negación de la norma[37]: no se opone a ella, sino que la integra o la subroga en lo que le falta de moral; en suma, la hace más conforme al paradigma absoluto de la justicia.

25. La función del recurso a la equidad, tal como se ha expuesto en las páginas precedentes, se presenta también en la figura legislativa del artículo 2.045. Precisamente aquí, como criterio de aplicación de la norma, cumple la función de adecuar la indemnización prevista a favor del perjudicado a la situación particular concreta en que el estado de necesidad se ha verificado, sirviendo para determinar la medida. En efecto, el legislador no ha previsto sic *et simpliciter* una indemnización en la norma del artículo 2.045; ni menos ha utilizado para ella atributos como "adecuada" o "congrua", según sucede en otras normas; sino que ha querido que fuese el Juez quien estableciese la medida de la indemnización a través de su valoración del caso concreto, y desvinculada de la observancia de una norma abstracta.

De esto se puede inducir obviamente que en el pensamiento del legislador el estado de necesidad se ha visto como una de aquellas figuras respecto de las cuales el ordenamiento jurídico considera imposible adecuar convenientemente la norma abstracta al *mínimum* ético que no puede faltar sin que se produzca una injusticia, y, por ello, ha considerado indispensable recurrir a la apreciación equitativa del Juez. Se trata de ver ahora como el reclamo a la equidad reaccione en las hipótesis particulares o, en otros términos, dentro de qué límites y en qué modo pueda realizarse esta apreciación equitativa del Juez.

Una interrogante similar exige que la investigación se dirija a examinar cuáles sean los elementos sobre los cuales el Juez pueda fundamentar su valoración, ya que el problema no consiste en establecer cuál pueda ser la medida de la indemnización equitativa, sino más precisamente cómo debe establecerse esta medida. No es ocioso recordar al respecto que el recurrir a la equidad, si bien es verdad que libera al Juez de la observancia estricta de

---

síntoma revelador de las necesidades generales".

37 M. ROTONDI: op. cit., p. 273.

las normas rígidas y abstractas, no quiere ello decir que se le consienta una solución cualquiera; al contrario, la más amplia libertad de juicio que se le pide tiene precisamente la finalidad de suplir los límites de la norma general con referencia a la especialidad del caso concreto.

Viene necesariamente, en primer lugar, por consideración a la entidad del daño. Pero a este elemento no se le puede reconocer la importancia determinante que reviste normalmente en el campo de la responsabilidad, donde es suficiente de por sí para condicionar la medida del resarcimiento.

Por el contrario, en el estado de necesidad no puede aceptarse una relación de absoluta, de necesaria equivalencia entre daño e indemnización, bien que no pueda excluirse teóricamente e incluso pueda darse. En este sentido, debe rechazarse plenamente, porque carece de todo fundamento, la opinión de quien sostiene[38] se deba recurrir analógicamente a la disciplina del concurso de culpas a falta de otros factores, determinando la indemnización según el concurso de elementos causales no culposos, dividiendo, en consecuencia, exactamente por partes iguales, la incidencia del daño entre quien lo causa y quien lo sufre.

Yo creo que sea más exacta ver en la entidad del daño solamente un índice de valoración, un presupuesto necesario en la economía del hecho, pero idóneo solamente para influenciar, no para determinar la decisión que deberá, por el contrario, fundarse también en otros elementos de naturaleza jurídica o extrajurídica que concurren a integrar la figura[39]. Entre éstos, conviene tomar en consideración la gravedad del daño temido, y esto prescindiendo del juicio de proporcionalidad entre peligro amenazado y daño causado, juicio siempre necesario en vía preliminar con el fin de averiguar la aplicación misma del artículo 2.045. Es evidente que en dos hipótesis diversas de estado de necesidad, a paridad de daño causado, no dejará de influir sobre el juicio equitativo del Juez el hecho de que en un caso concreto, por ejemplo, el bien amenazado fuese la vida y en el otro solamente el pudor.

Un problema que se presenta en la valoración del Juez es si pueden considerarse relevantes las condiciones económicas de las partes. A este propósito conviene recordar la norma del artículo 2.047.2.°, donde el legislador hace depender del Juez la posibilidad de condenar al autor del daño a una indemnización adecuada, en consideración a las condiciones económicas de las partes. Esta disposición no carece de relevancia a los efectos de nuestra investigación, sino que más bien puede ofrecernos argumentos válidos para la solución positiva del mismo.

En efecto, puede afirmarse que en la figura legislativa citada se da tanta importancia a la consideración de las condiciones económicas de las partes

38 Cfr. GENTILE: op. cit., loc. cit.

39 Cfr. sobre este punto RAVAZZONI: "La riparazione del danno nan patrimoniale", Milán, 1962, p. 161 y 165 y, en la jurisprudencia, Apelación de Roma, 3 julio 1958, en Rep. Giur. it., 1959, vo "Resp. civ.", n. 157; Cass., 15 octubre 1959, n. 2.866, ivi, voz cit., n. 154, según la cual la indemnización "no puede jamás coincidir con la satisfacción del daño realmente ocasionado"; Apelación de Nápoles, 26 septiembre 1956, en Foro nap., 1956, p. 380, según la cual "La medida de la indemnización prescinde de la entidad del daño y se contiene en una expresión *pietatis causa*".

que justifica la posibilidad del nacimiento a cargo del autor del daño de una obligación, incluso si éste es incapaz de entender y de querer. Esto hace pensar que la condición económica de las partes no puede estar privada de toda relevancia en el supuesto del artículo 2.045, donde la indemnización nace en todos los casos y donde el autor del daño es normalmente capaz y ha querido intencionalmente el evento; tanto más teniendo en cuenta que tal influencia no podría incidir sino en relación con la cuantía del daño, puesto que tal indemnización se debe siempre. Opino que la naturaleza equitativa común a ambas normas apoye esta posición[40].

26. Cuando el hecho dañoso se ha realizado en estado de necesidad, se debe al perjudicado una indemnización, cuya cuantía se determina por el Juez según su apreciación equitativa, a tener del artículo 2.045. La norma citada no dice quién sea el obligado al pago de la misma; por ello es misión del intérprete determinar quién sea el sujeto obligado[41].

---

40 No tienen valor para el Derecho español las conclusiones a que llega el autor en el texto; y ello porque nuestro Código penal establece unos criterios diferentes.

En primer lugar, el requisito de la proporcionalidad, sancionado por el artículo 8.7.° I del Código penal, exige que el mal causado no sea mayor que el que se trata de evitar; lo cual tiene por efecto que la responsabilidad por el acto necesario no puede superar jamás los beneficios obtenidos.

En segundo término, el artículo 20 del propio cuerpo legal, en su regla segunda, dispone que «son responsables civilmente las personas en cuyo favor se haya precavido el mal, en proporción del beneficio que hubieren reportado». Ante esta dicción literal del precepto caben dos interpretaciones: una, según la cual la proporción del beneficio reportado sea un criterio absoluto, de modo que el beneficiado responda única y exclusivamente del beneficio que reciba, con independencia de que el mal causado sea mayor; y una segunda interpretación, a tenor de la cual tal criterio sea relativo a la distribución del total daño causado entre los posibles y varios beneficiados, debiendo indemnizarse al perjudicado todo el daño sufrido.

A nuestro entender, debe mantenerse la última opinión, por las siguientes razones: primero, porque es lógico que el perjudicado quede totalmente indemne, cuando el acto necesario nunca va a beneficiarle en nada; segundo, porque el párrafo siguiente habla precisamente de este sentido de distribución entre los diversos beneficiados, atribuyendo al juez la facultad de fijar la cuota parcial de cada uno de ellos; tercero, porque el mal causado debe ser siempre menor que el beneficio producido con el acto necesario, con lo cual no tendría sentido el beneficio reportado como criterio absoluto de indemnización.

Por lo demás, la responsabilidad procedente de delitos o faltas comprende —según el artículo 101 del Código penal—: «1° la restitución; 2º la reparación del daño causado; 3.° la indemnización de perjuicios». Se añade en el artículo 103 que «la reparación se hará valorándose la entidad del daño por regulación del Tribunal, atendido el precio de la cosa, siempre que fuere posible, y el de afección del asegurado»; y en el 104 que «la indemnización de perjuicios materiales y morales comprenderá no solo los que se hubieren causado al agraviado, sino también los que se hubiesen irrogado, por razón del delito, a su familia o a un tercero».

41 A diferencia del Código civil italiano, nuestro Código penal determina expresamente quién es el responsable de los daños que se causaron por el hecho realizado en estado de necesidad. En efecto, el artículo 20 dispone en su regla segunda que «en el caso del número 7 ° (del art. 8.°), son responsables civilmente las personas en cuyo favor se haya precavido el mal, en proporción del beneficio que hubiere reportado».

Por tanto, la víctima titular del daño causado por el acto necesario, no tiene acción ni directa

La hipótesis más simple es aquella en que la persona en peligro consigue su salvación mediante un hecho dañoso realizado por ella misma: en este caso el obligado al pago no puede ser más que el autor del comportamiento necesario.

Pero ya se ha visto en otra parte de esta obra[42] que puede estar obligado a la indemnización otra persona distinta del autor de tal comportamiento necesario. Efectivamente, como recordará el lector, el problema de la propagación de la responsabilidad objetiva al hecho dañoso ejecutado en estado de necesidad ha sido examinado ya en estas páginas y resuelto en sentido afirmativo. El examen realizado anteriormente se limitaba a la hipótesis prevista por el artículo 2.049, en relación al punto a que entonces llegaba la investigación y en función de los fines particulares que allí me proponía.

Por tanto, se hace necesario ahora ampliar el campo de investigación para que los resultados de esta puedan predicarse de todas las situaciones en que la ley ha puesto al lado de la responsabilidad del que realizó el daño (o en sustitución de ésa) la de otro sujeto.

27. Comencemos por examinar el caso del daño producido por la persona incapaz. Ante todo, es necesario eliminar una duda: ¿el estado de necesidad produce sus efectos propios incluso frente a sujetos incapaces de entender y de querer? Desde luego, ninguna duda en cuanto a que esta situación de incapacidad sirve para justificar por lo menos la intervención de un tercero a tenor del artículo 2.045.

Pero cuando el hecho realizado para salvarse a sí mismo o a otro por quien fuere incapaz de entender y de querer, puesto que el incapaz se encuentra en una situación que responde objetivamente a todos los requisitos del estado de necesidad, será aplicable la disciplina más blanda del artículo 2.045 con referencia a la responsabilidad del sujeto obligado a la vigilancia? El punto crucial del problema es determinar si para la aplicación de la norma de artículo 2.045 se exija —como requisito indispensable— la consciencia de la situación de peligro y de la imposibilidad de evitarlo si no es mediante un comportamiento dañoso para un tercero; o bien si aun en ausencia de esta consciencia (e incluso de la posibilidad de tenerla) el estado de necesidad objetivamente existente sirva para excluir la obligación del resarcimiento integral.

He hablado de exclusión de la obligación de resarcimiento integral y no de exclusión de la ilicitud, porque esta, como cualificación de la conducta, es decir, como factor que debe referirse siempre directamente al sujeto agente, no se daría en ningún caso en el comportamiento del incapaz, mientras la obligación al resarcimiento integral juega siempre a cargo de quien está obligado a la vigilancia, salvo prueba liberatoria en contrario. Ahora bien, si

---

ni indirecta contra el autor del daño; sino únicamente contra quien ha experimentado el beneficio al evitársele el mal que le amenazaba.

Naturalmente, el beneficiado puede ser el propio autor del daño: precisamente cuando del titular del bien salvado y autor del acto necesario coincidan; pero, en tal caso, se responde no en cuanto autor de los daños causados, sino como tal beneficiario del estado de necesidad.

42 Véase supra, cap. II, n. 14-15.

como creo haber demostrado, incluso el estado de necesidad putativo —en el cual el peligro no existe en realidad, sino que es pensado erróneamente por el sujeto, aunque sin culpa por su parte— se considera relevante a los efectos de aplicar el artículo 2.045, sería contradictorio pensar que un estado de peligro realmente existente no tenga relevancia alguna solamente porque el sujeto amenazado no sea capaz de entender y de querer.

Para proseguir útilmente el examen se advierte en este punto la necesidad de un discurso más amplio en orden a la capacidad de entender y de querer, con el fin de delimitar claramente el ámbito de la hipótesis que tenga su causa en la edad.

En el derecho penal existe un límite por debajo del cual el sujeto es considerado, *iuris et de iure*, incapaz de entender y de querer (14 años); entre los catorce y los dieciocho años, en cambio, no hay ninguna presunción ni de capacidad ni de incapacidad, siendo el Juez el encargado de comprobar la imputabilidad del sujeto en relación al caso concreto[43].

Evidentemente, este criterio sancionado por el legislador penal no puede ser utilizado en el campo civil[44], donde la imputabilidad reconocida lleva consigo consecuencias indudablemente menos graves que la aplicación de la sanción penal y que actúan solamente sobre el patrimonio; tan es verdad que la norma del artículo 2.047.2.° prevé que tales consecuencias puedan recaer sobre el incapaz, bien que atenuadas en su cuantía.

Por tanto, respecto del derecho civil será exclusivamente el Juez quien establecerá si el sujeto puede ser considerado capaz o no de entender y de querer, mediante una valoración sicológica que tenga cuenta del grado efectivo de desarrollo intelectual y moral. De tal forma que a efectos civiles un niño de doce años, que para la ley penal sería absolutamente inimputable, podría ser responsable perfectamente del resarcimiento integral del daño causado.

En consecuencia, se trata de un juicio de hecho que verificará caso por caso la capacidad en concreto del autor del daño para darse cuenta de su actuación y de quererla.

Retomando a nuestro problema, creo que en todo caso sea válida la observación según la cual incluso este sujeto, bien que provisto solamente de atributos físicos rudimentarios y en todo caso insuficientes, pueda, sin embargo, ser capaz de advertir, al menos instintivamente, una situación de peligro y, consiguientemente, de buscar solución; y ello incluso sin aceptar la teoría[45] según la cual el comportamiento del incapaz de querer y de entender pueda ser susceptible de valoración en orden al dolo y a la culpa, al menos para ciertos aspectos.

Por todo ello podría afirmarse que, como consecuencia del daño realizado por el incapaz de entender y de querer en estado de necesidad, surge para la persona obligada a la vigilancia a tenor del artículo 2.047, no la obligación

43 Cfr. sobre este punto ANTOLISEI: "Manuale di diritto penale", cit., p, 451.

44 Cfr. por todos, MESSINEO: "Manuale", cit., V, § 169, n. 7 bis, letra C.

45 Cfr. CASETTA: "L'illecito degli enti pubblici", cir., p. 52 ss.; y para las críticas que se le han hecho, supra, cap. III, n. 17.

del resarcimiento integral del daño, sin la de indemnizar, prevista por el artículo 2.045[46]. Pero esta afirmación tropieza con una grave dificultad. El artículo 2.047.1.° concede al sujeto obligado a la vigilancia la liberación "si prueba no haber podido evitar el hecho"; pero, aun admitido que quien tiene la obligación de vigilancia y tenga la posibilidad material de impedir el hecho, tiene también la facultad de hacerlo, supuesto que el hecho se presenta como necesario y se configura, por tanto, como el ejercicio de un derecho. Eh otras palabras, ¿quien debe vigilar tiene el deber de impedir cualquier hecho dañoso sacrificando al incapaz, como podría deducirse de una interpretación literal de la norma, o solamente tiene facultad para impedir el hecho dañoso que se presente como objetivamente injusto?

Veamos un ejemplo concreto: si un enfermo mental disputa durante un naufragio el último puesto disponible de una chalupa a otro pasajero, ¿tiene el enfermero a quien está encomendado el deber y el poder de impedir al incapaz el comportamiento dañoso necesario?

Es evidente que la respuesta afirmativa a esta interrogación impondría la obligación del resarcimiento integral a cargo del sujeto obligado a la vigilancia que no haya impedido el hecho; de la respuesta negativa derivaría, por el contrario, la conclusión de que tal sujeto queda liberado de toda responsabilidad, mientras que puede establecerse a cargo del sujeto incapaz (art. 2.047.2.°) el pago de una indemnización equitativa, fijada discrecionalmente por el Juez en consideración a las condiciones económicas de las partes. Por lo demás, esta indemnización, por su propia naturaleza (así

---

46 Nuestro Código penal parifica a los efectos de la responsabilidad civil por delitos y faltas la situación del enajenado y del que se encuentra en estado mental transitorio, la del menor de dieciséis años y la del sordomudo de nacimiento o desde la infancia que carezca en absoluto de instrucción

Para tales supuestos dispone el artículo 20, en su regla primera, que «en los casos 1.°, 2.° y 3° (del art. 8.°), son responsables civilmente por los hechos que ejecutare el enajenado, el menor de dieciséis años y el sordomudo, los que los tengan bajo su potestad o guarda legal, a no constar que hubo por su parte culpa ni negligencia» (coincide, por tanto, con lo dispuesto en el art. 1.903 del Código civil español, para los casos de ilícito civil).

Pero el artículo 20 contiene también en su regla primera un segundo párrafo, según el cual «no habiendo persona que los tenga bajo su potestad o guarda legal, o siendo aquélla insolvente, responderán con sus bienes los mismos enajenados, menores o sordomudos, dentro de los límites que para el embargo de bienes señala la ley de enjuiciamiento civil».

Ahora bien, si concordamos los apartados uno y dos de la regla primera del artículo 20, resulta que la víctima no tiene derecho a ser indemnizada por los daños sufridos cuando éstos proceden de un acto realizado por un incapaz penal y el encargado de la vigilancia de éste pruebe que no hubo por su parte culpa ni negligencia.

No obstante, atendido el espíritu del precepto en examen, entendemos que en semejante hipótesis la víctima debe ser indemnizada; por supuesto que, en nuestra opinión, el supuesto debe asimilarse a los casos comprendidos en el apartado segundo de dicha regla primera del artículo 20; y ello, porque si el incapaz debe pagar cuando no hay nadie encargado de su guarda legal o cuando el encargado es insolvente, es de mantener que la misma causa justificante persiste cuando al encargado no le sea imputable la responsabilidad nacida de los actos que cause el incapaz, por haber observado la diligencia debida en sus funciones. Es claro, por lo demás, que la finalidad reparatoria persiste plenamente también en este supuesto.

como por lo que se refiere a su cuantía—, vendría a coincidir o, en todo caso, se aproximaría sensiblemente a la prevista en el artículo 2.045.

En mi opinión, la interpretación lógica de la norma del artículo 2.047.1.° aconseja acoger un significado de la expresión daño en un sentido restrictivo, es decir, como perjuicio que se presenta objetivamente injusto. Confieso que este enfoque puede suscitar perplejidad. Así, por ejemplo, podría formularse la objeción de que aceptando mi planteamiento se viene a dar relevancia y cualificación jurídica a la intención del incapaz, quien no estando en grado de entender y de querer, no sabe distinguir el bien del mal, no sabe ejercitar un derecho, ni puede ser destinatario de un precepto: podría decirse que precisamente por esto la ley ha puesto a su lado un sujeto capaz, responsable indiscriminadamente de todo daño producido por el incapaz hasta el límite extremo de la imposibilidad de impedir el hecho. Pero, a mi modo de ver, tal observación es superable, puesto que el problema se resuelve no partiendo de una concepción según la cual el comportamiento del incapaz es susceptible de valoración, bien que con efectos limitados, sino del presupuesto de que una cierta situación jurídica existente objetivamente tiene eficacia para todo sujeto jurídico que se encuentre en ella, prescindiendo del factor de su capacidad, siempre que la ley le atribuya una disciplina más favorable.

Por tanto, si el estado de necesidad simplemente putativo tiene relevancia para la persona capaz de entender y de querer, no se ve por qué un estado de necesidad realmente existente[47] no deba tenerla para el incapaz que advierta el peligro e intente evitarlo.

Y si el hecho realizado por el incapaz es el único que le asegure la salvación, el sujeto obligado a la vigilancia no deberá y no podrá impedirlo sin que cometa, a su vez, un hecho ilícito.

He aquí el punto crucial: la prueba liberatoria.

En abstracto, dos son las vías por las que se puede llegar a demostrar la ausencia de responsabilidad de la persona obligada a vigilar por el hecho dañoso necesario del incapaz. Puede, en efecto, formularse una primera tesis según la cual el legislador ha querido hablar de daño objetivamente injusto, con exclusión de aquellos daños que no repugnan a la conciencia jurídica por ser objetivamente justos, de tal forma que su comisión no está prohibida. En cambio, la otra solución que se perfila parte de la afirmación, común a la otra tesis, de que el sujeto obligado a la vigilancia tiene el deber de impedir cualquier hecho dañoso del incapaz, a. no ser que pruebe la imposibilidad; pero esta imposibilidad puede ser no solamente física, sino también jurídica. En efecto, puede ocurrir que la persona encargada de la vigilancia esté materialmente en grado de impedir el comportamiento dañoso, pero que se oponga a esto el obstáculo de una norma jurídica que autoriza aquel comportamiento.

Así en al hipótesis de la existencia de un estado de necesidad objetivo del incapaz, el encargado de su guarda, aun pudiendo impedir materialmente la realización del hecho dañoso necesario del incapaz, no tendrá la posibilidad jurídica de hacerlo, ya que todo acto dirigido a impedirlo o a contrarrestarlo sería ilícito, constituyendo el comportamiento del incapaz el ejercicio de un

47 En el caso que examinamos no se puede obviamente ni siquiera pensar un estado de necesidad putativo, dadas las condiciones psíquicas del sujeto.

derecho que no está en absoluto en contraste con el interés social.

Por tanto, aceptando este planteamiento del caso en cuestión, deberá considerarse obtenida la prueba liberatoria incluso si existía la posibilidad de impedir el daño, siendo suficiente la sola imposibilidad jurídica para liberar al encargado de la guarda. En mi opinión, cuando el incapaz haya cometido el hecho dañoso forzado por un estado de necesidad real, el sujeto obligado a su vigilancia no tiene la obligación de resarcimiento ni siquiera la de pagar una indemnización equitativa ex artículo 2.045, la cual podrá ser atribuida al incapaz por el Juez cuando concurran las condiciones exigidas por el artículo 2.047.2.°

Llegados a este punto, es lícito preguntarse si la responsabilidad de la persona obligada a la guarda se excluye siempre; en otros términos, si la norma del artículo 2.047 sea inaplicable en todo caso con referencia al estado de necesidad. Esta cuestión se resuelve en sentido negativo, puesto que la responsabilidad del encargado de la vigilancia permanece en todos los casos en que concurra su culpa al hecho necesario. En primer lugar —como consecuencia directa de su deber específico de vigilancia— nacerá a su cargo la obligación del resarcimiento integral del daño, no solamente cuando el estado de peligro haya sido causado por él, sino incluso cuando él hubiera podido evitar que el incapaz viniese a encontrares en tal estado de necesidad, que se ha presentado a pesar de todo.

En segundo término, el sujeto encargado de la vigilancia responderá siempre que el comportamiento del incapaz, excediendo de la medida necesaria para evitar el peligro, se configure como exceso culposo —como si su autor fuese un sujeto capaz. Ahora bien, no siendo susceptible el comportamiento del incapaz de una valoración en función de la culpa, será el encargado de su guarda quien debe responder de las consecuencias del hecho (exceso en el comportamiento necesario) que habría debido impedir, salvando naturalmente en este caso la posibilidad de ofrecer la prueba liberatoria. Recordando un ejemplo ya puesto, si durante un naufragio el incapaz lanza al mar tres personas de la chalupa para salvarse, cuando hubiese sido suficiente con arrojar solamente una, el enfermero que hubiera podido controlar al incapaz habría debido impedir que la acción de éste excediese el límite de la necesidad real.

En fin, la persona sobre que recae el deber de vigilancia estará obligada al resarcimiento integral del daño cuando el autor del estado de peligro sea el incapaz, teniendo incluso en este caso la posibilidad de ofrecer la prueba liberatoria de no haber podido impedir el hecho constitutivo del peligro.

Por tanto, para establecer un principio que sirva de coordinador de la norma del artículo 2.045 con la del artículo 2.047, pienso que se pueda afirmar fundadamente que la persona obligada a la vigilancia deba considerarse libre de responsabilidad mientras el comportamiento del incapaz se mantenga en los límites indicados por el artículo 2.045 y no le sea imputable por lo demás una conducta culposa que cree o haga posible el nacimiento del estado de peligro.

En cambio, cuando el comportamiento del incapaz es tal que, rebasando los límites precisos de la figura del estado de necesidad, se configuraría como un hecho ilícito, si fuese realizado por un sujeto capaz, entra en juego la culpa de la persona que debía impedir el hecho ilícito, pues el incapaz no incurre en culpa.

28. Diversa de la hipótesis antes examinada es la prevista en el artículo 2.048 del Código civil. En efecto, en esta figura legislativa, a diferencia de la precedente, el autor del daño es una persona capaz de entender y de querer y, en consecuencia, responsable de los daños derivados de su conducta. El legislador ha querido subrayar tal diferencia usando en dichas normas una expresión diversa para indicar el perjuicio causado: en efecto, mientras en el artículo 2.047 se habla de "daño ocasionado por persona incapaz", en la norma siguiente se utiliza la dicción "daño ocasionado por el *hecho ilícito* de los hijos menores, etc.". Diversidad de lenguaje que, bajo un aspecto puramente descriptivo, va dirigido a indicar la presencia de la imputabilidad en los sujetos indicados en el artículo 2.048, pero que no sirve, en cambio, para ampliar el círculo de los hechos dañosos que el obligado a la vigilancia ex artículo 2.047 debe resarcir, ya que se ha visto que la expresión "daño ocasionado por el incapaz" debe entenderse en sentido restrictivo, es decir, referida únicamente a los daños objetivamente injustos. El haber situado el legislador al lado de la responsabilidad del menor, de la persona sujeta a tutela, del alumno y del aprendiz, respectivamente, la de los padres, del tutor, del preceptor y del maestro de arte, faculta al perjudicado a servirse de una base patrimonial más amplia, aumentando, por tanto, la garantía genérica para el cumplimiento de la obligación de resarcimiento.

Como ha puesto de relieve desde hace tiempo la doctrina[48], también la norma que prevé la responsabilidad de los dueños y comitentes al lado de la de sus domésticos y encargados tiene una función igual de garantía (pudiendo dirigirse el perjudicado al comitente, cuyo patrimonio será generalmente mayor que el del representante); pero los presupuestos son diferentes, porque, mientras en la norma del artículo 2.049 se sanciona una responsabilidad meramente objetiva, que encuentra su justificación únicamente en el "principio del interés", en la norma del artículo 2.048, en cambio, se prevé una responsabilidad basada en la culpa para el padre y los demás sujetos allí mencionados; tan es verdad que la responsabilidad cesa cuando se demuestra la ausencia de culpa[49]. Esta diferencia radical en el fundamento de las dos normas implica consecuencias diversas en orden al problema de la atribución de la responsabilidad por el deber de indemnización ex artículo 2.045 a las personas que deben responder junto al autor del daño en virtud de las disposiciones citadas.

Como ya hemos visto[50], mientras en la hipótesis del daño realizado en estado de necesidad por los dependientes, aun cuando el hecho no sea ilícito, nace para el comitente la obligación relativa a la indemnización equitativa, dirigiéndose la norma del artículo 2.049 a acumular a estos últimos cualquiera

48 Cfr. P. TRIMARCHI: "La responsabilità per il fatto dei dipendenti", cit., p. 621 ss.; MESSINEO; "Manuale", cit., V, § 169, n. 18, letra C).

49 Para un examen claro y profundo de las dos normas cfr. BARBERO: "Criterio dinascita e criterio di propagazione della responsabilità per fatto illecito", cit.

50 Véase supra, cap. II, nn. 16 y 17.

responsabilidad nacida para los dependientes, en la hipótesis del artículo 2.048, en cambio, la posibilidad concedida a los sujetos, responsables subsidiarios del autor del daño, de ofrecer la prueba liberatoria, impide formular las mismas conclusiones. La demostración de lo que se dice es fácil de hacer, si utilizamos los resultados a que hemos llegado en el examen de la norma del artículo 2.047, en lo que concierne a la responsabilidad del sujeto obligado a la vigilancia del incapaz. Se ha visto cómo tal sujeto no tiene ni el deber ni el poder de impedir el hecho realizado por el incapaz para sustraerse al peligro de un daño grave a la persona.

En el mismo orden de consideraciones, el padre, la madre, el tutor, etc., no podrán impedir al sujeto sometido a su vigilancia la realización del acto del cual depende su única posibilidad de salvación. Y puesto que la responsabilidad del padre y de los otros sujetos a ellos equiparados se funda en la culpa, cuando esta no exista, tampoco existirá la responsabilidad, como sucede en nuestro caso. Admitiendo la prueba liberatoria, el legislador ha resuelto claramente la duda que podía surgir sobre la interpretación que debía darse en orden a la cualificación jurídica del daño mencionado en la norma del artículo 2.048, que en realidad utiliza la misma terminología del artículo 2.049, hablando de "daños ocasionados por hecho ilícito".

Puesto que a propósito de la norma del artículo 2.049 se ha hecho, como el lector recordará, que tal terminología debe entenderse en sentido extensivo, comprendiendo no solamente los daños causados por el hecho ilícito de los dependientes, sino cualquier daño que haga surgir una responsabilidad para ellos, se habría podido creer que esta sería también su interpretación, ya que la fórmula legislativa es igual. Pero puesto que en el caso del artículo 2.048 —al contrario de lo que se dispone en la norma siguiente— las personas responsables junto con el autor del daño tienen la posibilidad de liberarse de la obligación de resarcimiento si prueban no haber podido impedir el hecho aun cuando éste sea ilícito; por esta misma razón no estarán obligados a responder del daño ocasionado cuando éste sea lícito, es decir, cuando no haya sido posible impedirlo ni por estos sujetos ni por otros cualesquiera. En suma, no habiendo concedido el legislador a los dueños y comitentes la posibilidad de demostrar su propia ausencia de culpa, su responsabilidad se configura como objetiva y, a pesar de la imprecisión de la letra de la ley, se refiere a todo daño del que derive en concreto cualquier consecuencia económica, siendo absolutamente irrelevante que hayan ejercitado o no un control diligente sobre los dependientes. Por el contrario, habiendo concedido el legislador tal posibilidad al padre, a la madre, etcétera, su responsabilidad no podrá obviamente comprender todo hecho dañoso de la persona sometida a su vigilancia, sino solamente a los hechos ilícitos, en orden a los cuales los sujetos indicados no puedan ofrecer la prueba liberatoria de haber efectuado la vigilancia idónea para evitar el hecho dañoso. Pero en la medida que el comportamiento necesario configura —como ya se ha notado— el ejercicio de un derecho, el deber de vigilancia no puede comprenderlo, de manera que la prueba liberatoria se consigue demostrando la existencia de la causa de exclusión de la ilicitud constituida por el estado de necesidad.

29. También son indiferentes las conclusiones a las que se llega en orden al artículo 2.054. En esta norma se sanciona la responsabilidad —solidariamente

con el conductor — del propietario del vehículo, o, en su lugar, del usufructuario o del adquirente con pacto de reserva de dominio por los daños producidos con la circulación del mismo vehículo[51]. Dos son los presupuestos necesarios para que nazca la responsabilidad del propietario o de los otros sujetos que le son equiparados: 1.°) que una misma responsabilidad sea atribuible también para el conductor, es decir, en cuanto éste no pueda probar "de haber hecho todo lo posible para evitar el daño"; 2.°) que el propietario (o los otros sujetos indicados con él) no pueda probar que "la circulación del vehículo ha ocurrido sin su voluntad"[52].

Ahora bien, por lo que respecta al primer punto, es fácil darse cuenta que la prueba liberatoria será imposible efectuarla en la hipótesis del conductor que haya actuado en estado de necesidad, en cuanto él habría podido muy bien evitar el daño producido a otros, aceptando el sacrificio de la propia persona. Por tanto, él no ha hecho "todo lo posible por evitar el daño", sino, al contrario, ha preferido realizar precisamente el único comportamiento que sirviese para asegurarle la salvación, aun cuando fuese perjudicial para los demás.

Además, debe observarse que en nuestro caso no es ni siquiera necesario superar —mediante un procedimiento interpretativo extensivo— las dificultades que presentaba, en cambio, la letra de la disposición contenida en el artículo 2.049: en efecto, mientras aquélla hablaba de "hecho ilícito" de domésticos y dependientes, la norma del artículo 2.054 habla genéricamente de "daño producido (...) por la circulación del vehículo", lo cual, con la amplitud de su formulación, permite considerar el ámbito de aplicación de la norma como comprensiva de cualquier hecho dañoso (por tanto, también ilícito) susceptible de hacer surgir una responsabilidad patrimonial. Queriendo precisar, podría objetarse a esta conclusión mía, que la norma que examinamos habla de "resarcir" el daño, utilizando, por tanto, una

51 También a propósito de la naturaleza y alcance de esta norma cfv. el citado estudio de BARBERO: "Criterio di nascita", cit., p. 585 ss. Véase, además, QUAGLIARELLO: "Sulla responsabilità da illecito nel codice civile", cit., p. 84 ss., y allí abundantes indicaciones bibliográficas.

52 No existe en el Derecho español una norma semejante al artículo 2.054 del Código civil italiano. Nuestra ley sobre Uso y Circulación de Vehículos de Motor de 24 de diciembre de 1962 hace responsable únicamente al conductor del vehículo: en efecto, según el artículo 39, «el conductor de un vehículo de motor que con motivo de la circulación cause daño a las personas o a las cosas estará obligado a reparar el mal causado, excepto cuando se pruebe que el daño fuera debido únicamente a culpa o negligencia del perjudicado o a fuerza mayor extraña a la conducción o al funcionamiento del vehículo».

Ahora bien, la propia ley impone el seguro obligatorio por la responsabilidad automovilística. Según el artículo 40 de la misma ley, «todo propietario de un vehículo de motor vendrá obligado a suscribir una póliza de seguro que cubra, hasta la cuantía que se fije, la responsabilidad civil derivada de la obligación a que se refiere el artículo anterior»; lo cual equivale a hacer responsable al propietario, ya que es él quien paga la prima.

Por lo demás, la responsabilidad de conductor y propietario viene reconocida también en el artículo 44, cuando dispone que «el asegurado, una vez efectuado el pago, podrá repetir: *a*) Contra el tercero causante de los daños y perjuicios, *b*) Contra el asegurado (propietario) por causas derivadas del contrato de seguro. *c*) En cualquier otro supuesto en que proceda también la repetición con arreglo a las leyes».

terminología reservada normalmente a los hechos ilícitos. Pero el argumento se manifiesta en seguida de una superficialidad extremada si se considera lo genérico de la expresión en el caso particular, a la cual el legislador no ha querido atribuir un significado técnicamente preciso, que cualificase el daño a que se refiere en orden a la ilicitud. En efecto, este fin se habría podido conseguir más fácilmente con una cualificación directa del hecho dañoso.

Por tanto, si el propietario (o el usufructuario, etc.) no puede probar que la circulación del vehículo ha ocurrido centra su voluntad, éste quedará obligado solidariamente con el conductor al cumplimiento de la obligación de indemnizar.

30. Un problema particular relativo al sujeto obligado al pago de la indemnización equitativa lo constituye la hipótesis de la ayuda necesaria, ya examinada bajo un aspecto diverso.

El examen de esta figura en este lugar tiende a determinar sobre qué persona recae la obligación de indemnizar, es decir, si debe considerarse obligado al pago quien ha realizado el hecho necesario o quien ha percibido el beneficio o ambos solidariamente. También corresponde aquí al intérprete dar la solución al problema, puesto que la norma del artículo 2.045 guarda silencio al respecto, indicando el beneficiario de la indemnización equitativa, pero no el sujeto obligado a la misma[53]

La norma del artículo 2.055 puede servir de elemento interpretativo solamente en el caso de que la misma persona en peligro haya concurrido a la producción del daño, junto con el que prestó la ayuda. En cambio, cuando el hecho necesario sea obra únicamente del que presta la ayuda, queda excluida la aplicación de tal disposición, puesto que la persona amenazada, bien que estando directamente interesada en el hecho necesario, permanece extraña a su producción, mientras el artículo 2.055 se refiere a la hipótesis en que el evento dañoso sea imputable a una pluralidad de personas. Entretanto, puede excluirse, a excepción de la hipótesis antes indicada, una solidaridad entre el autor del hecho dañoso y la persona en cuyo interés se ha realizado el hecho.

Para llegar al esclarecimiento del problema es necesario determinar previamente cómo se estructura y cuál sea el encuadramiento de la figura jurídica en examen. Al admitir la ayuda necesaria el legislador ha querido conceder a un sujeto extraño a la situación de peligro el poder de injerirse en la esfera jurídica de un tercero mediante la producción de aquellos hechos dañosos necesarios para evitar el peligro de un daño grave a la persona de un tercero. La concesión de tal poder encuentra su justificación en los principios de solidaridad humana, respecto de los cuales la reciente codificación no ha

53 En el Código penal español la solución es clara, ya que de los daños causados en estado de necesidad responde siempre el beneficiario (art. 20, regla segunda, ya citado en otra nota).

Beneficiario es el titular del bien salvado mediante el acto necesario; y puede coincidir con el autor del daño, o, por el contrario, ser un tercero cualquiera. En este último caso, el autor de los daños causados en estado de necesidad nada tiene que ver con la responsabilidad que pueda haber surgido.

Por tanto, en Derecho español la acción se da directamente contra el beneficiado y a favor del perjudicado. El autor del acto necesario queda marginado en dicha acción: ni como obligado principal, ni solidario, ni subsidiario es parte en la misma.

permanecido insensible. En estos mismos principios se informa la gestión de negocios ajenos —bien que difiere en las características típicas de la institución[54]—: también aquí se tiene la intervención voluntaria de un extraño en la esfera jurídica de otro, el cual asume conscientemente el cuidado de un "negocio" ajeno sin tener obligación y sin estar autorizado. Por tanto, se perfila como posible un adosamiento de las dos figuras legislativas, que parece susceptible de resultados provechosos, al menos a primera vista. Pero se trata de ver si se encuentran realmente notas comunes entre las dos figuras al hacer un examen más profundo; notas que justifiquen un procedimiento de aplicación analógica de las normas dictadas para la gestión de negocios al caso de la ayuda necesaria. Se ha hablado de principios inspiradores comunes a ambas figuras legislativas, fundadas sobre la solidaridad humana indispensable a la convivencia social.

Además, en ambos casos nos encontramos en presencia de un derecho potestativo (y no de un deber), de tal forma que la acción del sujeto que interviene se pone como absolutamente voluntaria.

Que el beneficio de la gestión consista normalmente en un aumento patrimonial, mientras que en la ayuda necesaria en evitar un daño a la persona no representen un obstáculo serio en la vía de la aplicación analógica de las dos situaciones. Y ello porque, bien mirado, no debe excluirse en la primera hipótesis que la utilidad consista en una disminución evitada del patrimonio, como, por ejemplo, en un gasto no realizado y que debería haber hecho[55]; cosa que sucede también en la ayuda necesaria, porque el daño personal evitado se resuelve, en definitiva, en evitar un empobrecimiento a la persona salvada.

Elementos de diferenciación se encuentran posiblemente en la valoración de la cualidad de los actos realizados si se aceptase la opinión según la cual deben entenderse permitidos al gestor solamente los actos de gestión que se identifican en otros tantos negocios[56] jurídicos.

Pero este enfoque restrictivo resulta superado por la doctrina y por la jurisprudencia[57], concorde en consentir al gestor la realización de actos

54 Cfr. DE SEMO: "La gestione di affari altrui nella teoria e nella pratica", Padua, 1958, p. 25 ss.

55 Cfr. en este sentido, MESSINEO: "Manuale", cit., V, §168, n. 1, letra i).

56 Pero se trata de opiniones aisladas: cfr. MONROY: "Die vollmachtlosse Ausübung fremder Vermögensrechte", Rostock, 1878, p. 84 (non vidi); ATZERI: "Geostione di affari", Turin, 1904, p. 288.

57 Cfr. por todos, DE SEMO: "La gestione di affari altrui", cit., p. 85 ss. (y allí numerosa bibliografía) y SCADUTO-ORLANDO CASCIO: voz "Gestione di affari altrui", en Nuovo Dig. it., IV, Turin, 1938. La jurisprudencia es generosa en admitir casos de gestión de negocios ajenos cuyo contenido no tiene naturaleza negocial: cfr., por ejemplo, Cass., 23 octubre 1956, n. 3.843, en Rep. Giur. it., 1956, voz "Gestione di affari", n. 11, según la cual constituye una gestión útil, a favor del propietario del coche robado, el hecho de quien persigue con el propio auto al ladrón a fin de quitarle la cosa robada y de restituirla al propietario.

En este sentido también Apelación Milán, 11 enero 1955, en Giust. civ., 1955, I, p. 1.962. Según BARASSI: "Teoria generale delle obbligazioni", cit., II, p. 339, la cuestión es prácticamente irrelevante, ya que sería difícil que en el curso de realización de un negocio puramente material no se caiga en contratos estipulados por el gestor con terceros; pero

puramente materiales[58]. Por último, en cuanto al requisito de la *"absentia domini"*, considerado normalmente como esencial a la *negotiarum gestio*, es de notar que éste no debe entenderse en el sentido exclusivo (que sería demasiado restrictivo) de ausencia del titular del lugar del negocio, sino que se refiere a un concepto mucho más amplio, capaz de comprender todas las hipótesis en que el *dominus* no pueda proveer personalmente al cuidado del asunto, aun cuando esté físicamente presente[59].

En mi opinión, todo esto justifica la convicción de que las normas dictadas para la gestión de negocios puedan ser aplicadas legítima y provechosamente a la hipótesis de la ayuda necesaria en vía analógica[60] [61]

---

esta afirmación es meramente descriptiva lo que hace desaparecer el problema.

58 Menor concordia reina en la doctrina respecto del problema de si el gestor pueda realizar solamente actos de ordinaria administración o también actos de extraordinaria administración o incluso actos de disposición. En efecto, mientras muchos autores admiten con extrema generosidad esta última tesis (cfr. DE SEMO: "La gestione di afari altrui", cit., p. 87 ss. y allí abundantes citas; DEIANA: "Gestione di afari altrui e atti dispositivi", en Riv. Dir. Comm., 1948, I, p. 225; MIRABELLI: "L'atto non negoziale", Nápoles, 1955, p. 256; MESSINEO: "Manuale", cit., V, p. 498; FERRARI: "Gestione di affari altrui e rappresentanza", Milán, 1962, p. 148 ss.), no faltan autores favorables a la tesis restrictiva, sostenida incluso bastante recientemente (cfr. STOLFI, en Foro it., 1948, I, c. 20).

Una criticadísima sent. de la Corte Suprema (Cass, 31 mayo 1947, n. 851, en Foro it., 1948, I, c. 20), que tuvo también algún asentimiento en la doctrina (Cfr. MESSINEO: "Manuale", cit. III, 1.ª, t. II, p. 453 y FERRARI: "Gestione di at fari", cit., p. 162 ss.), admite también la realización de actos que exceden la ordinaria administración, pero con la exclusión de aquellos actos que, a tenor del art. 1.350, exigen el poder de representación en forma solemne. En todo caso, esta diversidad de opiniones no es tan grande como para poder influir —según la solución que se adoptase— sobre el resultado de nuestro estudio, porque basta con haber indicado la situación.

59 Cfr. DNISTRJANSKI, en "Iherings Jahrbücher", 1926, p. 60 ss., cit. (pero para otros efectos), por BARASSI: op. y loc., ult. cit.). Ver también ARU: "Della gestione di affari", en el Commentario del codice civile di SCIALOIA-BRANCA, libro IV. "Delle obbligazioni". Bolonia-Roma, 1957, p. 226 ss., el cual afirma justamente que "como se deduce de la expresión utilizada en los dos códigos, el requisito exigido por la ley es el de la imposibilidad objetiva del *dominus negotii* de proveer al negocio". También la jurisprudencia es actualmente unánime en este sentido: indicaciones numerosas en ARU: op. cit., loc. cit.

60 Alude vagamente a semejante posibilidad S. PIRAS: op. cit., p. 71, pero limitándola a la hipótesis de que "se trate de acto *utiliter gestum*". Pero tal limitación no puede fundarse sobre la aplicación analógica de los principios que regulan la gestión de negocios, por cuya disciplina no se requiere en absoluto que el negocio sea *utiliter gestum*, sino más bien que sea *utiliter coeptum.* Cfr. al respecto los trabajos que la Comisión ministerial para la reforma, después de un atento examen y de una vivaz discusión, rechazó la propuesta de sustituir la fórmula del código viejo con la de "utilemente gestito" o "compiuto", subrayando una antinomia que, por tanto, no consiente hoy confusiones en cuanto al significado de la expresión aprobada.

La solución adoptada por este autor no aparece claramente, por lo demás, puesto que habla de una obligación de indemnizar a cargo del sujeto agente y "a su lado y en todo caso en sede de rivalsa", también a cargo de la persona salvada, p. 70).

61 La idea de la aplicación analógica de las normas sobre la gestión de negocios al supuesto del estado de necesidad en su forma de ayuda necesaria, expuesta y defendida por el

Conseguido este resultado se trata de ver ahora qué consecuencias deriven para el problema que nos interesa.

La norma que puede prestarnos alguna claridad sobre el elemento, todavía incierto, del sujeto obligado a indemnizar es el artículo 2.031, según el cual, "cuando la gestión haya sido iniciada útilmente, el interesado debe cumplir las obligaciones que el interesado haya asumido en su nombre, indemnizando al gestor de las que haya asumido en nombre propio y reembolsarle todos los gastos necesarios o útiles con sus intereses a partir del día en que se hicieron". Excluido que la obligación relativa al pago de una indemnización equitativa deba considerarse perteneciente a las primeras, ha de encuadrarse necesariamente entre las segundas. Pero aun dicho esto, no está clara todavía la cuestión a resolver: la letra del artículo 2.031 se sirve de una fórmula no totalmente explícita, afirmando que el *dominus* "debe tener indemne al gestor"[62].

Esta diversidad de terminología entre los dos tipos de obligación indicados en la norma citada permite, entre tanto, pensar que en el segundo el interesado no responde directa y personalmente de las obligaciones; pero queda siempre sin aclarar qué deba entenderse exactamente por "tener indemne" y, para ser

---

autor en el texto, resulta reforzada en el Derecho español; y ello porque nuestro Código civil regula positivamente una especie de ayuda necesaria en la gestión de negocios, es decir, un caso en que el gestor actúa ante la presión de un peligro inminente que amenaza manifiestamente al *dominus*.

En efecto, según el artículo 1.893.2.° del Código civil, «la misma obligación — responsabilidad por «las obligaciones contraídas en su interés», e indemnización de «los gastos necesarios y útiles que hubiese hecho y los perjuicios que hubiese sufrido» — le incumbirá (al *dominus*) cuando la gestión hubiera tenido por objeto evitar algún perjuicio inminente y manifiesto, aunque de ella no resultase provecho alguno».

Recogiendo esta norma, ha dicho el Tribunal Supremo en la sentencia de 9 de febrero de 1957 que «del hecho de que en el mismo precepto se establezca la obligación del dueño de indemnizarle los gastos necesarios y útiles y perjuicios que hubiese sufrido en el desempeño de la gestión, que es pura y elemental equidad..., teniendo por base el precepto el haberse aprovechado éste de las ventajas de la gestión, o que la gestión hubiera obedecido al intento de evitar algún perjuicio inminente y manifiesto, aunque de ello no resultare provecho alguno».

La norma establecida en el artículo 1.893.2.°, representa una novedad del Código civil español frente al modelo napoleónico. De forma semejante al Código español, también el B. G. (B. alemán regula el supuesto de gestión de negocios necesaria — bien que a otros efectos —, dedicándole un artículo *ad hoc*: en efecto, dispone el artículo 680: «Bezweckt die Geschäftsführung die Abwendung einer dem Geschäftsherrn drohenden dringenden Gefahr, so hat der Geschäftsführer nur Vorsatz und grobe Fahrlässigkeit zu Vertretern».

62 La obligación de indemnizar al gestor por parte del *dominios negotii* está regulada en el Código civil español de forma un tanto diferente que en el Código italiano. En efecto, dispone al respecto el artículo 1.893.1.° de nuestro primer cuerpo legal que «aunque no hubiese ratificado expresamente la gestión ajena, el dueño de bienes o negocios que aproveche las ventajas de la misma será responsable de las obligaciones contraídas en su interés, e indemnizará al gestor los gastos necesarios y útiles que hubiese hecho y los perjuicios que hubiese sufrido en el desempeño de su cargo».

La sentencia del Tribunal Supremo de 9 de febrero de 1957 considera la indemnización debida al gestor por el *dominus negotti* como de «pura y elemental equidad».

sinceros, no parece que la doctrina que ha tratado la figura haya profundizado en este punto. Ante todo, tener indemne puede significar que el *dominus* deberá transferir a la esfera jurídica del gestor el equivalente del sacrificio económico sufrido por éste en el cumplimiento de las obligaciones asumidas en nombre propio.

Por consiguiente, esto querría decir que el interesado entra en juego cuando las cosas están ya realizadas, es decir, después que el deudor ha cumplido. Pero esta interpretación no explica por qué la terminología adoptada a propósito de los gastos es ahora diversa, afirmándose la obligación del interesado frente al gestor de "reembolsarle todos los gastos", mientras, en definitiva, se tendría siempre la misma consecuencia del reembolso; ni se concilia tampoco con el término de la gestión, previsto en el artículo 2.028, que coincide con el momento en que el interesado se halla en grado de proveer por sí solo. En mi opinión, por tanto, debe darse un significado diverso a la expresión "tener indemne", significado al cual puede llegarse mediante el examen de la norma del artículo 1.719, la cual puede ser utilizada convenientemente, aun cuando no sea reclamada expresamente en la disciplina de la gestión de negocios (como hace, en cambio, el artículo 2.030 para las obligaciones del gestor).

Por tanto, según el artículo 1.719, "el mandante está obligado a suministrar al mandatario los medios necesarios para la ejecución del mandato y para el *cumplimiento de las obligaciones* que con tal finalidad haya contraído el mandatario *en nombre propio*" [63].

Aplicando esta disposición a la gestión de negocios, la anfibológica expresión "debe tener indemne" se colora de un significado preciso: es verdad que el *dominus* no responderá directamente de las obligaciones contraídas por el gestor, pero tampoco se limitará a reembolsarlo de las sumas gastadas en el cumplimiento de aquellas obligaciones. Apenas el gestor esté en grado de proveer a sus propios intereses, deberá suministrar al gestor los medios necesarios para el cumplimiento de las obligaciones, de tal forma que éste sea realmente "tenido indemne" de las mismas.

Conseguido este segundo resultado[64], se pueden sacar ya las conclusiones que derivan de las premisas sentadas. Demostrada la aplicación segura a la ayuda necesaria, en vía analógica, de los principios sancionados para la gestión de negocios, se sigue, en primer lugar, que el perjudicado no podrá dirigirse a la persona salvada del peligro para obtener la indemnización adecuada, sino que deberá dirigirse exclusivamente al que causó el daño. Solo excepcionalmente, cuando no haya conseguido obtener de este último la indemnización equitativa determinada por el Juez podrá dirigirse a la persona

63 Aunque con fórmula diversa, el Código civil español coincide en lo sustancial con el italiano respecto de la obligación de indemnizar y de provisión del mandante.

A este respecto dispone el articulo 1.728 de dicho cuerpo legal que «el mandante debe anticipar al mandatario, si éste lo pide, las cantidades necesarias para la ejecución del mandato».

64 Aún en ausencia de éste, nada cambiaría las conclusiones últimamente postuladas. En efecto, permaneciendo firme la aplicación de los principios de la gestión de negocios a la ayuda necesaria, cambiaría solamente un particular, es decir, lo relativo a la obligación del interesado de anticipar o no cuanto sea necesario al cumplimiento de las obligaciones.

salvada ejercitando la acción general de enriquecimiento. Apenas merece la pena precisar a este propósito que esta acción es sin duda alguna ejercitable, aun no existiendo en la hipótesis a examen un enriquecimiento, ya que no es obstáculo serio el hecho de que en lugar del enriquecimiento se haya evitado un empobrecimiento[65]. Por supuesto, que quien causó el daño y al cual se haya dirigido el perjudicado para ser indemnizado, podrá —por las razones que ya hemos visto— reclamar la indemnización de la persona salvada, es decir, anticipándole la suma determinada equitativamente por el Juez como indemnización, o reembolsándole en la hipótesis en que haya cumplido ya.

31. Otro problema muy debatido en la doctrina y que ha sido objeto de numerosas sentencias[66], algunas veces contradictorias[67], es el relativo al estado de necesidad provocado por el hecho culposo de un tercero.

Este problema se sustancia en la cuestión de si el sujeto necesitado esté o no obligado a pagar la indemnización equitativa, desde el momento que existe un sujeto indudablemente responsable del resarcimiento integral del daño.

Las tesis mantenidas son diversas, defendidas con variedad de argumentos: mientras se afirma por algunos[68] que, siendo debida la situación de necesidad en que ha actuado el sujeto amenazado la culpa del tercero, el perjudicado deberá dirigirse directamente a este último para obtener el resarcimiento integral del daño, sin que pueda exigir de quien causó el daño necesario la indemnización equitativa, cuya función desaparece; en cambio, por otros[69] se reconoce igualmente la obligación de quien se encuentra en estado de necesidad al pago de la indemnización, pero conservando la acción de regreso de éste contra el tercero autor del estado de necesidad, y salva también siempre la acción del perjudicado contra el tercero para obtener la diferencia entre la indemnización recibida y la cuantía del resarcimiento integral. Finalmente, una tercera corriente sostiene que el perjudicado puede dirigirse al que se

65 Cfr. sobre este punto BRUNETTI: op. cit., p. 741.

66 En la jurisprudencia se ha manifestado sobre este punto una viva incertidumbre, de la cual han derivado sentencias de la Corte Suprema que indican direcciones opuestas. Aparte las numerosas sentencias de las Cortes de mérito (Tribunales de instancia), que no es el caso de citar, cfr. en el sentido de que la responsabilidad del tercero autor del estado de necesidad haya de considerarse absorbente, haciendo desaparecer la obligación de pagar la indemnización equitativa por parte del agente en estado de necesidad: Cass., 23 agosto 1950, n. 2.531, en Resp., civ. e prev., 1950, p. 434; Cass., 28 abril 1951, n. 1.432, ivi., 1951, p. 125; en sentido opuesto: Cass., 24 julio 1951, n. 2.095, ivi., 1952, n. 19; Cass., 7 febrero 1952, n. 287, ivi., p. 24.

67 Este contraste de orientaciones ha intentado ser superado por la Cass., (sez. un.), 21 febrero 1953, n. 427, en Resp. civ. e prev., 1953, p. 314 y en Giur., it., 1953, I, 1, c 311.

68 DISTASO: "Stato di necessità e fatto del terzo", cit.; BONASSI-BENUCCI: "Colpa e stato di necessità", en Riv. circol. e trasp., 1954, c. 1.129; BOCCA: "Lo stato di necessità (art. 2.045 codice civile)", cit.; id, en Resp., civ. e prev., 1954, p. 549 ss.; GENTILE: ivi, 1953, p. 314 ss.; BORGATTI: en Dir. autom., 1953, p. 454.

69 RUBINO: "Osservazioni in tema di stato di necessità", cit., c. 206 ss.; LACCONIA: en "Sinossi giuridica", 1954, facs. 655, art. 2.045; LATAGLIATA: "Stato di necessità e risarcimento del danno", en Dir. e giur., 1953, p. 167; SOGLIA: "Il danno cagionato in stato di necessità", en Dir. autom., 1954, c. 4.

encuentra en estado de necesidad para el pago de la indemnización equitativa, pero solamente si no ha conseguido obtener el resarcimiento integral del daño del tercero que causó tal estado[70].

En un escrito anterior, bien que incidentalmente[71], nos adherimos a la tesis de la responsabilidad exclusiva del tercero que causó el estado de necesidad; pero en seguida, *re melius perpensa*, modificamos nuestra opinión, y hoy defendemos la tesis opuesta.

Se ha dicho que solo en la hipótesis de que el peligro no se haya originado por el hecho ilícito de terceras personas "aparece humana y jurídicamente justificada la responsabilidad especial sancionada por el artículo 2.045"[72], y se ha creído encontrar una justificación de esto en el hecho de que la pena normal, en el caso de que el estado de necesidad haya sido provocado por la amenaza de otro, castiga no ya al autor del delito, sino a quien ha obligado a cometerlo[73].

Pero tales afirmaciones no encuentran fundamento positivo alguno, y la misma referencia al artículo 54.3.° del Código penal resulta totalmente estéril. En efecto, dicha norma se revelaba necesaria en el ordenamiento penal para atribuir la pena (precisamente aquélla) correspondiente al hecho realizado por el sujeto amenazante, sin que se pudiera conseguir este efecto más que mediante una específica previsión legislativa. Pero por lo que se refiere a la sanción civil, cuando el estado de necesidad provocado culposamente por un tercero, semejante resultado se obtiene igualmente en base a los principios sobre la responsabilidad por hecho ilícito, que permiten atribuirle la obligación del resarcimiento integral del daño.

Pero esto no demuestra en absoluto que desaparezca la obligación de la indemnización equitativa, y el sostenerlo constituye una verdadera petición de principio. En cambio, me parece fundado afirmar que la presencia de un sujeto responsable del daño integral no suprima el deber del sujeto en estado de necesidad de pagar la correspondiente indemnización equitativa prevista, cuando ha conseguido la salvación con el sacrificio ajeno.

En verdad, un grave error en el que frecuentemente caen los defensores de la responsabilidad exclusiva del tercero, es precisamente el de creer que entre el hecho culposo de éste que origina el estado de necesidad y el evento dañoso sufrido por la víctima exista una relación de causalidad. Estos autores olvidan de esta forma que entre el ilícito realizado por el tercero y el evento final necesario se interpone el comportamiento de la persona en peligro. Ahora bien, la tesis que se critica sería indudablemente válida si se aceptase la teoría[74], ya sostenida antiguamente, según la cual el estado de necesidad hace

70 Cfr. CORRADO: "Colpa del terzo e stato di necesità", en Riv. Dir. Comm., 1949, II, p. 270; BERRI: "Obsservazioni sullo stato di necessità e la colpa del terzo", en Giur. Comp. Cass. Civ., 1952, 55, 1, p. 72.

71 BRIGUGLIO: "Stato di necessità e resposabilitè indiretta", en Riv. Dir. Civ., 1957, II, p. 445.

72 BOCCA: "LO stato di neccesità", cit., p. 102.

73 BOCCA: op. cit., p. 103.

74 Cfr. G. P. CHIRONI: "Colpa extra contrattuale", cit., p. 513 ss.; G. BRUNETTI: "Appunti sulla

desaparecer en la persona amenazada toda posibilidad de discernimiento y de querer libremente, por lo que el acto de aquélla habría de considerarse no querido y no consciente.

Pero puesto que hoy nadie duda de que el hecho necesario es un acto consciente y voluntario[75], se debe admitir en consecuencia que tal acto es el resultado de una elección precisa y libre, mediante la cual el sujeto en peligro ha preferido desviar sobre otro inocente el perjuicio que se derivaba directamente para él del hecho ilícito del tercero.

Por tanto, el acto necesario es en rigor la única causa directa del daño; pero se ha observado agudamente[76] que ello no obstante "el acto necesario viene considerado como si hubiese sido la única solución posible, es decir, como consecuencia verdaderamente necesaria del acto culposo del tercero (...), en cuanto la ley justifica que el interés menor sea sacrificado al interés mayor". Precisamente aquí está la llave del problema. Si no se reprueba al sujeto en estado de necesidad el no haber evitado un daño a otros, sacrificando su propia persona, es precisamente porque la norma permisiva del artículo 2.045 le consentía aquel comportamiento, pero esta norma le impone también al mismo tiempo que alivie las consecuencias del daño ocasionado a un inocente; daño que encuentra su causa inmediata en el acto de quien se encuentra en estado de necesidad, acto, por lo demás, voluntario y con previsión del evento.

El hecho de que el estado de necesidad tenga su causa en un hecho del hombre y no en las fuerzas de la naturaleza no puede tener evidentemente relevancia alguna en su estructura o en su eficacia. El estado de necesidad se presenta como un estado de hecho del que deriva la aplicación de la norma especial permisiva contenida en el artículo 2.045, con todos los efectos jurídicos que la misma prevé. Si luego resulta que esta situación se debe al hecho ilícito de un sujeto jurídico, lejos de constituir un obstáculo a la aplicación de la disciplina del artículo 2.045, se tendrá el efecto ulterior de hacer surgir para aquél las consecuencias desfavorables previstas por el artículo 2.043 como sanción de cualquier hecho ilícito. El autor de la situación quedará obligado de esta forma al resarcimiento de los daños que se deriven de su conducta ilícita, tanto frente al sujeto activo como frente al sujeto pasivo del hecho necesario.

Mientras frente al primero dicho resarcimiento consistirá en una suma correspondiente a la indemnización equitativa pagada por aquél al sujeto pasivo —salvo la prueba de otros daños eventuales que el hecho necesario no haya conseguido evitar—, respecto del segundo, en cambio, consistirá en una suma igual al montante de todos los daños sufridos, de los cuales debe sustraerse cuanto el perjudicado haya obtenido ya de quien ejecutó el hecho necesario a título de indemnización. En mi opinión, esta es la solución más exacta. En efecto, además de estar rigurosamente fundamentada sobre el plano de la lógica jurídica, según el coordinamiento de los principios básicos *in subjecta materia*, responde también plenamente a las exigencias particulares

natura giuridica dell'atto necessitato", cit., p. 702.

75 En este sentido habla también la Relazione al Re, n. 798, sin ninguna duda.

76 RUBINO: "Osservazioni in tema di stato di necessità", cit., p. 206.

de equidad que implica la norma del artículo 2.045. En efecto, no debe olvidarse la peculiar función confiada a la indemnización equitativa, que no tiene la naturaleza de una sanción jurídica, sino que, según ya se ha dicho varias veces, actúa como un instrumento dirigido a restablecer el equilibrio entre dos intereses merecedores ambos de tutela; por tanto, no sobre un plano de justicia conmutativa, sino distributiva. Y, por ello, es justo y equitativo —además de jurídicamente exacto— que quien ha conseguido salvarse sacrificando el interés de un tercero alivie la lesión sufrida por la víctima en los límites equitativamente establecidos por el Juez; de tal forma que el daño no recaiga todo sobre una persona, sino que su incidencia se soporte por los dos protagonistas de esta situación involuntaria. Hasta aquí nos encontramos en el plano de la justicia distributiva, Si luego el estado de necesidad se debe a la culpa de un tercero, es justo que sobre éste recaigan todas las consecuencias del daño que los sujetos activo y pasivo del comportamiento necesario se habían repartido en vía equitativa. Por tanto, será él quien deberá reparar los daños que derivan para ambos sujetos por causa de su hecho ilícito: se pasa al plano de la justicia conmutativa con la aplicación del artículo 2.043, que prevé la sanción de resarcimiento[77].

Por lo demás, apenas es necesario decir que el perjudicado, si así lo prefiere, podrá dirigirse directamente al autor de la situación peligrosa, quien deberá resarcirle integralmente el daño. En tal caso, el autor del hecho dañoso necesario quedará liberado de cualquier obligación.

Un último aspecto del problema es el relativo a la cuestión de si la responsabilidad del tercero autor de la situación de peligro y la del autor del hecho dañoso puedan considerarse solidarias respecto del sujeto pasivo del comportamiento necesario. La cuestión tiene escasa importancia práctica, ya que las sumas debidas por ambos sujetos son diferentes, por lo que la utilidad concreta perdería mucho. En todo caso, la solidaridad debe excluirse absolutamente, al menos en teoría, puesto que las responsabilidades que examinamos tienen caracteres profundamente diversos, en cuanto que una deriva de un hecho ilícito, mientras que la otra tiene una naturaleza particular, al nacer de la realización de un hecho dañoso, pero lícito[78].

Pero hay que tener en cuenta que, si bien la solidaridad debe ser excluida, ambas responsabilidades concurren, de forma que siendo único el daño derivado de ambos comportamientos, se presentan como alternativas y no como cumulativas[79]. Por consiguiente, la acción del autor del hecho dañoso necesario que actúa contra el autor del peligro no puede definirse propiamente

---

77 A este orden de ideas parece que acceden también las secciones unidas de la Corte Suprema (sent. 21 febrero 1953,n. 427, cit., *supra*, en la nota 163), según la cual la interpretación restrictiva de la norma del art. 2.045, como referida al único caso del peligro causado por fortuito o por fuerza de la naturaleza" es contrario a la ratio de la norma en cuestión, la cual ha pretendido asegurar de todos modos una compensación a quien, culpablemente, haya sido lesionado en un bien jurídico suyo y en beneficio de otro: lo que podría suceder si el tercero permanece desconocido o se haya sustraído en otra forma cualquiera a su deber de indemnizar".

78 En este sentido, véase también la sent. de la Cass., 21 febrero, n. 427, cit.

79 Cfr. Rubino: "Osservazioni in tema di stato di necessità", cit., c. 207.

como una acción de regreso en cuanto es diferente de la prevista en el artículo 2.055.2.°, que regula las relaciones internas entre varios sujetos obligados frente a un tercero por una misma responsabilidad.

Siendo, como se ha visto, diversas las dos responsabilidades en que incurren el autor del peligro y del hecho necesario, cuando el segundo haya pagado la indemnización equitativa al sujeto pasivo surge a su favor un derecho autónomo al resarcimiento del daño, constituido precisamente por la suma pagada a título de indemnización.

32. Un punto de la máxima importancia en el estudio de nuestro tema es el relativo a la distinción entre estado de necesidad y la legítima defensa. En realidad, el problema parece a primera vista de escasa importancia o incluso que no exista: tan evidentes parecen las notas diferenciales entre ambas figuras. A un examen macroscópico se presentan efectivamente con fisionomías particulares y realmente inconfundibles: en el estado de necesidad se tiene la conservación de un interés propio mediante la agresión del interés ajeno; en la legítima defensa, por el contrario, se tiene la conservación de un interés propio mediante la reacción contra el agresor[80].

Pero si se examinan detenidamente las diferencias, hasta delimitar con exactitud la línea limítrofe de las dos instituciones, se da uno cuenta que las imágenes se presentan desfiguradas; que la claridad se sustituye por la oscuridad; en suma, que la posibilidad de distinción segura que parecía inicialmente pacífica, se desvanece en la concreción de los casos particulares. Ciertamente la doctrina no se ha detenido demasiado en profundizar la distinción, ni se ha realizado esfuerzo alguno para aclarar el problema. Pero el problema tiene una importancia considerable, incluso práctica, ya que de la pertenencia de un caso concreto al campo de aplicación de una o de otra norma derivan serias consecuencias.

Ante todo, el sujeto que se encuentra en legítima defensa podrá actuar para la conservación de un interés relativo a la esfera de la personalidad como si se refiere a la del patrimonio, mientras el estado de necesidad actúa solamente si el peligro afecta a un derecho del primer tipo; en segundo término, no se debe olvidar que, bajo el aspecto civil, solamente el daño realizado en esta de necesidad da lugar al nacimiento de la obligación de indemnizar.

Precisamente por limitarse este efecto al aspecto civil de la cuestión explica el menor interés y la poca sensibilidad para el problema mostrados por la doctrina penal, para la cual un encuadramiento rigurosamente teórico, llevado a las más sutiles distinciones, pierde mucha de la importancia que tiene a los ojos de los estudiosos del derecho civil. Efectivamente, éstos intuyeron la existencia del problema ya desde el siglo pasado, aun en el silencio del Código, enfocándolo en términos de estado de necesidad agresivo y estado de necesidad defensivo —con opuestas consecuencias en orden al resarcimiento—, bien que después se limitaron a la exposición de conceptos sumarios jamás acompañados de un estudio dogmático serio.

Bajo el imperio del Código vigente, el problema se presenta en términos más seguros, que encuentran fundamento no en la intuición y elaboración

80 Cfr. Ranieri: "Manuale", cit., p. 152; Antolisei: "Manuale", cit,, p. 219; G. Maggiore: "Diritto penale. Parte generale", cit., p. 319.

de la doctrina, sino en la misma dicción legislativa. En todo caso, si el peligro proviene de un acto físico del hombre, es generalmente fácil establecer cuándo se está en el ámbito de una u otra figura legislativa. Y esto incluso cuando el peligro haya sido causado no intencionalmente, sino por negligencia[81]; si el hecho realizado por la persona amenazada se dirige contra el autor del peligro, es indudable que aquella persona haya actuado en estado de legítima defensa. Se piense en la hipótesis de un paseante que vea venir contra él un ciclista descuidado y que lo haga caer provocándole daños, sin que tuviera otra posibilidad de librarse de él.

Acerca del problema relativo a la cualificación jurídica de la reacción efectuada contra el incapaz de entender y de querer a fin de evitar el peligro causado por él, pienso que deba rechazarse la opinión de quienes[82] entienden que tal reacción entraría bajo la disciplina del estado de necesidad. Pero a esta solución obsta la consideración exacta de que la falta de capacidad de entender y de querer no excluye la injusticia intrínseca del hecho[83].

33. Mayores dificultades se presentan, en cambio, en el encuadramiento teórico de las diversas hipótesis de peligro provocado por cosas, puesto que contrariamente a lo que podría creerse en un principio, el peligro provocado por una cosa es susceptible de crear un estado de necesidad o de legítima defensa según las circunstancias. Con el fin de hacer una cualificación jurídica rigurosa es necesario formular tres hipótesis fundamentales: a) la cosa amenaza daño porque el propietario la ha preparado dolosamente para esta finalidad; b) la cosa amenaza daño por negligencia del propietario, que ha descuidado tomar todas las precauciones necesarias para evitar tal eventualidad; c) la cosa amenaza daño sin que haya habido la más mínima negligencia de parte del propietario.

El primer caso no presenta especial dificultad, siendo evidente que el comportamiento del amenazado constituye una defensa legítima en cuanto dirigido contra el instrumento de la agresión intencional de otro. Se piense en el caso de Ticio, que se defiende del ataque del perro de Caio, cuando éste lo ha azuzado injustamente contra él.

Mayores perplejidades suscita, en cambio, el segundo caso. Pero si se considera que la lesión jurídica amenazada puede ser, como se ha visto, también culposa, no es difícil encontrar en la reacción de quien está en peligro un acto de legítima defensa, ya que el peligro proveniente de la cosa es atribuible a la culpa de una persona contra la que se dirige la conducta del amenazado.

---

81 Que la legítima defensa sea admisible incluso contra un hecho agresivo no internacional, pero sí culposo es reconocido también por los escritores de derecho penal: cfr. FROSALI: "Sistema penale italiano", II, Turin, 1958, p. 299; MAGGIORE: "Diritto penale", cit., p. 323.

82 MANZINI: "Trattato di dirito penale", cit. II, p. 360 y 405.

83 ANTOLISEI: "Manuale", cit., p. 215. Por lo demás, la doctrina penalista ha puesto de relieve que, si a los incapaces no les es aplicable el precepto secundario de la norma, éstos permanecen igualmente sometidos al precepto primario. Sobre este punto cfr. GRISPIGNI: "Diritto penale italiano", I. Milán, 1950 (rit.), p. 259 ss.; FROSALI: "Sistema", cit. I, p. 215; MEZGER: "Strafrecht. Ein Lehrbuch", cit., § 19, II. Véanse además, en el sentido de admitir la legítima defensa también contra los incapaces, G. MAGGIORE: "Diritto penale", cit. I, p. 307; RANIERI: "Manuale", cit. I, p. 146.

Y puesto que si el peligro derivado de la cosa se realizase dando lugar a la producción de un daño, el propietario que ha dado lugar culposamente al peligro estaría obligado al resarcimiento, del mismo modo deberá soportar el daño que el amenazado le ocasionará en la hipótesis de que éste pueda efectuar oportunamente un acto adecuado de defensa.

Realmente no es posible ver un caso de estado de necesidad en la situación antes perfilada, ya que ello llevaría consigo consecuencias absolutamente inicuas; aparte toda consideración en orden al rigor necesario en la cualificación de las situaciones jurídicas. Ante todo, la acción dañosa del que causa el peligro sobre la cosa estaría permitida solamente en la hipótesis en que de ella derivase el peligro de un daño grave a la persona, de forma que estaría considerada como ilícita la conducta del sujeto en peligro que tendiese a evitar la lesión de un bien material, aunque tuviese un valor enorme. Se piense en la hipótesis de un carro, dejado sin freno en una calle pendiente, que se pone en movimiento en dirección de un comercio en cuya vitrina se hallan expuestos objetos de inestimable valor y de extrema fragilidad. En segundo lugar, aun en el supuesto más restringido de que el bien en peligro pertenezca a la esfera de la personalidad, el autor del pretendido daño necesario vendría obligado al pago de una indemnización equitativa precisamente al sujeto que realizó la causa del peligro, el cual se habría convertido en una lesión injusta si el amenazado no hubiese intervenido.

Pienso que estas consideraciones eliminan toda duda respecto del problema, que se resuelve claramente en el sentido de que la hipótesis examinada entra en el ámbito de la legítima defensa: el hecho de que la reacción se dirija contra la cosa y no contra la persona que con su conducta negligente ha convertido aquella cosa en fuente de peligro, y el hecho de que el peligro fuese representado directamente por la cosa y no por su propietario, no autorizan la conclusión de que se trate de un estado de necesidad.

Las consecuencias de la reacción del amenazado recaen efectivamente en la esfera patrimonial del sujeto a cuyo comportamiento ilícito debe atribuirse la etiología de la situación peligrosa, bien que a través de la cosa, la cual asume en tal caso una función instrumental en la producción del peligro y en la producción potencial del daño. Por lo demás, la reacción del sujeto en peligro puede dirigirse también contra otro bien del agresor (aun inconscientemente: agresión culposa), siempre que la lesión de tal bien sirva para conjurar el peligro. Así, por ejemplo, Ticio, viendo que se le viene encima un autocarro pesado dejado imprudentemente sin frenar en la calle inclinada, no teniendo otro escape, derriba una cristalería de la casa del dueño del vehículo imprudente para ponerse a salvo: en tal caso, Ticio no estará obligado al pago de una indemnización equitativa, puesto que las consecuencias económicas de su acto recaen sobre el autor del peligro.

Por lo demás, apenas es necesario precisar en este punto que las conclusiones deben ser diversas en el caso de que la persona que pone la cosa en estado de producir daño no sea el propietario. En tal hipótesis, si la acción del sujeto en peligro se dirige contra la cosa y no contra el autor del mismo, es evidente que las consecuencias de tal acción atacan al agresor, no al inocente tercero, entrándose en el estado de necesidad. Este caso entra precisamente en la figura particular del estado de necesidad provocado por el hecho culposo del tercero, ya estudiada anteriormente.

Queda por examinar el tercer caso, es decir, cuando la cosa amenaza daño sin que pueda imputarse la más mínima culpa al propietario. Un ejemplo contribuirá a aclarar las ideas: Ticio se ve obligado a embestir con la propia nave el velero de otro para no hundirse; velero cuyas amarras se han roto con el embravecer de la tempestad, yendo a la deriva. Caio mata con un disparo de fusil al toro del vecino que, escapado a la custodia del dueño por caso fortuito, está para investir a una viejecita[84]. Cuando la situación se configura en estos términos no es posible sostener —como continúa haciendo hoy una opinión[85]— que nos encontramos en presencia de la lesión del derecho ajeno realizada en legítima defensa. En efecto, el peligro no ha sido provocado aquí por el propietario de la cosa, sino que, al contrario, ninguna relación existe entre él y la situación que se ha creado: el propietario no tiene más que la titularidad de un derecho sobre la cosa de la cual proviene inmediatamente el peligro. Si la cosa se ha convertido de inofensiva en ofensiva, ello ha ocurrido sin dolo o culpa por su parte.

En nuestro caso el origen del peligro son las fuerzas de la naturaleza, aun cuando el peligro se presenta materialmente como derivado de la cosa: en realidad esta no es más que un instrumento a través del cual se concreta el peligro provocado por el caso fortuito. Y como el propietario que ha perdido fortuitamente el control de la cosa (cfr. arts. 2.051 y 2.052) no responde de los daños causados por la cosa[86] tampoco puede considerarse como una defensa contra él la acción realizada por quien se encuentra en peligro que provoque daños a la misma cosa, ya que el peligro de daño que nace de la cosa no puede configurarse como una agresión suya. Como prueba de cuanto se ha afirmado se piense en el caso en que el sujeto en estado de necesidad, no pudiendo dirigir la propia acción contra la cosa que amenaza el peligro, lo haga contra una tercera persona: en este caso no podría cobrarse del titular de la cosa de que el peligro dimanaba si se le hubiere exigido el pago de la indemnización equitativa a tenor del artículo 2.045; lo que demuestra que ninguna ofensa injusta había sido causada por el dueño de la cosa.

84 En las hipótesis de los arts. 2.051, 2.052 y 2.053 quien tiene las cosas en custodia, el propietario del animal o quien se sirve de ellas aunque no sea el propietario del edificio, si no dan la prueba liberatoria en los diversos (por dificultad) modos indicados por las normas mencionadas, están obligados al resarcimiento de los daños. Esta responsabilidad sancionada por el código y sobre cuya naturaleza no es unánime la doctrina, ¿es suficiente a autorizar un juicio afirmativo en orden al carácter de legítima defensa de los actos realizados por el sujeto amenazado por tales daños? A los efectos de aclarar este problema, me parece que sea decisivo establecer si el hecho que constituye el peligro debe ser por lo menos culposo. Dicho requisito llevaría a una respuesta negativa si encontrasen en tales normas otros tantos supuestos de responsabilidad objetiva, en los cuales no se reprobase al sujeto obligado al resarcimiento una conducta culposa, estando basada esta obligación de reparar más bien sobre principios de naturaleza diversa, como el del riesgo. En todo caso, para un examen imitano y más amplio de la cuestión, considero oportuno remitir la investigación al numero 34.

85 Cfr. T. Brasiello: "I limiti della responsabilità per damni", cit., p. 274.

86 Para el caso del art. 2.053 valen las mismas consideraciones, salvo una mayor dificultad en la prueba.

Todo esto justifica la conclusión de que deben aplicarse los principios que rigen la figura del estado de necesidad cuando la cosa amenace un daño sin que pueda reprobarse a su propietario la más mínima negligencia.

34. El problema puede presentar aspectos más difíciles aún. Esto sucede cuando, además del sujeto a quien sea imputable el estado de necesidad, haya un sujeto diverso sobre el que recaería la responsabilidad solidaria en la hipótesis de que el peligro se transformase en daño; es decir, en la hipótesis en que no se oponga por el amenazado acto alguno de defensa (arts. 2.047, 2.048, 2.049, 2.054)[87].

El problema tiene aquí mucho de común con el relativo a las figuras legislativas de los artículos 2.052, 2.053, en el caso de que los responsables no puedan ofrecer la prueba liberatoria[88].

Pero en el caso que ahora examinamos hay dos sujetos obligados a responder de la eventual producción del daño, de los cuales solamente uno es el autor del peligro. La pregunta es: las personas obligadas a la vigilancia del incapaz y a la vigilancia de los sujetos indicados en el artículo 2.048, el dueño, el comitente, el propietario del auto, ¿pueden ser considerados agresores, es decir, tales de justificar actos de legítima defensa del que está en peligro por el solo hecho de tener que responder del daño realizado por otros?

Así, por ejemplo, Ticio, viendo a su propio hijo a punto de ser culposamente arrollado por Caio que circula con su vehículo, se le para delante con el propio auto, dañando en tal forma seriamente el de Caio. ¿Ha actuado Ticio en estado de legítima defensa o de necesidad frente a Caio? Premisa insoslayable para la solución del problema es establecer la naturaleza exacta de la responsabilidad sancionada por las normas en examen. Para las disposiciones que prevén una forma inequívoca de responsabilidad objetiva, donde al responsable por el hecho realizado por otro no se reprueba la más mínima negligencia, pero que se grava igualmente con la responsabilidad por los daños en virtud de principios diversos, me parece que hay que excluir absolutamente la posibilidad de configurar la legítima defensa. En efecto, semejante institución implica que la agresión (las más de las veces dolosa) sea cuando menos culposa; en otros términos, requiere que quien está en peligro, al atacar a un sujeto jurídico en su persona o en sus bienes, reaccione ante un hecho injusto subjetivo también, es decir, susceptible de ser reprobado a su autor como consecuencia de una conducta antijurídica. No tan fácil es dar una respuesta respecto a las hipótesis contempladas en las normas de los artículos 30.47 y 2.048.

No obstante, la posibilidad concedida a dichos sujetos por la ley de dar la prueba liberatoria demostrando no haber podido impedir el hecho, hace inclinarse por una forma de responsabilidad basada sobre el tradicional criterio de la culpa, bien que agravada por la inversión de la carga de la

87 En el caso del art. 2.047, en realidad, hay normalmente un solo sujeto obligado al resarcimiento, pero permanece igualmente el dualismo relativo al autor del daño y a una persona diversa responsable de resarcimiento, de tal forma que se justifica el examen de esta norma con las otras citadas en el texto en orden al problema *de quo*.

88 Véase *supra*, cap. IV, nota 177.

prueba. Aceptado este planteamiento, se da como existente el elemento de la culpa en el comportamiento del sujeto obligado a la vigilancia[89], que no consiga probar la imposibilidad de impedir el hecho. A dicha conducta culposa se debe el que la persona sometida a vigilancia haya podido causar la situación de peligro, que ha justificado la situación de la persona amenazada. Por tanto, se puede afirmar que la situación de peligro encuentra —mediante el hecho del incapaz— sus orígenes en el acto imprudente y negligente del encargado de su vigilancia, En consecuencia, y por virtud de este nexo etiológico, la agresión se atribuye a la conducta de la persona obligada a la vigilancia, de tal forma que el acto dañoso que el amenazado realice contra él o contra sus bienes, configura un comportamiento justificado por la eximente de la legítima defensa.

Así, por ejemplo, concurre indudablemente la eximente citada en el caso de Ticio que, viendo el niño de Caio, inconsciente del peligro, dispuesto a dispararle con un fusil imprudentemente descuidado por el padre, desvíe violentamente el arma de modo que el golpe disparado entretanto alcanza un precioso perrito propiedad de Caio.

35. Un problema que normalmente escapa al estudio de los escritores, incluso a los de Derecho del seguro, es el de las relaciones entre seguro y hecho ilícito dañoso en general, y entre seguro y daño ocasionado en estado de necesidad en particular. Los tratadistas en la materia se limitan generalmente a recordar que "la responsabilidad puede ser no culposa (objetiva), derivada de culpa leve, de culpa grave o de dolo"[90], para excluir después del seguro los daños derivados de hechos dolosos y detenerse en los problemas relativos al dolo de los dependientes. Y ello probablemente sobre la base del presupuesto implícito de que los daños justos a que me refiero hayan de considerarse como fuente de responsabilidad objetiva[91]. Pero puesto que esta opinión ha sido rechazada en su momento, la solución implícitamente dada al problema no se presenta como aceptable, resultando necesario, en consecuencia, un estudio más detenido y profundo.

Pero antes convendrá ocuparse de la opinión de un escritor[92] —por cuanto yo sé, aislada—, el cual ha negado que el seguro deba tener indemne al asegurado de la responsabilidad consiguiente al daño necesario. A esta conclusión se llega en base a la argumentación, tan simplista como infundada, según la cual, "estando el seguro de responsabilidad basado en la culpa", el asegurador está obligado a indemnizar al asegurado "cuanto él haya podido *resarcir*" (indemnización por culpa), y nada deberá

89 Mientras el art. 2.047 habla de deber de "vigilancia" ("sorveglianza" en el texto), el art. 2.048 habla de "vigilancia". No encontrando una diferencia precisa en orden al significado técnico de las dos expresiones, se me permita encuadrar ambas en la definición "personas obligadas a la vigilancia", ya se trate de las indicadas en el artículo 2.047, sean las del art. 2.048.

90 Así Gasperoni: "Assicurazioni private", Turin, 1959, p. 237.

91 Dicho encuadramiento se hace *ex professo* por algunos autores: cfr. A. Donati: "Trattato del diritto delle assicurazioni private", III, Milán, 1956, p. 344, que comprende entre otras la norma del artículo 2.047 C. c.

92 Durante: "L'assicurazione della responsabilità civile", cit., p. 114 ss.

si el asegurado "está obligado solamente a indemnizar" (indemnización equitativa"[93].

Semejantes afirmaciones, además de apodícticas, no encuentran fundamento positivo alguno en cuanto el artículo 1.917 que regula la materia, en la amplitud de su formulación no hace distinción alguna en orden a la naturaleza de la medida económica que debe el causante del daño, de forma que una distinción entre resarcimiento e indemnización resulta irrelevante en este caso. La verdad es que, según la norma citada, "el asegurador está obligado a tener indemne al asegurado de cuanto éste deba pagar a un tercero como consecuencia del hecho acaecido durante el tiempo a que se extiende el seguro". La única exclusión prevista es la relativa a los daños provenientes de dolo. Ahora bien, puesto que según el autor citado, en el hecho necesario quedan fuera tanto el dolo como la culpa[94], y puesto que existe el elemento de la responsabilidad patrimonial, precisamente como consecuencia de la obligación de indemnizar ex artículo 2.045, no se comprende cómo pueda negarse la obligación de indemnizar por parte del asegurador, habida cuenta de las normas que regulan la materia.

Alguna incertidumbre podría parecer justificada si se parte más bien del enfoque dado en estas páginas al problema de la relación entre hecho necesario y culpa, cuando se dice que va considerada como un hecho manifiestamente intencional[95]. Aquí se hace necesaria una aclaración.

No utilicé por casualidad el adjetivo: *intencional* no significa doloso en la hipótesis considerada. En realidad, el autor del daño necesario desea el verificarse del evento, no por el resultado del daño en sí, sino para conseguir un fin merecedor de tutela, como salvación de un bien de la personalidad. En efecto, así se explica cómo el ordenamiento jurídico concede su protección al causante del daño, no obstante la previsión y la voluntad del evento, a través de una norma autorizante que hace lícito su comportamiento. Así se explica también por qué el hecho necesario deba definirse como intencional, y no como doloso.

Volviendo al problema en examen, me parece que después de cuanto va dicho no pueda subsistir perplejidad alguna. Por lo demás, la misma *ratio* del artículo 1.917 convence del nacimiento de la obligación del asegurador en orden al daño realizado en estado de necesidad: en efecto, él debe "tener indemne" al asegurado de cuanto éste pague a un tercero como consecuencia del hecho realizado durante el tiempo a que se extiende el seguro y en dependencia de la responsabilidad deducida en el contrato". Se han excluido expresamente los daños dolosos porque habría sido evidentemente un contrasentido y habría constituido una abierta violación de los principios: se piense en la norma del artículo 1,229, relativa a las cláusulas de exoneración de la responsabilidad, inspirada en el mismo criterio. Queriendo sostener la tesis que aquí se rechaza sería necesario aceptar la ecuación responsabilidad civil = hecho ilícito, cuya arbitrariedad

93 DURANTE: op. cit., p. 115.

94 DURANTE: op. cit., p. 114.

95 Véase *supra*, cap. II, n. 19 y, en particular, p. 152.

ha sido puesta de relieve recientemente por la doctrina[96]. Y en efecto, la responsabilidad de que habla el artículo 1.917 es la sancionada por la norma fundamental del artículo 2.740, la cual no hace distinción alguna en orden a las fuentes de la responsabilidad, limitándose a decir que el deudor responde del cumplimiento de las obligaciones propias, las cuales pueden nacer a tenor del artículo 1.173, además que de contrato y de hecho ilícito "de todo hecho o acto idóneo a producirlas en conformidad con el ordenamiento jurídico".[97]

Como se recordará, el hecho necesario se ha encuadrado precisamente en la tercera categoría. De ello deriva obviamente que el hecho realizado en estado de necesidad, del cual nace la obligación de indemnizar ex artículo 2.045, da lugar a una responsabilidad civil del autor del daño de la cual debe ser tenido indemne el asegurador a tenor del artículo 1.917.

Una última observación puede hacerse: una confirmación de la validez de la solución adoptada la ofrece el artículo 1.900, *in fine*, a tenor del cual el asegurador "está obligado también, no obstante todo pacto en contrario, por los siniestros consiguientes a actos (...) realizados por deberes de solidaridad humana".

36. De la circunstancia que un determinado hecho se realice en estado de necesidad, habida cuenta de la naturaleza jurídica propia de esta figura, derivan, además, algunas consecuencias que merecen ser examinadas. Sobre todo es necesario hablar de la prescripción[98]. Puesto que el comportamiento dañoso realizado en estado de necesidad no constituye un hecho ilícito, no deberá aplicarse el término del artículo 2.947.1.°, sino el término ordinario

---

96 Cfr. Scognamiglio: voz cit., n. 5.

97 La determinación de las fuentes de las obligaciones en el Código civil español se realiza por el articulo 1.089, que coincide sustancialmente con el precepto citado en el texto del Código civil italiano.

Efectivamente, dispone el artículo 1.089 que «las obligaciones nacen de la ley, de los contratos y cuasi-contratos, y de los actos y omisiones ilícitos o en que intervenga cualquier género de culpa o negligencia».

Aplicando este artículo ha dicho el Tribunal Supremo en la sentencia de 25 de abril de 1924 que «las obligaciones no pueden tener otras causas u origen de donde nacen o a las que deban su existencia que las determinadas por el legislador, o sea: la Ley, los contratos, los cuasi contratos y los actos u omisiones ilícitos o en que intervenga cualquier género de culpa o negligencia, de conformidad con lo dispuesto en el artículo 1.089».

98 Me parece que la doctrina italiana que ha tratado específicamente la materia no ha destacado el problema: para un examen de la prescripción, en orden a la responsabilidad aquiliana, cfr. últimamente Gentile: "Regime della prescrizione in materia di responsabilità civile", en Resp. civ. e prev., 1958, p. 291 ss.

de los diez años[99] [100]. Deben recordarse, además, las normas de los artículos 143.1.° y del 801. Según estas disposiciones, la exclusión de la sucesión por indignidad y la posibilidad de revocación de las donaciones por ingratitud desaparecen cuando el comportamiento dañoso del sucesor o del donatario, frente a la persona de cuya sucesión o donación se trata, del cónyuge, de un descendiente o de un ascendiente de ella, se haya realizado en presencia de una de las causas que excluyen la punibilidad a tenor de la ley penal. Y entre estas se encuentra precisamente el estado de necesidad[101].

99 Conforme al texto S. PIRAS: "Saggio", cit., p. 69, nota 139. En cambio, según DE CUPIS: "Il danno", cit., p. 343, el término de cinco años se aplica a toda hipótesis de daño extracontractual, antijurídico o no. El autor llega a dicho conclusión argumentando con el empleo que hace el legislador de la expresión "fatti illeciti" en el epígrafe del título IX del libro IV, donde se comprende también una hipótesis de responsabilidad por hecho no antijurídico, como es la del estado de necesidad: de ello se seguiría que la ley usa la expresión en el sentido de "hechos dañosos productivos de responsabilidad diversos del incumplimiento de la obligación". Estas razones no son convincentes, porque la posición de la norma que disciplina el estado de necesidad en el título IX se explica, lo mismo que la relativa a la legítima defensa, con la finalidad del legislador de hacer excepciones junto a la regla y no sirve para privar de su significado preciso el epígrafe "de los hechos ilícitos". Cfr. en la doctrina alemana, favorables al término ordinario de treinta años, con referencia a las supuestas de los §§ 228 y 904 del B. G. B. MÜHLS en *Soergel-Siebert:* "Bürgerliches Gesetzbuch", cit. III, p. 137: TITZE: "Die Notstandsrechte" cit., p. 119, texto y nota 55.

100 Para el Derecho español dispone el artículo 117 del Código penal que «la responsabilidad civil nacida de delitos y faltas se extinguirá del mismo modo que las demás obligaciones, con sujeción a las reglas del Derecho civil». Naturalmente, aquí va comprendida también la responsabilidad civil causada por los daños originados en estado de necesidad.

Ahora bien, como el Código civil no señala un término especial para la prescripción de la acción civil derivada de delitos y faltas —salvo el caso particular del artículo 1.968.2.°: supuesto de injuria y calumnia, en que se señala el período de un año— habrá de estarse a lo dispuesto en el artículo 1.964 de dicho cuerpo legal, a tenor del cual «la acción hipotecaria prescribe a los veinte años, y las personales que no tengan señalado término especial de prescripción a los quince».

Por tanto, la acción civil para reclamar civilmente la indemnización de los daños producidos en estado de necesidad prescribe obviamente a los quince años.

Esta es la solución que adopta también nuestro Tribunal Supremo en la sentencia de 4 de julio de 1953, cuando declara que «cualquiera que sea la eficacia de estos actos es lo cierto que dada la índole de la reclamación de responsabilidad derivada de un delito no rige para ella el artículo 1.968 del Código civil, en su número 2.°, ni sus concordantes del Código civil, sino la prescripción ordinaria de las acciones, según tiene establecido el Tribunal Supremo en sentencia de 12 de marzo de 1934».

101 No hay en el Código civil español una norma específica que sancione dicha relevancia jurídica del estado de necesidad.

No obstante, dicha relevancia puede deducirse implícitamente —al igual que de los artículos 463.1.° y 861 del Código civil italiano, en relación con las causas que excluyen la punibilidad y concretamente con el estado de necesidad— de los artículos 756.2.° y 648.1.°

Según el artículo 756.2.°, se considera incapaz para suceder por causa de indignidad: «2.° El que fuese condenado en juicio por haber atentado contra la vida del testador, de su cónyuge, descendientes o ascendientes»; es claro que el atentado contra la vida de tales personas en estado de necesidad tiene relevancia criminal, por cuanto sirve de causa de exención de la responsabilidad; y excluida la responsabilidad penal no puede haber condena en juicio, desapareciendo con ello al mismo tiempo la causa de indignidad para suceder.

Lo mismo puede decirse relativamente a la revocación de donaciones prevista en el artículo 648.1.° del Código civil, el cual dispone que «también podrá ser revocada la donación, a instancia del donante, por causa de ingratitud en los casos siguientes: 1.° Si el donatario cometiere algún delito contra la persona, la honra o los bienes del donante»; por tanto, si es claro que la presencia del estado de necesidad excluye la existencia de delito, es, por ello mismo, evidente, que el estado de necesidad excluye también la causa de ingratitud.

El estado de necesidad en el derecho civil de Marcello Briguglio
se imprimió en la República Argentina en septiembre de 2018.

www.ingramcontent.com/pod-product-compliance
Ingram Content Group UK Ltd.
Pitfield, Milton Keynes, MK11 3LW, UK
UKHW051914031026
15588UKWH00008B/1465

9 789563 922684